U0519416

PUBLIC ECONOMICS AND POLICY STUDIES

# 公共经济与政策研究

## 2021

西南财经大学财政税务学院
西南财经大学地方人大预算审查监督研究中心 编

西南财经大学出版社
中国·成都

**图书在版编目(CIP)数据**

公共经济与政策研究.2021/西南财经大学财政税务学院,西南财经大学地方人大预算审查监督研究中心编.—成都:西南财经大学出版社,2022.3
ISBN 978-7-5504-4867-4

Ⅰ.①公…　Ⅱ.①西…②西…　Ⅲ.①公共经济学—研究②政策科学—研究　Ⅳ.①F062.6②D0

中国版本图书馆 CIP 数据核字(2022)第 012328 号

**公共经济与政策研究　2021**
GONGGONG JINGJI YU ZHENGCE YANJIU　2021

西南财经大学财政税务学院
西南财经大学地方人大预算审查监督研究中心　编

责任编辑:向小英
责任校对:周晓琬
封面设计:墨创文化　张姗姗
责任印制:朱曼丽

| | |
|---|---|
| 出版发行 | 西南财经大学出版社(四川省成都市光华村街 55 号) |
| 网　　址 | http://cbs.swufe.edu.cn |
| 电子邮件 | bookcj@swufe.edu.cn |
| 邮政编码 | 610074 |
| 电　　话 | 028-87353785 |
| 照　　排 | 四川胜翔数码印务设计有限公司 |
| 印　　刷 | 郫县犀浦印刷厂 |
| 成品尺寸 | 185mm×260mm |
| 印　　张 | 15 |
| 字　　数 | 321 千字 |
| 版　　次 | 2022 年 3 月第 1 版 |
| 印　　次 | 2022 年 3 月第 1 次印刷 |
| 书　　号 | ISBN 978-7-5504-4867-4 |
| 定　　价 | 88.00 元 |


1. 版权所有,翻印必究。
2. 如有印刷、装订等差错,可向本社营销部调换。

# 《公共经济与政策研究》编委会

（按姓氏音序排列）

**顾问**

郭复初　乔宝云　王国清　尹音频

曾康霖　周小林　朱明熙

**主编**

刘　蓉

**编委会**

高　琪　郭佩霞　何加明　黄　策　黄　健

李建军　刘楠楠　刘　蓉　吕　敏　吕朝凤

马　骁　文　峰　王　佳　王文甫　杨良松

张　楠　张腾飞　周克清

**编辑部成员**

陈　江　李建军　余　莎

# 目 录

## 财税沙龙



## 教育教学研究

# 教育财政分权与居民教育满意度

李禛临　黄健　余莎

**内容提要：** 党的十九大提出要办好人民满意的教育。本研究利用2013年中国综合社会调查（CGSS 2013）数据探析省内教育财政分权对居民教育满意度的影响以及作用机制。结果发现，省内的教育财政分权可以通过两种不同方向的作用途径来影响居民教育满意度。一方面，省内教育财政分权有利于提高地方教育服务的供给效率，从而提升居民教育满意度；另一方面，教育支出责任的下放会拉大省内教育服务的差距，降低居民教育满意度。总体而言，我国省内教育财政分权对居民教育满意度的影响为正，这说明供给效率在发挥主导作用。这一发现为我国的教育财政分权提供了证据支撑，也对建立和完善政府教育投入持续稳定增长的长效机制有了启示意义。

**关键词：** 财政分权；教育；财政自主权；公共服务满意度

## 一、引言

教育财政是公共财政的重要组成部分。改革开放以来，随着公共财政改革的不断深入，我国教育财政制度改革也在积极推进，并逐步实现由高度集权到两级分权的发展，建立起义务教育“省级统筹、以县为主”的分级管理体系。与此同时，教育财政投入短缺的局面得到明显改观。国家财政性教育经费占国内生产总值（GDP）的比例在2012年首次达到4%的目标，并且在之后得以持续。在“后4%”的阶段，经济下行导致财政收入增长具有很大的不确定性，建立和完善政府教育投入持续稳定增长的长效机制成为我国教育财政面临的重大任务。

政府教育投入持续稳定增长的长效机制的建立要求对公共财政和教育财政的

---

**基金项目：** 本文受到国家自然科学基金项目“财政分权下的地域间教育代际流动性研究”（项目编号：71874143）和教育部人文社科研究项目“财政分权格局下的地域间教育代际流动性研究”（项目编号：18YJC790054）的资助。

**作者简介：** 李禛临，中国人民大学博士研究生；黄健，西南财经大学教授；余莎，西南财经大学讲师。

事权与支出责任进行合理划分，许多相关领域的学者对此进行了深入研究。可以看到，已有文献主要基于财政分权的视角关注地方教育的供给问题，但并未就财政分权的影响形成一致的结论。一些文献认为，财政分权有利于发挥地方政府的信息和效率优势，可以改善教育服务供给（刘长生等，2008；高琳，2012；龚锋和卢洪友，2013）；也有文献指出，中国式的财政分权导致了地方政府的支出偏向（郑磊，2008；傅勇，2010），会对教育等公共服务的公平性产生不利影响（杨东亮和杨可，2018）。总体而言，现有文献主要关注总体财政安排与教育公共供给之间的关系，缺乏关于教育财政的事权与支出责任划分如何影响教育服务的直接证据。此外，大多数研究是从供给的角度对教育投入或教育服务数量进行考察的，没有从需求的角度考虑居民在教育服务获取上的感知或评价。而公共服务给人民群众带来实实在在的获得感，是建设服务型政府的主要目标。党的十九大报告明确提出："必须把教育事业放在优先位置，深化教育改革，加快教育现代化，办好人民满意的教育。"基于此，本文采用居民教育满意度作为地区教育服务的评价指标，尝试识别省内教育财政分权对教育服务供给的影响及作用机制。

本文的实证研究结果显示，省内教育财政分权是影响居民教育满意度的重要因素，而且它的影响包含两种不同作用方向的实现途径。一方面，教育财政分权有利于提高地方教育服务的供给效率，从而提升辖区居民教育满意度；另一方面，教育财政支出责任的下放会拉大省内教育服务的差距，而教育资源的分布不均会降低部分地区（尤其是教育资源投入不足地区）居民教育满意度。总体而言，省内教育财政分权的影响显著为正。该结果说明，教育财政分权通过提高教育供给效率所产生的正向效应大于因教育资源投入不均所产生的负向效应，这为我国教育财政分权提供了重要的证据支撑。与此同时，教育财政分权因教育资源投入不均所产生的负向效应也凸显出"省级统筹"在教育分级管理体系的必要性。本文认为，建立统一的省内教育财政拨款和投入政策，能够有效抵消教育财政支出责任的下放所带来的区域间教育资源不平衡。

本研究的贡献主要体现在两个方面：一是本文以居民教育满意度为研究对象，为教育财政的事权与支出责任划分是否影响教育服务提供了新的视角；二是本文区分了教育的供给效率和供给差异两种机制，为教育财政分权如何影响教育服务提供了新的证据。

## 二、文献综述及理论分析

已有文献关于教育财政分权的研究主要基于财政分权的理论框架，且大多从效率的角度出发讨论财政分权对包括教育在内的公共服务供给的影响。一般认为，公共服务供给效率包含技术效率和配置效率（Savas，1978）。前者表现为给定投入下提供公共物品的数量较多或质量较好（Dowding & Mergoupis，2003），后者表现为地方政府获取地方性偏好的优势（Hayek，1945）。关于技术效率，第一代财政分权理论认为居民可以通过"用脚投票"的方式激励地方政府优化公共服务供给

（Tiebout，1956），第二代财政分权理论认为地方官员与居民间的委托代理关系有利于约束地方官员，追求连任或晋升的政治激励将促使地方官员在既有财力水平下不断优化辖区内公共服务来满足居民的公共需求（Qian & Weingast，1997；Arikan，2004；Baicker，2005）。关于配置效率，Stigler（1957）从地方政府获取居民偏好的优势和居民投票表决的有效性两方面阐述了由地方政府提供部分公共服务将更加有益。Oates（1972）认为，在不考虑规模经济和外溢性的条件下，地方政府面临的决策约束更少，在提供公共服务时具有更大的灵活性，从而可以促进配置效率提高。

财政分权也可能影响公共服务供给的均等化。我国各地区经济、文化发展存在较大差距，容易引起横向财政失衡，并进而导致地区间的公共服务水平出现差异。财政上的分权既会加大地区经济发展对包括教育支出规模在内的地方财政支出规模的影响（乔宝云等，2005），又有可能降低省级政府的调控能力及弱化其再分配职能（Sinn，1997）。在中国基础教育财政分级管理的背景下，教育服务供给水平在很大程度上取决于地方财力。自 1994 年分税制改革之后，财权重心上移而事权重心下移，进一步加剧了地区间在教育经费投入和师资水平、基尼系数等方面的差异（刘光俊和周玉玺，2013；杨东亮和杨可，2018）。

已有文献就财政分权是通过供给效率途径还是通过供给差异途径作用于地方公共服务的供给水平和供给质量尚未形成共识。为此，本文试图识别省内教育财政分权对居民教育满意度的影响并考察其作用途径。2001 年《国务院关于基础教育改革与发展的决定》提出，我国在基础教育方面实行“国务院领导下，地方政府负责，分级管理、以县为主”的管理体制（袁连生和何婷婷，2019）。在此背景下，我们以省内教育财政分权为研究对象。这一指标反映了财政教育资金在省内各级政府之间如何分配以及财政教育支出责任在省内各级政府之间如何划分。此外，我们以居民教育满意度作为地区公共教育供给水平和供给质量的评价指标。已有文献大多使用教育财政资金投入规模（如人均、生均教育支出等）、教育服务供给数量（如校均学生数、生均校舍面积、师生比等）、教育结果（如适龄儿童入学率、升学率、文盲率等）等指标衡量公共教育的供给水平和供给质量（周业安和王曦，2008；傅勇，2010；郑磊，2010；杨良松，2013；杨良松和任超然，2015）。近年来，也有许多学者采用数据包络分析（DEA）或随机前沿分析（SFA）等方式从供给效率角度对教育质量进行测度和评价（陈诗一和张军，2008；亓寿伟等，2016）。这些指标往往从供给角度来衡量教育服务质量，然而，由于居民获取教育服务的能力和意愿不同，可能造成教育服务的供给水平与居民从教育服务中实际受益的水平不对应，因此仅从供给角度测量教育服务质量，难以反映教育服务供给与居民需求之间的关系。此外，上述指标大多反映了教育服务质量的客观事实，难以代表居民的教育福利水平。相比较之下，居民教育满意度作为微观评价结果能够从需求角度反映地区教育服务质量，同时其作为主观指标，可以衡量居民的教育福利水平（高琳，2012），因此可以用于反映财政分权对教育服务质量的影响。

## 三、实证模型、变量和数据来源

为识别教育财政分权对居民教育满意度的影响，本文基本模型设定如下：

$$SATISF_i = \alpha + \beta_1 FD_i + \beta_2 ESD_i + \beta_3 ESE_i + \gamma CONTROL\,s_i + \varepsilon_i$$

其中，$i$ 代表问卷中第 $i$ 个微观个体样本，$\alpha$、$\beta_1$、$\beta_2$、$\beta_3$、$\gamma$ 分别为各变量的系数，$\varepsilon_i$代表误差项，$SATISF_i$为居民教育满意度的评价结果。微观个体数据来源于中国综合社会调查（CGSS）2013 问卷中的问题“综合考虑各个方面，您对于公共教育服务的总体满意度如何”，受访者需要根据自身对公共教育服务的感受给出百分制的评分。该主观满意度反映了居民的教育综合感知与其教育期望相匹配后形成的感觉状态水平，能够有效反映各地区公共教育的产出水平和产出质量。

本文的主要解释变量是省内教育财政支出分权指标 $FD_i$，该指标为地市级教育财政支出占全省教育财政支出的比重。比重越大意味着教育财政支出责任下放程度越高，基层地方政府所使用的教育财政资金比例也越大（张晏和龚六堂，2005；张光，2011；余靖雯和龚六堂，2015）。因北京、天津、上海、重庆和海南 5 个省（直辖市）的地方政府组织结构与其他省份存在差异，且 CGSS 2013 问卷的调查范围没有覆盖新疆、西藏和港澳台等地区，故用于本研究实证分析的样本来自除上述省（区、市）和特别行政区外的其余 24 个省（区、市）。

为有效考察教育财政分权对居民教育满意度影响的传导路径，本研究将在机制分析部分引入地区间师生比差异和城乡教学设备资产差异作为教育供给差异（$ESD_i$）的衡量指标，教育财政支出效率和教育人员经费比重作为教育供给效率（$ESE_i$）的衡量指标。首先，看教育供给差异的衡量指标。地区间师生比差异用省内各地市间小学师生比的基尼系数衡量。当前，我国基础教育确立的“地方负责，以县为主”分级管理体制不可避免地会使区域发展差异反映到地区教育供给上（廖楚晖，2004），具体可以表现为地区间教师数量和教师管理学生数量的差距，而造成省内不同地区间教育机会、教育水平的不均衡，有可能导致部分地区居民教育满意度的下降，特别是教育资源投入不足的地区。城乡教学设备资产差异用乡村与城区生均教学仪器设备资产值之比衡量，比值越小表明城乡教学设备资产差异越大。一直以来，我国二元制经济特征较为明显，城乡间的经济发展和公共服务水平存在较大差异。教育财政分权后由于地方政府发展规划和居民游说力量差异的影响可能会增加教育支出的“城市偏向”（刘成奎和龚萍，2014），加大城乡间的教育资源投入差异，这不利于教育服务的均等化供给，有可能引起居民教育满意度的下降。其次，看教育供给效率的衡量指标。关于教育财政支出效率的衡量，现有研究多数采用随机前沿分析（SFA）、数据包络分析（DEA）、构建指标体系等方式（丛树海和周炜，2007；吕炜和王伟同，2007；陈诗一和张军，2008）。其中，随机前沿分析（SFA）等参数方法需要依赖函数形式以及受到随机误差分布的限制（亓寿伟等，2016）。因此，本文通过数据包络分析法，参照刘振亚等（2009）的研究以各省人均教育财政支出作为投入变量，将地区适龄儿童入学率和小学毕业生升学率作为产出变量对各省（自治区、直辖市）教育财政支出效率进行测度。教育财政分权后地方政府的信息优势将有利于提高其教育财政支出效率，使地方政府可以在同等教育投入下提供更广泛和高质量的教育服务，从而更容易实现自身教育服务承诺，这有利于提高居民教育满意度。教育人员经费的比重为各省（自治区、直辖市）个人工资福利支出占教育财政支出的比重。我国各级地方政府分工不同，上级政府多投向于基本建设，而基层政府主要承担了日常运行和人员支出（杨良松和任超然，2015），因此，在教育财政分权后基层地方政府可支配教育财政资源增加可能会提高教育支出中人员经费的比例，而人员支出比重的增加将有利于教师数量增加或福利水平上升，从而提高地区教育服务水平并影响居民教育满意度。

除此之外，上述模型还包括地区与个人层面的控制变量（$CONTROLs_i$）。在地区层面，本文还控制了以下可能影响教育资源分配与教育质量水平的宏观经济变量。首先，本文引入了地区经济发展水平。受发展禀赋和渐进式改革模式的影响，我国区域间的发展程度存在较大差异，这可能会对地区教育服务产生影响，因此本文引入了各省人均 GDP 的对数。其次，本文控制了人口规模和人口密度指标。人口规模可能产生规模效应并增加需求异质性对居民教育福利水平产生影响，人口密度也用于衡量教育服务的规模经济效应。因此，相应引入了各省人口数量的对数和市辖区的人口密度。接下来，为了控制财政资金规模产生的影响，本文引入了各省（自治区、直辖市）人均财政支出和人均教育财政支出的对数。同时，考虑到本文教育支出分权指标中包含了大量转移支付资金，可能对实际教育财政分权程度产生影响，因此引入了转移支付资金的比重。最后，本文还引入了各省第一产业、第二产业产出的比重，以及地级市数量和东部地区的虚拟变量等因素来刻画各省（自治区、直辖市）经济发展结构与行政区域划分特征。

在个人层面，本文参考已有研究（高琳，2012；张娜，2012；课题组，2016；崔保师等，2019）控制了可能影响教育满意度的个人经济社会特征变量，包括受访者的年龄、性别、受教育水平、收入水平、是否有子女、是否在城市地区、是否党员、是否在事业单位或党政机关工作等因素。另外，本文还考虑了是否少数民族、是否外地户籍，控制前者是由于当前出于民族团结的需要，在升学、选拔过程中往往对少数民族居民具有倾向性政策或单独计划，而引入户籍变量是由于有研究证明外来人口的社会信任与政府信任水平更低（汪汇等，2009），同时非本地户籍居民难以享受与本地居民同等的教育服务，从而会对教育满意度的评价产生影响。

考虑到教育服务从供给到影响居民教育满意度的过程具有滞后性，同时为了提高数据的稳定程度，本文中的主要解释变量和宏观经济变量均取 2010—2012 年 3 年数据的平均值。在数据来源方面，宏观经济数据来源于 2011—2013 年的《中国统计年鉴》《中国财政年鉴》《中国城市统计年鉴》等，地市级及区县级数据来源于 2011—2013 年的《中国区域经济统计年鉴》，各省（自治区、直辖市）教育支出数据来源于 2011—2013 年的《中国教育经费统计年鉴》，各学段学生、教师数量等数据来源于2011—2013年的《中国教育统计年鉴》，还有部分教育统计数据来源于教育部官方网站。基于研究问题，本文剔除上述主要变量缺失的样本（包括在“教育服务满意度”问题中回答“不合适”“不知道”和“拒绝回答”的样本），最终得到4 715个有效观测值，其关键变量的描述性统计结果如表1所示。

**表1 关键变量的描述性统计**

| 变量 | 观测值 | 均值 | 标准差 | 最小值 | 最大值 |
|---|---|---|---|---|---|
| 教育满意度 | 4 715 | 69. 147 | 15. 851 | 0. 000 | 100. 000 |
| 教育财政分权 | 4 715 | 84. 973 | 3. 365 | 73. 810 | 90. 420 |
| 地区间的师生比差异 | 4 715 | 0. 063 | 0. 017 | 0. 021 | 0. 102 |
| 城乡教学设备资产差异 | 4 715 | 0. 657 | 0. 218 | 0. 428 | 1. 548 |
| 教育财政支出效率 | 4 715 | 0. 810 | 0. 194 | 0. 132 | 1. 000 |
| 教育人员经费的比重 | 4 715 | 0. 707 | 0. 045 | 0. 626 | 0. 810 |
| 教育财政支出水平 | 4 715 | 8. 649 | 0. 296 | 8. 138 | 9. 245 |
| 财政支出水平 | 4 715 | 8. 791 | 0. 344 | 8. 246 | 10. 718 |
| 城市人口密度 | 4 715 | 0. 080 | 0. 053 | 0. 016 | 0. 281 |
| 人均GDP | 4 715 | 10. 456 | 0. 374 | 9. 915 | 11. 254 |
| 人口规模 | 4 715 | 8. 554 | 0. 511 | 6. 342 | 9. 260 |
| 省内地市数量 | 4 715 | 14. 023 | 3. 712 | 5. 000 | 21. 000 |
| 东部地区 | 4 715 | 0. 350 | 0. 477 | 0. 000 | 1. 000 |
| 转移支付的比重 | 4 715 | 0. 509 | 0. 160 | 0. 170 | 0. 820 |
| 第一产业产出的比重 | 4 715 | 0. 116 | 0. 035 | 0. 050 | 0. 179 |
| 第二产业产出的比重 | 4 715 | 0. 507 | 0. 041 | 0. 384 | 0. 570 |

## 四、实证结果分析

### （一）教育财政分权对居民教育满意度的影响

本文首先从整体角度探究省内教育财政分权对居民教育满意度的影响，回归结果如表2所示。模型（1）的基本模型只控制了微观个体的特征变量，教育财政分权的最小二乘（OLS）回归系数为0. 260，且在0. 01的统计水平上显著。模型（2）的全模型则引入了各宏观控制变量，教育财政分权回归系数由0. 260上升为0. 297，且保持在0. 01的统计水平上显著。这表明，当前教育财政分权有助于提高区域内居民对教育的满意度。应当指出的是，OLS全模型回归结果仍然面临潜在的内生性问题。为此，模型（3）采用省会城市GDP占全省GDP的比重作为教育财政分权的工具变量，通过两阶段最小二乘（2SLS）回归处理潜在的内生性问题。省会城市GDP占全省GDP的比重与教育财政分权具有较强的相关性，同时其与居民教育满意度并无直接联系，可以视作一个较为有效的工具变量。在2SLS回归中，教育财政分权回归系数为0.360，与OLS全模型回归结果相似，这表明教育财政分权的确能够显著提高居民教育满意度。

表2 教育财政分权对居民教育满意度的影响

| 变量 | 居民教育满意度 | | |
|---|---|---|---|
| | (1) | (2) | (3) |
| 教育财政分权 | 0.260*** | 0.297*** | 0.360* |
| | (0.068 4) | (0.087 8) | (0.212) |
| 教育支出水平 | | 1.205 | 1.010 |
| | | (1.781) | (1.878) |
| 财政支出水平 | | -2.243 | -2.525 |
| | | (1.955) | (2.221) |
| 城市人口密度 | | -2.986 | -3.807 |
| | | (7.218) | (7.588) |
| 人均GDP | | 3.363* | 3.864 |
| | | (1.883) | (2.516) |
| 人口规模 | | -2.239 | -2.556 |
| | | (1.887) | (2.120) |
| 地区经济变量 | 不控制 | 控制 | 控制 |
| 居民个体特征 | 控制 | 控制 | 控制 |
| 观察值 | 4 715 | 4 715 | 4 715 |
| $R^2$ | 0.033 | 0.037 | 0.037 |

注：括号中的数值为对应的标准误；***、**、*分别表示1%、5%和10%显著性水平。

（二）教育财政分权影响居民教育满意度的作用机制

根据前文的理论分析，本文将从教育服务差异和教育供给效率两种途径对教育财政分权的影响机制进行实证检验。检验分两个步骤进行：首先考察教育财政分权是否与教育供给差异和教育供给效率相关，其次考察教育财政分权在居民教育满意度回归中的估计系数是否随教育供给差异和教育供给效率的引入而发生变化。

图1汇报了教育财政分权与教育供给差异及教育供给效率的关联。图1(a)(b)关注的是教育供给差异。可以看到，教育财政分权与地区间的师生比差异呈正相关、与城乡教学设备资产差异呈负相关，即教育财政分权会加剧省内教育服务供给的不均等。在“分级管理、以县为主”的管理体制下，教育支出与地方经济发展水平密切相关，省级统筹调控有利于降低教育供给在省内各地域间的差异。此外，我国城乡二元经济结构仍较为明显，由于城镇地区公共物品的“可见度”较高，可以更好地反映政绩，地方政府对城镇公共教育更为重视。在这一背景下，教育财政分权可能会导致地方政府在教育供给方面的“城市偏向”，进而拉大辖区内的城乡教育差距。图1(c)(d)关注的是教育供给效率。由图可知，教育财政分

权与教育财政支出效率、教育人员经费比重都呈正相关。即同等水平的教育财政支出在教育分权程度较高的地区有更高的产出效率，也更有利于增加教师的数量、提高其福利水平。这说明，教育财政分权有助于发挥基层地方政府的信息优势，提高教育服务供给效率。

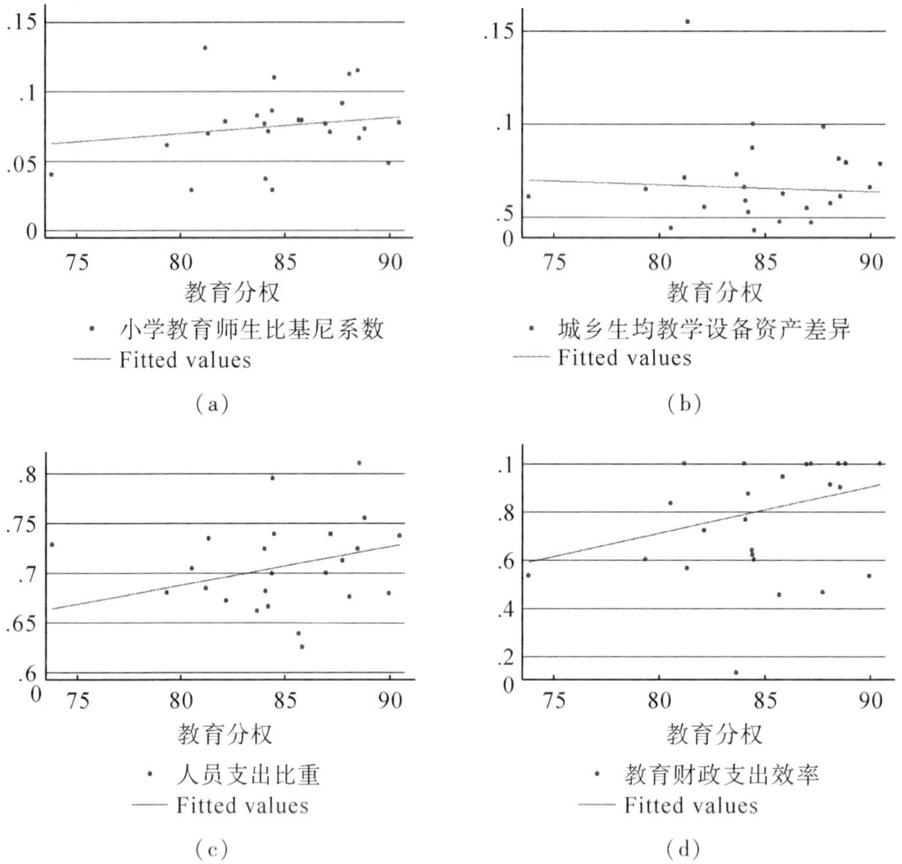


**图 1　教育财政分权对各传导机制的影响**

接下来，基于 OLS 全模型分别引入供给差异变量和供给效率变量，检验教育分权影响居民教育满意度的作用途径。同时，引入这两个维度的变量，考察教育分权对居民教育满意度的总体效应。相关结果如表 3 所示。模型（1）引入地区间师生比差异和城乡教学设备资产差异，探究教育服务差异的传导作用。回归结果显示，地区间师生比差异对居民教育满意度的影响显著为负，城乡教学设备资产差异对居民教育满意度的影响显著为正，同时教育财政分权的回归系数有所增加且保持显著为正，这表明省内教育服务差异的加大将不利于区域内居民教育满意度的提升，而教育财政分权会通过加剧地区间或城乡间的教育服务差异这一途径对部分居民教育满意度产生负面影响。模型（2）引入教育财政支出效率和教育人员经费比重，探究教育供给效率的传导作用。结果显示，两者对居民教育满意度的影响显著为正，同时教育财政分权的回归系数变为负数且不显著，这表明教育财政分权会通过提高教育供给效率对居民教育满意度起到促进作用。一方面，教育财政分权使教育人员经费比重上升，增加了教师的数量，提高了教师的福利水平，改善了教育服务供给；另一方面，从数据包络分析法的投入产出结果来看，教育财政分权使地方政府往往能够在相同投入水平下提供更多的教育机会和更好的教学成果，有利于提升居民的教育满意度。为探究教育服务差异和教育供给效率的共同作用，模型（3）同时引入以上四个变量。结果显示，两种机制都存在一定影响，但教育财政分权的回归系数仍然为负且不显著。表 3 的回归结果说明，省内教育财政分权会通过教育服务的供给差异和供给效率两个作用方向相反的渠道影响居民的教育满意度，其中教育服务的供给效率起主导作用，因而教育财政分权在整体上提升了居民教育满意度。

**表 3　教育财政分权的传导机制分析**

| 变量 | 居民教育满意度 | | |
|---|---|---|---|
| | (1) | (2) | (3) |
| 教育财政分权 | 0.372*** | −0.034 4 | −0.030 5 |
| | (0.101) | (0.116) | (0.149) |
| 地区间师生比差异 | −75.82*** | | −13.38 |
| | (26.95) | | (32.48) |
| 城乡教学设备资产差异 | 8.177*** | | 5.225** |
| | (1.789) | | (2.055) |
| 教育财政支出效率 | | 8.039** | 9.698*** |
| | | (3.590) | (3.611) |
| 教育人员经费的比重 | | 57.95*** | 48.69*** |
| | | (12.04) | (14.49) |
| 教育支出水平 | −0.065 2 | 2.156 | −0.476 |
| | (1.836) | (2.047) | (2.140) |
| 财政支出水平 | −10.04*** | 10.22** | 10.19 |
| | (3.794) | (4.438) | (6.555) |
| 城市人口密度 | 12.73 | −8.048 | −6.530 |
| | (8.641) | (8.517) | (10.19) |
| 人均 GDP | 12.61*** | −2.931 | −0.425 |
| | (3.641) | (2.473) | (4.952) |
| 人口规模 | 1.039*** | 0.077 5 | 0.228 |
| | (0.316) | (0.151) | (0.378) |
| 地区经济变量 | 控制 | 控制 | 控制 |
| 居民个体特征 | 控制 | 控制 | 控制 |
| 观察值 | 4 715 | 4 715 | 4 715 |
| $R^2$ | 0.042 | 0.043 | 0.045 |

注：括号中的数值为对应的标准误；***、**、* 分别表示 1%、5%和 10%显著性水平。

## 五、稳健性检验

为进一步检验教育财政分权和居民教育满意度之间的关系，本文针对教育财政资金的学段分配、家长群体、主观评价异常值展开稳健性分析。

首先，各省的教育财政分权可能与教育财政资金在高等教育学段和基础教育学段的分配有关。根据中国的教育分级管理体制，高等教育支出由中央、省、市共同负担，以省为主；而基础教育支出由中央、省、市、县共同负担，以县为主（袁连生、何婷婷，2019）。显然，教育财政资金在高等教育学段和基础教育学段的分配与省内教育财政分权指标密切相关。如果教育财政资金在各学段的分配情况影响居民教育满意度且又没有在回归分析中得到控制，那么就可能导致教育财政分权的估计系数出现偏误。为此，本文在基本模型的基础上引入了各省高等教育院校支出占教育财政支出的比重，回归结果如表4的（1）(2)(3）栏所示。不难发现，教育财政分权对居民教育满意度的影响仍然显著为正，且各传导机制的作用效果与前文发现保持一致，这表明教育财政资金在高等教育学段和基础教育学段的分配差异不会改变本文结论。

表4　稳健性检验结果

| 变量 | 教育满意度 | | | 教育满意度 | | | 缩尾处理教育满意度 | | |
|---|---|---|---|---|---|---|---|---|---|
| | (1) | (2) | (3) | (4) | (5) | (6) | (7) | (8) | (9) |
| 教育财政分权 | 0.421*** | 0.545*** | 0.182 | 0.280*** | 0.353*** | −0.083 4 | 0.254*** | 0.327*** | −0.014 8 |
| | (0.157) | (0.199) | (0.192) | (0.096 1) | (0.111) | (0.124) | (0.074 1) | (0.084 0) | (0.096 8) |
| 地区间师生比差异 | | −88.41*** | | | −70.22** | | | −70.55*** | |
| | | (29.16) | | | (28.95) | | | (22.22) | |
| 城乡教学设备资产差异 | | 8.202*** | | | 7.075*** | | | 7.139*** | |
| | | (1.788) | | | (2.007) | | | (1.453) | |
| 教育财政支出效率 | | | 6.314* | | | 11.71*** | | | 7.288** |
| | | | (3.837) | | | (4.001) | | | (3.040) |
| 教育人员经费比重 | | | 59.72*** | | | 59.37*** | | | 44.90*** |
| | | | (12.05) | | | (12.97) | | | (9.785) |
| 高等院校教育支出比例 | 11.23 | 13.60 | 18.54 | | | | | | |
| | (11.86) | (13.41) | (12.95) | | | | | | |
| 教育支出水平 | −0.099 0 | −1.366 | 0.615 | 2.677 | 1.724 | 2.592 | 1.007 | −0.002 27 | 1.431 |
| | (2.268) | (2.293) | (2.316) | (1.968) | (2.026) | (2.256) | (1.465) | (1.513) | (1.694) |
| 财政支出水平 | −1.352 | −10.43*** | 10.16** | −2.031 | −9.246** | 14.16*** | −3.212** | −10.53*** | 7.471** |
| | (2.287) | (3.782) | (4.440) | (2.109) | (4.091) | (4.917) | (1.620) | (3.071) | (3.745) |
| 城市人口密度 | −1.405 | 16.63* | −3.040 | −5.608 | 8.270 | −15.80* | 0.198 | 14.60** | −5.097 |
| | (7.331) | (9.192) | (9.165) | (7.950) | (9.378) | (9.517) | (5.860) | (7.006) | (6.974) |
| 人均GDP | 2.476 | 12.78*** | −3.940 | 2.933 | 11.24*** | −4.529* | 3.552** | 12.05*** | −1.674 |
| | (2.182) | (3.637) | (2.592) | (2.041) | (3.948) | (2.682) | (1.607) | (2.975) | (2.119) |

表4(续)

| 变量 | 教育满意度 | | | 教育满意度 | | | 缩尾处理教育满意度 | | |
|---|---|---|---|---|---|---|---|---|---|
| | (1) | (2) | (3) | (4) | (5) | (6) | (7) | (8) | (9) |
| 人口规模 | 0.156 | 1.156*** | 0.107 | 0.077 1 | 0.867** | -0.107 | 0.223** | 1.031*** | 0.132 |
| | (0.131) | (0.331) | (0.151) | (0.146) | (0.342) | (0.170) | (0.111) | (0.261) | (0.129) |
| 地区经济变量 | 控制 | 控制 | 控制 | 控制 | 控制 | 控制 | 控制 | 控制 | 控制 |
| 居民个体特征 | 控制 | 控制 | 控制 | 控制 | 控制 | 控制 | 控制 | 控制 | 控制 |
| 观察值 | 4 715 | 4 715 | 4 715 | 3，910 | 3，910 | 3，910 | 4 715 | 4 715 | 4 715 |
| $R^2$ | 0.038 | 0.042 | 0.043 | 0.042 | 0.046 | 0.048 | 0.032 | 0.037 | 0.036 |

注：括号中的数值为对应的标准误；***、**、*分别表示在1%、5%和10%的显著性水平。

其次，前文回归分析所使用的样本包括各年龄段的居民，而子女已经接受教育或即将接受教育的家长群体会更加关注和了解当地教育服务的供给情况，这一群体对教育满意度可能与其他群体有所不同。因此，本文选择30岁以上且有子女的居民构建子样本，来检验教育财政分权和居民教育满意度之间的关系及作用机制。表4的（4）(5)(6）栏汇报了有关回归结果，即教育财政分权与各传导机制的回归系数及显著性水平与前文发现保持一致，可见样本选择并不会影响结论的稳健性。

最后，本文对居民教育满意度的测量基于居民的主观评价，而主观评价容易出现不一致甚至极端值的情况。为减轻测量误差问题对结论的影响，本文将居民教育满意度进行了缩尾处理，分别将居民教育满意度评价中结果小于20分和大于80分的微观个体样本统一为20分和80分，然后重新检验省内教育财政分权对居民教育满意度的影响以及各传导机制的作用。结果如表4的（7)(8)(9）栏所示，教育财政分权的回归系数有所下降，但仍然显著为正，与前文发现保持一致，而控制传导机制变量之后的结果依然成立。这些发现表明，本文的实证结论没有受到极端值的影响。

## 六、研究结论与政策建议

### （一）研究结论

本文选择居民教育满意度作为研究对象，采用微观个体与省级信息的嵌套数据，考察了省内教育财政分权对居民教育满意度的影响及传导机制。结果显示，省内教育财政分权通过教育供给效率和教育供给差异两种机制对居民教育满意度产生影响。一方面，省内教育财政分权有利于提高地方教育供给效率，在相同投入水平下会为居民提供更满意的教育服务，从而提升居民教育满意度；另一方面，省内教育财政分权会导致省内地区和城乡间教育供给差距的扩大，可能削弱部分居民教育满意度。总体而言，教育供给效率机制的正向效应大于教育供给差异的负向效应。

### （二）政策建议

本文研究表明，我国教育分级管理体制有利于发挥地方政府的信息优势，从而提高教育服务的供给效率和居民教育满意度，这为我国教育财政分权提供了依据。与此同时，教育财政分权因资源投入不平等所产生的负向效应也凸显“省级统筹”在教育分级管理体系的必要性。因此，本文建议从以下两个方面优化当前的教育财政体制，以办好让人民更满意的教育事业。

1. 科学划分省及以下各级政府在教育领域的财政事权，明确各级政府的支出责任和保障标准

首先，实现教育领域事权的划分全涵盖，做到边界清晰规范，在现有的教育分级管理体制下，落实各级政府按规定履行教育领域财政事权的责任，充分调动地方因地制宜发展区域内教育事业的积极性和主动性，有效发挥地方政府在教育服务供给效率上的优势；其次，建立合理的省内教育财政统一拨款和投入的制度安排，根据各地方实际经济发展水平和各地方政府的财力情况，分档次建立各类教育服务的经费拨款标准，并在此基础上明确各级政府的分担比例，通过对因承担义务教育直接责任而财力不足的基层政府进行财政资源转移，解决教育投入不足和教育资源不平衡问题；最后，教育领域正在经历格局性的变化，教育改革发展态势日新月异，这就要求各级政府依据本地教育事业的发展水平和发展规划，兼顾当前利益和长远利益，动态调整优化教育领域财政事权和支出责任的划分。

2. 加强财政教育资金管理，着力提升地方资金使用绩效

虽然“以县为主”的教育分级管理体制具有提高教育服务供给效率的潜在优势，但其同时也增加了政府行为协调的复杂性。进一步加强对财政教育资金的管理，成为教育财政分权制度下优化财政资源配置、提升公共服务质量的重要任务。为此，各级教育部门应根据教育行业规律和经费使用特点，建立健全全面规范透明、标准科学、约束有力的教育预算绩效管理制度，做到绩效管理覆盖所有财政资金和非财政资金，并通过夯实财政绩效主体责任和推进科学精细的教育成本测算，提高教育领域资金配置效率、使用效益和服务质量。此外，各级教育部门应积极推进绩效信息公开工作，自觉接受社会监督，提升预算绩效信息透明度，积极组织第三方机构参与预算绩效管理相关工作，将公众的意见赋予权重纳入评价体系。本文认为，居民教育满意度作为需求端的微观评价结果，能够有效反映教育服务质量和人民群众对教育服务获得情况的感知，是关系教育事业发展的出发点和落脚点，应被纳入基层教育部门的绩效评价。

**参考文献：**

陈诗一，张军. 中国地方政府财政支出效率研究：1978—2005 [J]. 中国社会科学，2008 (4)：65-78.

丛树海，周炜. 中国公共教育支出绩效评价研究 [J]. 财贸经济，2007 (3)：37-42.

崔保师，曾天山，刘芳，等. 基础教育服务对象满意度实证研究 [J]. 教育研究，2019 (3)：80-89.

傅勇. 财政分权、政府治理与非经济性公共物品供给 [J]. 经济研究，2010 (8)：4-15.

高琳. 分权与民生：财政自主权影响公共服务满意度的经验研究［J］. 经济研究，2012（7）：86-98.

龚锋，卢洪友. 财政分权与地方公共服务配置效率：基于义务教育和医疗卫生服务的实证研究［J］. 经济评论，2013（1）：42-51.

廖楚晖，唐里亚. 政府教育支出有关问题的研究［J］. 财贸经济，2003（1）：63-66.

刘成奎，龚萍. 财政分权、地方政府城市偏向与城乡基本公共服务均等化［J］. 广东财经大学学报，2014，29（4）：63-73.

刘光俊，周玉玺. 财政分权、转移支付与教育服务均等化的关联度［J］. 改革，2013（9）：57-63.

刘长生，郭小东，简玉峰. 财政分权与公共服务提供效率研究：基于中国不同省份义务教育的面板数据分析［J］. 上海财经大学学报，2008（4）：61-68.

刘振亚，唐滔，杨武. 省级财政支出效率的 DEA 评价［J］. 经济理论与经济管理，2009（7）：50-56.

吕炜，王伟同. 中国公共教育支出绩效：指标体系构建与经验研究［J］. 世界经济，2007（12）：54-63.

亓寿伟，俞杰，陈雅文. 中国基础教育支出效率及制度因素的影响：基于局部前沿效率方法的分析［J］. 财政研究，2016（6）：103-113.

乔宝云，范剑勇，冯兴元. 中国的财政分权与小学义务教育［J］. 中国社会科学，2005（6）：37-46.

汪汇，陈钊，陆铭. 户籍、社会分割与信任：来自上海的经验研究［J］. 世界经济，2009（10）：81-96.

杨东亮，杨可. 财政分权对县级教育公共服务均等化的影响研究［J］. 吉林大学社会科学学报，2018（2）：93-103.

杨良松，任超然. 省以下财政分权对县乡义务教育的影响：基于支出分权与财政自主性的视角［J］. 北京大学教育评论，2015（2）：108-126.

杨良松. 中国的财政分权与地方教育供给：省内分权与财政自主性的视角［J］. 公共行政评论，2013（2）：104-134.

余靖雯，龚六堂. 中国公共教育供给及不平等问题研究：基于教育财政分权的视角［J］. 世界经济文汇，2015（6）：1-19.

袁连生，何婷婷. 中国教育财政体制改革四十年回顾与评价［J］. 教育经济评论，2019（1）：13-39.

张光. 测量中国的财政分权［J］. 经济社会体制比较，2011（6）：48-61.

张娜. 公众对区域基础教育满意度影响因素研究：基于北京市公众教育满意度调查［J］. 中国教育学刊，2012（8）：22-25.

张晏，龚六堂. 分税制改革、财政分权与中国经济增长［J］. 经济学（季刊），2005（4）：75-108.

郑磊. 财政分权、政府竞争与公共支出结构：政府教育支出比重的影响因素分析［J］. 经济科学，2008（1）：28-40.

郑磊. 财政分权对教育服务提供效果的影响［J］. 财经科学，2010（11）：108-115.

周业安，王曦. 中国的财政分权与教育发展［J］. 财政研究，2008（11）：16-19.

“全国教育满意度测评研究”课题组，田慧生，曾天山，等. 基础教育满意度实证研究［J］. 教育研究，2016（6）：31-42.

ARIKAN G G. Fiscal decentralization：A remedy for corruption?［J］. International Tax & Public Finance，2004，11（2）：175-195.

BAICKER K. The spillover effects of state spending［J］. Journal of Public Economics，2005，89：529-544.

DOWDING K.，MERGOUPIS T. Fragmentation，fiscal mobility，and efficiency［J］. Journal of Politics，2003，65（4）：1190-1207.

HAYEK F A. The use of knowledge in society［J］. World Scientific Book Chapters，2005，35（4）：519-530.

OATES W E. Fiscal federalism［M］. New York：Harcourt Brace Jovanovich，1972：312-324.

QIAN Y，WEINGAST B R. Federalism as a commitment to preserving market incentives［J］. Journal of Economic Perspectives，1997，11（4）：83-92.

SAVAS E S. On equity in providing public services［J］. Management Science，1978，24（8）：800-808.

SINN H W. The selection principle and market failure in systems competition［J］. Journal of Public Economics，1997（2）：247-274.

STIGLER G J. Selections from the wealth of nations［M］. Wheeling：Harlan Davidson，1957.

TIEBOUT C. A pure theory of local expenditures［J］. Journal of Political Economy，1956，64：416-424.

# 中国式分权、晋升考核与最优政府规模

郑尚植　徐珺

**内容提要：** 本文利用 1998—2014 年的中国省级面板数据，通过不同的方法测算了中国的最优政府规模。实证结果表明，从经济增长角度测算的最优政府规模大致保持在 9.4%，从经济发展角度测算的最优政府规模则在 17%左右。在嵌入中国特色政治体制后可以很好理解两者间的巨大差异。在晋升锦标赛下，地方官员为了升迁而采取“国内生产总值（GDP）竞赛”，从而导致地方官员只关心短期经济增长而忽视长期经济发展，实际地方政府规模处于经济增长角度与经济发展角度两者估算的最优政府规模之间。地方政府这种“功利主义”的根源在于官员绩效考核标准的单一性，即需要提高诸如民生、环保等维度的考核标准从而耦合经济增长与经济发展，实现两者的同步提升。

**关键词：** 中国式分权；晋升锦标赛；最优政府规模

## 一、引言

政府究竟在经济中起什么样的作用一直都是经济学家关心的重要问题，在不同历史发展阶段对于这一问题有着不同的认识。先有亚当·斯密的“守夜人”，认为政府应该尽可能少的干预经济的运行。随着 1929 年经济大萧条的出现，“凯恩斯革命”盛极一时，凯恩斯的公共财政理论极大的强化了政府对经济运行的干预从而帮助西方国家走出经济泥潭。但随着 20 世纪 70 年代“滞涨”的出现，凯恩斯的政府干预理论面临极大现实考验，货币主义、新古典宏观主义等学派也纷纷对其进行抨击，并相继提出了减少政府干预甚至不要政府干预的观点。在历史的车轮向前行驶的过程中，政府在经济活动中应起的作用逐渐从争论不断转变为理性探讨，学者们逐渐开始关心政府的边界问题。我们究竟需要政府在多大程度上

---

**基金项目：** 国家社科基金青年项目“政府作用效率视阈下最优政府规模的理论重构、模型估算与实现路径研究”（项目编号：16CJY063）。

**作者简介：** 郑尚植，东北财经大学马克思主义学院副教授，经济学博士，公共管理博士后；徐珺，东北财经大学马克思主义学院政治经济学专业研究生。

干预经济呢？或者换一个说法，对于一个健康的经济体来讲，多大的政府规模是合意的呢？

确定最优或最合适的政府规模在公共经济学等领域是个经久不衰的研究课题。一些学者甚至将确定政府规模的适度水平视为公共财政的核心问题。政府规模大小的确定往往意味着政府政策力度的大小，只有把政府规模控制在一个合理的水平，才能让政府的职能得以有效发挥。如何确定最优政府规模？一般来讲，有三个比较常见的方法。一是根据 Barro 法则确定最优政府规模，二是根据 Armey 曲线确定最优政府规模，三是根据政府规模与经济增长率之间的非线性关系来找出最优政府规模。社会行为个体之间并不是相互独立的而是以各种复杂的相互联系的方式嵌入社会关系网络中去的，因此要理解社会个体行为需要嵌入与之相对应的制度体制。理解政府最优规模同样需要嵌入社会、政治、经济与文化等因素。对于实际政府规模与最优政府规模之间存在的差异需要结合具体的政治制度条件来进行理解。

中国现行制度体制的主要特征是“政治集权”与“经济分权”。在这样一个经济政治框架下，晋升锦标赛既是一种激励实现方式也是地方官员实现自身目标行为模式的一种精准描述。如何在中国这样一个独特的政治经济体制下确定地方政府的最优政府规模以及如何理解这一最优政府规模与实际政府规模差异背后的制度成因，对于我们规范政府行为以及政治体制改革，都具有十分重要的现实意义。

## 二、文献综述与理论分析

关于政府规模的研究主要分为两类。

一类研究影响政府规模的因素，侧重分析政府规模与其他经济变量之间的关系。关于这类研究，学者们析毫剖厘，著述丰富。影响政府规模的因素众多。在研究经济增长与政府规模关系中，“瓦格纳法则”首当其冲，既有证实（Tobin，2005；孙群力，2006），也有证伪（潘卫杰，2007），还有在不同条件下瓦格纳法则具有不同的有效性（杨子晖，2011）。瓦格纳法则的核心是想说明随着人均收入的增加，居民需要更多的公共产品，这促使政府增加在基本公共服务上面的支出，最终导致政府规模扩大。但在晋升锦标赛下，官员用自己的偏好代替了居民偏好，并不一定会选择提供更多的公共服务，反而会为了提高自己的升迁概率大力投资基础设施建设。地方政府规模总体上确实会出现扩张，但其成因与瓦格纳法则不同，政府支出规模存在结构性错配。政府规模与财政分权的研究则主要是以布坎南等人提出的“利维坦假说”为基础，认为财政分权能够有效遏制政府扩张。对于财政分权能否缩小政府规模这一问题，学界同样存在着不同的声音，既有认同（Marlow，1988；Grossman，1989；庄玉乙、张光，2012；潘孝珍、洪燕国，2012），也有否定（王文剑，2010）。孙琳和潘春阳（2009）在“中国式分权”视角下考察了利维坦假说，认为中国式分权一方面导致了地方政府的财税和公共产品竞争，另一方面也存在“标尺竞争”的问题。而标尺竞争对政府规模的影响受到上级政府部门的政策影响。各种竞争对政府规模的影响难以确定，因此在中国式分权下需要对利维坦假说进行计量分析。利维坦假说的成立需要保证居民自由流动、自行选择居住地点，而中国户籍制度的存在显然不符合利维坦假说的条件。此外，在税收方面中国地方政府并不是完全自主的，地方政府靠低税率吸引居民前往辖区居住也不现实，所以想要靠低税率来缩小政府规模在中国缺乏现实基础。另外，在晋升锦标赛这一官员治理模式下，官员进行更多基础设施建设，相对而言会使用于提供公共服务的支出减少，虽然总的政府规模会扩大，但存在支出结构偏向问题。利维坦假说的作用机制在中国会被大大弱化，这在一定程度上导致中国实际地方政府规模比最优政府规模要大。还有一些学者关心其他的影响因素。汪德华等（2007）关心政府规模对服务业的影响，认为政府会抑制服务业的发展，政府规模越大则服务业占的比重越低。梅冬州和龚六堂（2012）认为，对外开放程度与政府规模之间的关系是由对外开放带来的外部风险冲击以及外部竞争带来的国内市场化改革两种力量决定的，发达国家由于市场化程度高抗风险能力强，从而政府规模较小。实证结果显示，中国由于东西部地区的巨大差异表现出不同的结果，在东部地区对外开放与政府规模两者之间是负相关关系，在西部地区两者之间则是正相关关系。

另一类研究则侧重测算出合意的政府规模。在估算最优政府规模方面起着奠基作用的是 Barro。Barro（1990）首次将政府支出看作生产性支出，并以此构建了理论模型，从而为最优政府规模的估算提供了理论基础。测算最优政府规模的文献的主要区别在于测算方式上。一部分学者基于 Barro 法则测算最优政府规模。如 Karras（1996）在 Barro 理论分析的基础上，提出了计量模型并选取了 118 个国家（地区）1960—1985 年的政府消费来对最优政府规模进行验证。实证发现，当政府边际产出等于 1 时的最优政府规模为 23%。对这些国家进行分类后发现，其中非洲最优政府规模为 20%，北美最优政府规模为 16%，南美最优政府规模为 33%，亚洲（包括中国）最优政府规模为 25%，欧洲最优政府规模为 18%。孙群力（2006）采用 Barro 和 Karras 的分析方法，利用 1978—2004 年中国省级面板数据实证研究发现，中国地方政府支出（财政支出+政府消费）是生产性的，并且财政支出与政府消费相对于最优政府规模 10%（±1%）而言过于膨胀，财政支出与政府消费的边际产出随着政府规模的增大逐渐减小，实际政府规模要比最优政府规模小。Armey（1995）提出了政府最优规模曲线，即 Armey 曲线。另一部分学者便利用 Armey 曲线来测算最优政府规模。Vedder 和 Gallaway（1998）利用 1947—1997 年美国联邦政府支出以及美国国内生产总值来对 Armey 曲线进行拟合，实证结果表明美国联邦政府的最优政府规模为 17.45%。李银秀（2015）利用 1978—2012 年陕西省的宏观数据实证考察了政府规模与经济增长之间是否符合 Armey 曲线，并最终确定最优政府规模。结果显示，陕西省的政府规模与经济增长之间确实存在如 Armey 曲线一般的倒“U”形关系，且最优政府规模为 22%。还有一部分学者根据政府规模与经济增长率之间的非线性关系来找出最优政府规模。如 Sheehey（1993）使用跨国数据发现，当政府规模（政府消费/ GDP）小于15%时，政府规模和经济增长之间呈正相关关系，但当政府规模大于15%时，两者之间的关系为负。杨友才和赖敏晖（2009）利用门槛回归模型，使用实际政府财政支出占 GDP 的比重作为门槛变量，对经济增长与政府规模之间的关系进行了检验。实证结果显示，政府支出具有门槛效应，当政府支出规模小于 11.6%时，经济增长与政府规模之间呈正向关系，而当政府支出规模大于 11.6%时，两者之间呈负向关系。并且还发现中国地方政府支出规模超出最优政府规模的样本数有 284 个，低于最优政府规模的仅有 52 个，中国地方政府大多存在政府支出规模膨胀的问题。

从中国的政治体制角度来考察 Armey 曲线能更好地理解中国地方政府规模变化以及最优政府规模的现实意义。政府在经济增长初期往往会通过大力投资基础设施建设来促进增长，在“晋升锦标赛”这个政治框架以及集权政治体制下，官员会由于“升迁”的政治激励，使得政府支出对经济增长的作用放大化（周黎安，2007）。此外，由于晋升锦标赛考察的是各个参赛者的相对位次，上一级政府为了在竞争中胜出往往会订立一个较高的目标，这个目标分解到各个下级政府时，又会受到各个下级政府的加码，这样层层分解、层层加码就会进一步强化地方政府为经济增长所付出的努力，从而表现为中国经济的持续超高增长以及中国政府规模的居高不下。政府支出对经济增长的作用在不同的政治体制下有所不同，在经济的不同发展阶段其结果也不一样。在初期其表现为对经济的强力促进，此时基础设施极度匮乏，在双重强化效应下地方政府有极大的热情发展经济，并且此时地方政府只要有所行动基本不会出错；而当经济发展到一定阶段时，会面临成本收益的权衡问题，此时基础设施建设已经具有一定规模，一项政策的执行也许并不会带来帕累托改进，但政府支出会挤出私人投资，即容易出现政府规模过大、机构臃肿、政府人员冗杂的窘境。也就是说，在中国独特政治体制的嵌入下，政府支出与经济增长在初期能够相互耦合、相互促进，两者是一种良性互动的关系。但当经济发展到一定阶段时，这种良性关系会逐步演变为“政府支出增加——经济增长下滑——为了防止经济增长下滑——增加政府支出”这样一种恶性循环。从 Armey 曲线中（见图 1）可以看出，在嵌入政治经济体制后实际政府规模要比最优政府规模大。

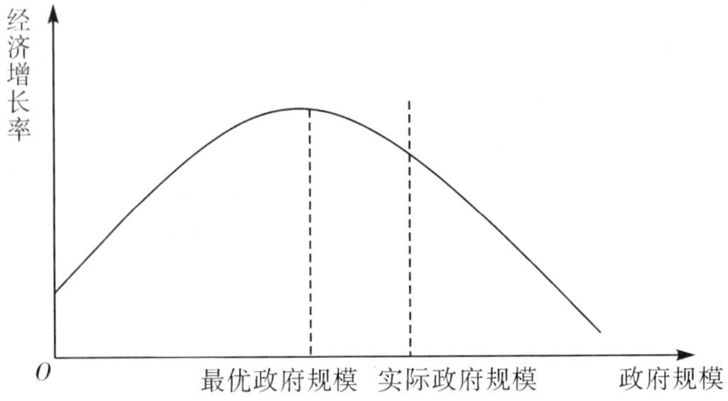


图 1 Armey 曲线

政府之所以不能有效发挥作用存在多方面原因。首先，政治体制上是否有有效的激励约束机制；其次，政府的行为主体官员也存在诸多问题。在目标函数上，官员并没有一致明确的目标，有时甚至会有相反的目标（谢乔昕 等，2011）。从风险角度考虑，官员行为一般趋于保守，“官僚们认为要是做出冒险选择，其错误的代价要高于收益，因此过分谨慎是他们的一贯作风”。此外，由于政策项目一般具有收益集中、成本分散的特点，利益集团往往会希望保留一项政策项目，哪怕这个政策是十分低效的。而普通民众由于数量庞大，所分摊到的成本数目就十分小，从而也不会有强烈的反对意愿，这样一项低效政策就被保留下来了。随着中国经济的升级，以“标尺竞争”为主要特点的“晋升锦标赛”给经济带来的负面影响也越来越被学界关注。偏好替代、多重任务下的扭曲性激励、政府财政预算的软约束问题日益凸显。陈志勇和陈思霞（2014）认为，当前的财政分权制度是一个扭曲性制度激励，制度质量的好坏直接关系到政府预算约束的“软”“硬”。并且在晋升激励这样一种政治体制下，财政分权会极大地软化地方政府预算，诱发地方政府的偏向性投资，使地方政府更多的关注基础设施领域投资（Keen & Marchand，1997；吴延兵，2017）。因此，在中国形成了以投资出口为主要增长点的粗放式发展模式，中国地方政府的实际政府规模与最优政府规模之间的偏离很大程度上是由中国地方政府关心短期经济增长而忽视长期经济发展、只注重短期支出而忽视长期支出造成的。

## 三、变量选取与模型设计

### （一）计量模型推导

本文借鉴 Barro（1990）的做法，将政府支出视作生产性投资来考察政府规模与经济增长之间的关系，我们使用政府预算内收入来代替。假设生产函数为

$$Y = F(K,\ L,\ G) \tag{1}$$

其中，$Y$ 是实际总产出，$K$ 是资本存量，$L$ 是劳动人口，$G$[①] 是政府收入，生产函数符合稻田条件。我们在上式左右两边同时对时间求导，有

$$\dot{Y} = \frac{\partial F}{\partial K}\dot{K} + \frac{\partial F}{\partial L}\dot{L} + \frac{\partial F}{\partial G}\dot{G} \tag{2}$$

在等式左右两边同时除以 $Y$，有

$$\frac{\dot{Y}}{Y} = \frac{\partial F}{\partial K}\frac{\dot{K}}{Y} + \frac{\partial F}{\partial L}\frac{\dot{L}}{Y} + \frac{\partial F}{\partial G}\frac{\dot{G}}{Y} \tag{3}$$

第一，当不考虑折旧时，有

① 文献中政府支出在计量模型中的处理方法一般有劳均量（孙群力，2006）和整体量（马树才等，2005）两种。但不论是用整体量还是劳均量，其差距都不会太大，所以在这里我们只给出了整体量的推导过程，劳均量的推导过程与之类似。

$$\frac{\dot{Y}}{Y}=\frac{\partial F}{\partial K}\frac{I}{Y}+\frac{\partial F}{\partial L}\frac{L}{Y}\frac{\dot{L}}{L}+\frac{\partial F}{\partial G}\frac{G}{Y}\frac{\dot{G}}{G}\text{或}\frac{\dot{Y}}{Y}=MPK\frac{I}{Y}+MPL\frac{L}{Y}\frac{\dot{L}}{L}+MPG\frac{G}{Y}\frac{\dot{G}}{G} \tag{4}$$

根据 Barro 法则，当政府支出的边际产出为 1 时，政府规模达到最优状态；当政府支出的边际产出大于 1 时，政府规模过小，此时增加政府支出能够有效增加实际产出；当政府支出的边际产出小于 1 时，按照边际报酬递减规律可知，此时政府规模过大、政府机构人员冗杂、办公效率低下。据此，我们可以估计出最优政府规模的方程：

$$\frac{\dot{Y}}{Y}=\alpha_1\frac{I}{Y}+\beta_1\frac{\dot{L}}{L}+\gamma_1\frac{\dot{G}}{G} \tag{5}$$

其中，$\alpha_1=MPK$，$\beta_1=MPL\times\frac{L}{Y}$，$\gamma_2=MPG\times\frac{G}{Y}=\frac{G}{Y}$。由此可以看出，上述方程估计出来的政府规模增长率前的待估参数 $\gamma_1$ 就是最优政府规模。

第二，当考虑折旧时，有

$$\frac{\dot{Y}}{Y}=\frac{\partial F}{\partial K}\frac{K}{Y}\frac{\dot{K}}{K}+\frac{\partial F}{\partial L}\frac{L}{Y}\frac{\dot{L}}{L}+\frac{\partial F}{\partial G}\frac{G}{Y}\frac{\dot{G}}{G} \tag{6}$$

同样，根据 Barro 法则，我们可以估计出最优政府规模的方程：

$$\frac{\dot{Y}}{Y}=\alpha_2\frac{\dot{K}}{K}+\beta_2\frac{\dot{L}}{L}+\gamma_2\frac{\dot{G}}{G} \tag{7}$$

其中，$\alpha_2=\frac{\partial F}{\partial K}\frac{K}{Y}$，$\beta_2=\frac{\partial F}{\partial L}\frac{L}{Y}$，$\gamma_2=\frac{\partial F}{\partial G}\frac{G}{Y}$。$\alpha_2$、$\beta_2$、$\gamma_2$ 分别为资本的产出弹性、劳动的产出弹性和政府支出的产出弹性。当政府的边际产出 $MPG=1$ 时能够得到最优政府规模 $\gamma_2$。

根据（5）式、（7）式，可以建立如下计量模型：

$$\left(\frac{\dot{Y}}{Y}\right)_{it}=\alpha_1\left(\frac{I}{Y}\right)_{it}+\beta_1\left(\frac{\dot{L}}{L}\right)_{it}+\gamma_3\left(\frac{\dot{G}}{G}\right)_{it}+\delta_i+\theta_t+\varepsilon_{it} \tag{8}$$

$$\left(\frac{\dot{Y}}{Y}\right)_{it}=\alpha_2\left(\frac{\dot{K}}{K}\right)_{it}+\beta_2\left(\frac{\dot{L}}{L}\right)_{it}+\gamma_2\left(\frac{\dot{G}}{G}\right)_{it}+\delta_i+\theta_t+\varepsilon_{it} \tag{9}$$

其中，$\frac{\dot{Y}}{Y}$ 代表实际 GDP 增长率，$\frac{I}{Y}$ 代表实际投资与实际 GDP 的比值，$\frac{\dot{L}}{L}$ 为劳动人口增长率，$\frac{\dot{G}}{G}$ 为实际政府收入增长率，$\frac{\dot{K}}{K}$ 为实际资本存量的增长率。$\delta_i$ 为个体效应，控制不随时间变化的省级层面个体体征；$\theta_t$ 是时点效应，控制不随个体改变的时间趋势。

（二）数据说明

第一，实际 GDP。参考马树才、孙长清（2005）和钟正生、饶晓辉（2006）的处理方法，以 1998 年为基期算出各年的实际 GDP。

$$Deflator_t = \frac{\text{GDP}_{it}}{\text{GDP}_{it}index} \times \frac{\text{GDP}_{1998}index}{\text{GDP}_{1998}}$$

$$实际\text{GDP}_{it} = \frac{\text{GDP}_{it}}{Deflator_t} = \text{GDP}_{1998} \times \frac{\text{GDP}_{it}index}{\text{GDP}_{1998}index}$$

其中，$\text{GDP}_{it}$ 代表着第 $t$ 年地区 $i$ 的名义 GDP，$\text{GDP}_{it}index$ 则是相对应的 GDP 指数，$\text{GDP}_{1998}$ 代表 1998 年名义 GDP 值，$\text{GDP}_{1998}index$ 则是该年的 GDP 指数（$\text{GDP}_{1998}index=100$）。

第二，劳动人口。使用三次产业分就业人员数①来衡量劳动人口。

第三，实际社会固定资本投资。社会固定资本投资根据《中国统计年鉴》得到，实际社会固定资本投资=名义社会固定资本投资/固定资产投资价格指数（王小鲁、樊纲，2000；李治国、唐国兴，2003）。

实际资本存量。一般而言，基期资本存量②是影响较小的一项因素，由于折旧和未来投资的不断增加，基期资本存量的影响将会越来越小（Barro & Sala-i-Martin，2004）。计算实际资本存量使用永续盘存法（单豪杰，2008；王华，2017）：

$$K_t = I_t + (1-\delta)K_{t-1}$$

其中，$I_t$ 代表实际社会固定资本投资；$\delta$ 是折旧率，在这里我们使用经验估计为常用的 5%（王小鲁、樊纲，2000；郭庆旺、贾俊雪，2004；孙群力，2006；王华，2017）；$K_t$ 代表 $t$ 年的实际资本存量，基期为 1998 年。

第四，政府收入。政府收入为预算内政府收入。

第五，经济发展。根据联合国开发计划署（UNDP）的规定，人类发展指数（HDI）是测量人类社会经济发展的一个指标，其有三个子指标：出生时预期寿命指数、教育指数和收入指数。HDI 的分项指数根据（实际值－最小值）÷（最大值－最小值）计算得到，这个公式可以将不同量纲的相关变量调节到 0~1 进行比较，是一个十分简单的标准化方式。这样处理既可以保持原有数据的特征（差异性），也赋予了数据之间更大的可比性。出生时预期寿命指数根据人均预期寿命测算出来。根据《中国统计年鉴》我们可以得到 1990 年以及 2000 年各地区出生人口的预期寿命，参考宋洪远和马永良（2004）的做法，即在 2000 年以前的年份采用内推法测算各地区的预期寿命，2000 年以后的年份则采用外推法测算相应地区的预期寿命③。由于 UNDP 在出生时预期寿命指数生成过程中规定了寿命阈值为 25~85

① 2006 年、2011—2014 年没有分地区按三次产业分就业人员数，若是按分地区、按行业分城镇私营企业和个体就业人数的话，口径差距太大。因此，2006 年采用 2004 年、2005 年、2007 年和 2008 年的算术平均值测算；2011—2014 年的算术平均值则根据 2010—2014 年总的按三次产业分就业人员数的平均增长率（0.37%）测算。

② 1998 年的资本存量根据单豪杰（2008）《中国资本存量 K 的再估算：1952—2006 年》中的数据得到，其在测算过程中将重庆并入四川中，因此我们根据 1998 年重庆 GDP、四川省 GDP 占两者之和的比值分别乘以其论文中 1998 年四川省资本存量，将四川省、重庆市 1998 年资本存量拆分开来。

③ 由于重庆在 1990 年缺乏相应的预期寿命，我们用与之相近的四川省的预期寿命来测算。

岁，在去量纲过程中，我们的最大值和最小值分别用 85、25 代替。具体计算公式为

$$出生时预期寿命指数 = \frac{\ln(人均预期寿命) - ln(25)}{\ln(85) - ln\ (25)}$$

教育指数则包括两个分指标，即成人识字率和综合毛入学率，所占权重分别为 $\frac{2}{3}$、$\frac{1}{3}$。成人识字率=1-文盲率，其中文盲率为 15 岁以上文盲、半文盲人口① 占 15 岁以上人口的比重。参考王圣云、罗玉婷等人（2018）的处理方法，我们使用 5 岁以上在校生总人数占比与 5~24 岁人口所占比重之间的比值来估算综合毛入学率②。收入指数则根据实际人均 GDP 取对数后根据（实际值 - 最小值）÷（最大值 - 最小值）计算得到。最终按照 $\frac{1}{3}$（收入指数 + 出生时预期寿命指数 + 教育指数）测算出 HDI。

第六，数据来源。为了更好地考察最优政府规模的历史性和阶段性特征，本文采用的样本数据为 1998—2014 年全国 31 个省（自治区、直辖市）面板数据所有数据，若无特殊说明其数据均来自《中国统计年鉴》。

变量的描述性统计见表 1。

**表 1　变量的描述性统计**

| 变量 | 符号 | 均值 | 标准差 | 最小值 | 最大值 | 观测值 | 年份 |
|---|---|---|---|---|---|---|---|
| 实际 GDP 增长率 | $\frac{\dot{Y}}{Y}$ | 0.113 6 | 0.025 0 | 0.049 0 | 0.238 0 | 496 | 1998—2014 |
| 劳动人口增长率 | $\frac{\dot{L}}{L}$ | 0.015 4 | 0.023 3 | -0.046 3 | 0.269 0 | 496 | 1998—2014 |
| 实际社会固定资本投资占实际 GDP 的比重 | $\frac{I}{Y}$ | 0.566 6 | 0.250 8 | 0.216 3 | 1.704 9 | 527 | 1998—2014 |
| 实际资本存量增长率 | $\frac{\dot{K}}{K}$ | 0.300 7 | 0.316 6 | 0.064 2 | 6.065 9 | 496 | 1998—2014 |
| 政府收入增长率 | $\frac{\dot{G}}{G}$ | 0.194 2 | 0.100 2 | -0.045 2 | 0.583 8 | 496 | 1998—2014 |
| 经济发展水平 | HDI | 0.700 0 | 0.098 8 | 0.290 6 | 0.885 0 | 527 | 1998—2014 |

① 在《中国统计年鉴》中，“文盲、半文盲人口”是指 15 岁及 15 岁以上不识字及识字很少的人口。

② 5 岁以上在校生包括普通高校在校生、中等职业学校在校生、普通高中在校生、普通初中在校生、职业初中在校生、普通小学在校生以及特殊教育在校生。使用当年全国 5~9 岁、10~14 岁、15~19 岁、20~24 岁这四个年龄段所占比重之和作为各个地区 5~24 岁的人口占比。2011 年《中国统计年鉴》中并没有公布 2010 年按年龄和性别分人口数，所以我们采用 2011 年和 2009 年的均值作为 2010 年的 5~24 岁的年龄占比。2002 年也这样处理。1998—2000 年的对应人口占比则根据 2001—2008 年 5~24 岁人口占比的平均值推算得到。

## 四、实证结果

### （一）基于Barro法则估计的最优政府规模

考虑到中国的国情，各个省份的一些个体特征（如面积、形状）并不随时间变化，也就是说使用省级面板数据时存在个体效应。另外，一些宏观调控、总量指标在年度对于各个省份来说均是一样的，但随着时间的递延可能会发生调整与变化（如全国价格水平），即存在着时点效应。从上述两点来看，中国省级面板数据不适合使用混合模型来估计，在具体使用模型时需要考虑个体效应与时点效应。根据个体效应、时点效应与解释变量之间的相关关系，在模型选择时又可以分为两种情况：一是当个体效应（时点效应）与解释变量相关时，应选用固定效应模型；二是当个体效应（时点效应）与解释变量无关时，应选用随机效应模型。根据推导过程中是否考虑折旧分两种情况来估计。首先分别运用个体（时点）固定效应模型、个体（时点）随机效应模型进行估计并保存回归结果，其次对两者进行Hausman检验。发现个体效应的Hausman检验的$P$值为0、拒绝原假设，即个体效应与解释变量相关，此时使用固定效应；时点效应的Hausman检验的$P$值同样为0，此时应选用固定效应。由此最终选择个体时点双固定效应模型。考虑折旧与不考虑折旧两者Hausman检验的结果一样，故将式（8）、式（9）调整如下：

$$\left(\frac{\dot{Y}}{Y}\right)_{it} = \delta_i + \theta_t + \alpha_1\left(\frac{I}{Y}\right)_{it} + \beta_1\left(\frac{\dot{L}}{L}\right)_{it} + \gamma_3\left(\frac{\dot{G}}{G}\right)_{it} + \varepsilon_{it} \tag{10}$$

$$\left(\frac{\dot{Y}}{Y}\right)_{it} = \delta_i + \theta_t + \alpha_2\left(\frac{\dot{K}}{K}\right)_{it} + \beta_2\left(\frac{\dot{L}}{L}\right)_{it} + \gamma_2\left(\frac{\dot{G}}{G}\right)_{it} + \varepsilon_{it} \tag{11}$$

表2是运用Barro法则来估计的收入端最优政府规模。模型（1）、模型（4）是基准回归，两者估计的最优政府规模差距不大。实际政府收入增长率$\frac{\dot{G}}{G}$前的系数分别为0.145和0.146，对应的最优政府规模分别为14.5%和14.6%，且均在1%的显著水平上显著。模型（2）、模型（5）考虑了省份个体固定效应，对于整体的估计结果的符号和数据大小影响不是很大。此时，实际政府收入增长率$\frac{\dot{G}}{G}$前的系数分别为0.139和0.14，且均在1%的统计水平上显著，对应的最优政府规模分别为13.9%和14%。模型（3）、模型（6）既考虑了个体固定效应也考虑了时点固定效应，实际政府收入增长率$\frac{\dot{G}}{G}$前的系数分别为0.070 8和0.093 3，且均在1%的显著性水平上显著，对应的最优政府规模分别为7.08%和9.33%。从表2中我们可以看出，在不考虑折旧的情况下，资本增长率对经济增长率有正向影响；在考虑折旧的情况下，资本增长率对经济增长率有负向影响。这说明，中国对于资本的使用效率是比较低下的，这与中国这个阶段主要是粗放式的经济增长方式是契合的。不过，从模型（6）资本增长率前的系数由负数转换为正数来看，在剔

除了一些宏观调控或者波动的影响后，资本对经济的增长重新变为正向影响。此外，我们可以看到劳动人口增长率对实际 GDP 增长的影响是显著为正的，但在控制时点固定效应后其系数值显著下降。这一方面是资本随着时间发展在经济增长中所起的作用不断加大；另一方面，也与中国劳动人口增长率出现阶段性下滑、全国平均劳动人口增长率从 2002 年的 2.2%下降为 2011 年的 0.37%①、劳动增长率对经济的贡献率下降有关。另外，从实际政府收入增长率 $\frac{\dot{G}}{G}$ 前的系数大小来看，考虑折旧要比不考虑折旧的系数要大，也就是说考虑折旧估计的最优政府规模普遍偏大。这可以从固定资本存量这个角度来解释，不考虑折旧时，估算的固定资本存量相对较大。根据资本的边际报酬递减规律，等量的资本所能带来的经济增长少，此时经济增长率相对较小，政府税收也就更小，那么对应的政府规模也就更小一些。不考虑折旧，能使理论变得简单明了，但并不利于我们了解真实的最优政府规模。为了使估计的最优政府规模更贴近真实的最优政府规模，我们以考虑折旧估计的最优政府规模为主，此时的最优政府规模为 9.33%。

**表 2　基于 Barro 法则估计收入端最优政府规模**

| | 不考虑折旧 | | | 考虑折旧 | | |
|---|---|---|---|---|---|---|
| | (1) | (2) | (3) | (4) | (5) | (6) |
| $\frac{\dot{K}}{K}$ | 0.005 61 | 0.009 67** | 0.056 3*** | −0.004 88* | −0.006 26** | 0.003 19 |
| | (1.61) | (2.55) | (9.88) | (−1.77) | (−2.43) | (1.25) |
| $\frac{\dot{L}}{L}$ | 0.213*** | 0.294*** | 0.043 6 | 0.205*** | 0.285*** | 0.080 7** |
| | (5.78) | (8.16) | (1.46) | (5.54) | (7.90) | (2.47) |
| $\frac{\dot{G}}{G}$ | 0.145*** | 0.139*** | 0.070 8*** | 0.146*** | 0.140*** | 0.093 3*** |
| | (16.40) | (17.10) | (8.15) | (16.74) | (17.24) | (10.10) |
| 常数项 | 0.079 0*** | 0.076 4*** | 0.056 6*** | 0.083 7*** | 0.083 9*** | 0.070 6*** |
| | (31.52) | (29.47) | (19.00) | (37.62) | (40.48) | (19.33) |
| Region fixed effect | NO | YES | YES | NO | YES | YES |
| Time fixed effect | NO | NO | YES | NO | NO | YES |
| R-square | 0.425 | 0.484 | 0.737 | 0.426 | 0.484 | 0.681 |
| $N$ | 496 | 496 | 496 | 496 | 496 | 496 |
| $F$ | 121.2 | 144.6 | 69.72 | 121.6 | 144.2 | 53.04 |

注：*、**、*** 分别表示在 10%、5%和 1%的水平上显著。下同。

### （二）基于 Armey 曲线估计的最优政府规模

使用 Barro 法则估计最优政府规模，不论是在理论上还是在实证上都能得到充分验证，但问题是基于 Barro 法则估计的最优政府规模只能解释政府从经济增长角

① 根据《中国统计年鉴》测算得到。

度估计的最优规模。从政府职能角度来看，政府不仅有维持宏观经济稳定、促进经济增长的作用，还需要提供基本公共服务和承担社会责任。所以，只从经济增长角度估算政府规模显然是不全面的，而更应该从经济发展视角来估计最优政府规模。

Armey（1995）提出的 Armey 曲线认为，政府规模较小时，政府支出对经济有较大的促进作用；但随着政府规模的扩大，这种促进作用的效应会逐渐消退甚至会起反作用抑制经济增长。即政府规模对经济增长的促进有一个临界点，也就是存在一个最优政府规模。如果经济绩效与政府规模之间存在如 Armey 曲线这样的一种倒“U”形关系，那么我们可以通过在式（9）中引入政府规模和政府规模的二次项来通过带二次项的线性回归来拟合经济绩效与政府规模之间的关系。预估计计量模型如下：

$$\left(\frac{\dot{Y}}{Y}\right)_{it}=\alpha_3\left(\frac{\dot{K}}{K}\right)_{it}+\beta_3\left(\frac{\dot{L}}{L}\right)_{it}+\gamma_3 GOVERNMENT_{it}+\delta_3 GOVERNMENT^2{}_{it}+\delta_i+\theta_t+\varepsilon_{it} \tag{12}$$

其中，*GOVERNMENT* 是收入端政府规模，其他与上文一致。在选择模型时，同样需要做 Hausman 检验，此时我们只考虑存在折旧的情况下的模型选择。

当从经济增长视角建立计量模型时，对于个体效应的 Hausman 检验其 $P$ 值为 0. 622 9，无法拒绝原假设，也就是接受了个体效应与解释变量不相关的假设，此时应选用个体随机效应模型；而对时点效应的 Hausman 检验的 $P$ 值为 0. 000 1，拒绝原假设，接受时点效应与解释变量相关的假设，此时采用固定效应模型。因此，我们应该建立一个个体随机效应、时点（截面）固定效应模型，将式（12）修正为

$$\left(\frac{\dot{Y}}{Y}\right)_{it}=\delta_i+\alpha_3\left(\frac{\dot{K}}{K}\right)_{it}+\beta_3\left(\frac{\dot{L}}{L}\right)_{it}+\gamma_3 GOVERNMENT_{it}+\delta_3 GOVERNMENT^2{}_{it}+\theta_t+\varepsilon_{it} \tag{13}$$

表 3 是从经济增长这个角度通过引入二次项对最优政府规模进行估计的回归结果。将估计参数政府规模一次项、二次项前的系数按照［政府规模一次项前系数 ÷（2 × 政府规模二次项前系数）］计算得出最优政府规模。模型（7）是混合 OLS 回归的结果，也就是将各个省份的个体效应视作一致，此时最优政府规模为 9. 2%；模型（8）是个体随机效应模型，此时最优政府规模为 9. 5%；模型（9）为时点固定效应模型，此时最优政府规模为 9. 7%；模型（10）是个体随机、时点固定效应模型，此时最优政府规模为 12. 46%。从表 3 可以看出，政府规模一次项、二次项前的系数均在 1%的显著性水平上显著，此时估算的最优政府规模也应该在 1%的统计水平上显著。此外，实际资本增长率前的系数基本上为负数，与前面结论吻合，同样说明我国资本利用效率不高。另外，从时点固定效应模型看到，该模型的合意性虽然在 Hausman 检验中得到验证，但从拟合优度上看，模型（9）的拟合优度只有 0. 034 9，模型对观测数据的拟合程度很低。此外，模型（8）估计出的最优

政府规模与基于 Barro 法则估计的最优政府规模相差不大，而在模型（8）的基础上考虑时点效应，会使最优政府规模出现较大变动。因此，时点效应也许不是一类重要的控制变量，在接下来的分析中我们将只从个体效应这个角度来建立模型。

表 3　基于经济增长角度的最优政府规模回归

| | (7) | (8) | (9) | (10) |
|---|---|---|---|---|
| *GOVERNMENT* | 0.678*** | 0.661*** | 0.441*** | 0.569*** |
| | (3.83) | (3.34) | (2.95) | (3.23) |
| *GOVERNMENT*$^2$ | -3.688*** | -3.477*** | -2.273*** | -2.285*** |
| | (-4.48) | (-3.71) | (-3.41) | (-3.05) |
| $\frac{\dot{K}}{K}$ | -0.014 0*** | -0.013 6*** | 0.001 94 | 0.002 92 |
| | (-4.15) | (-4.11) | (0.63) | (1.05) |
| $\frac{\dot{L}}{L}$ | 0.286*** | 0.309*** | 0.057 6 | 0.063 3* |
| | (6.33) | (6.93) | (1.48) | (1.77) |
| 常数项 | 0.085 8*** | 0.085 1*** | 0.093 1*** | 0.054 5*** |
| | (9.66) | (8.54) | (12.33) | (5.86) |
| 最优政府规模 | 9.2% | 9.5% | 9.7% | 12.46% |
| Region effect | NO | Random | NO | Random |
| Time effect | NO | NO | Fixed | Fixed |
| R-square | 0.147 | 0.165 | 0.034 9 | 0.619 |
| *N* | 496 | 496 | 496 | 496 |

我们对 Armey 曲线进行一个扩展，认为经济发展与政府规模之间同样也存在着类似的倒“U”形关系。当从经济发展视角建立计量模型时，对于个体效应的 Hausman 检验其 P 值为 0.087。也就是说，在 5%的显著水平上接受原假设，此时应该使用个体随机效应模型；在 10%的显著性水平上拒绝原假设，此时应该使用个体固定效应模型。我们将使用这两种模型来进行估计，大致的预估计计量模型如下：

$$HDI_{it} = \alpha_4 \left(\frac{\dot{K}}{K}\right)_{it} + \beta_4 \left(\frac{\dot{L}}{L}\right)_{it} + \gamma_4 GOVERNMENT_{it} + \delta_4 GOVERNMENT^2{}_{it} + \delta_i + \varepsilon_{it} \tag{14}$$

其中，*HDI* 是联合国公布的用于衡量经济发展的人类发展指数，其他与上面的一致。表 4 是从经济发展角度估计的最优政府规模。从表 4 中可以看出，不同的回归其估计的最优政府规模均比较接近，估计的最优政府规模分别为 16.83%、17.25% 和 17.12%。

表 4　基于经济发展视角的最优政府规模回归

| | (11) | (12) | (13) |
|---|---|---|---|
| *GOVERNMENT* | 4.139*** | 6.564*** | 6.513*** |
| | (7.23) | (19.10) | (18.84) |
| $GOVERNMENT^2$ | -12.30*** | -19.02*** | -19.02*** |
| | (-4.62) | (-11.35) | (-11.32) |
| $\frac{\dot{K}}{K}$ | -0.0532*** | -0.0129** | -0.0142*** |
| | (-4.88) | (-2.45) | (-2.67) |
| $\frac{\dot{L}}{L}$ | -0.161 | 0.0335 | 0.0209 |
| | (-1.10) | (0.46) | (0.29) |
| 常数项 | 0.472*** | 0.303*** | 0.308*** |
| | (16.42) | (17.95) | (15.09) |
| Type | OLS | FE | RE |
| 最优政府规模 | 16.83% | 17.25% | 17.12% |
| R-square | 0.356 | 0.751 | 0.751 |
| *N* | 496 | 496 | 496 |

对比表 2、表 3、表 4 估计的最优政府规模，可以发现从经济发展角度估计的最优政府规模明显大于从经济增长角度估计的最优政府规模。从图 2 可以看出，中国实际政府规模在 2010 年之前低于经济发展的最优政府规模，但自 2010 年后实际政府规模已经超过经济增长的最优政府规模，目前正处于经济增长与经济发展的最优政府规模之间。这说明，中国政府规模相对于经济增长而言已经显得过大，但是对于经济发展而言却显得十分不足。这意味着中国政府在短期经济增长上投入了过多资源，而这是以长期经济发展的缺失为代价的。社会行为个体之间并不是相互独立的而是以各种复杂的相互联系的方式嵌入社会关系网络中去的，因此要理解社会个体行为需要嵌入与之相对应的制度体制。理解政府规模变化同样需要在地方政府官员行为中嵌入社会、政治、经济与文化等因素。在晋升锦标赛这一模式下，地方政府为了发展地区经济而牺牲当地居民赖以生存的生态环境，只顾短期利益而忽视长期发展。这说明，中国政府在提供基本公共服务、提升居民福利方面的能力还有待提高。

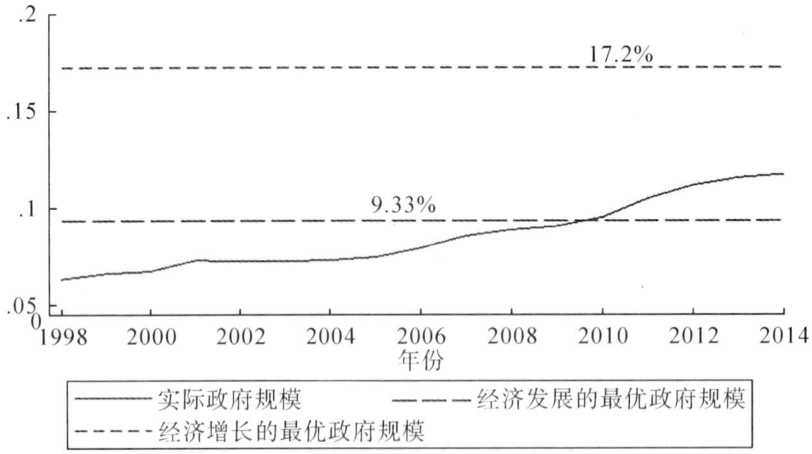


**图 2　全国平均政府规模**

## 五、研究结论与政策建议

确定一个最优政府规模，对于政府约束自身行为具有十分重要的现实意义。我们利用 1998—2014 年中国的省级面板数据分别使用 Barro 法则与 Armey 曲线估计了最优政府规模。本文基于 Barro 法则估算的经济增长最优政府规模为 9.33%，而使用 Armey 曲线估算的最优政府规模与之差距不大（为 9.5%）。这说明，从经济增长角度来看，中国最优政府规模为 9.4%，结果基本一致，而从经济发展角度估算的最优政府规模为 17%。如何理解这两者的差距，需要嵌入中国具体的经济政治体制。从经济发展的最优政府规模与经济增长的最优政府规模数值来看，中国自 2009 年开始实际平均政府规模已经超过经济增长的最优政府规模，但还远小于经济发展的最优政府规模。经济增长与经济发展之间的最优政府规模差距过大，说明中国政府在经济增长方面的施政力度过大，政府规模开始出现一定程度的错配，地方政府需要加大其他诸如环境保护、民生、教育等方面的施政力度。

对于中国地方政府规模开始超过最优水平这个问题，最优政府规模并不是一个静态指标，需要结合不同的发展阶段来解读，因此，我们不必过于慌张，在重新审视政府职能后合理精简机构即可。同时，应该改革考核机制，使政府能兼顾经济增长与经济发展。新的绩效考核机制在经济增长与经济发展之间应该更具兼容性，使得经济增长的最优政府规模与经济发展的最优政府规模之间的差距缩小，使政府在发展经济的同时也能提升广大人民群众的幸福感、获得感。2008 年，中国政府明确表示公共服务水平将纳入官员政绩考核体系，公共服务水平正成为考核官员的新的重要指标。这是一个很好的改革措施，在将来等到条件允许后还可以通过考察主要污染物二氧化硫（$SO_2$）的排放量来考察地方政府在排污治理、环境保护方面的成绩。

**参考文献：**

TOBIN D. Economic liberalization, the changing role of the state and wagner's law: China's development experience since 1978［J］. World Development, 2005（5）.

孙群力. 中国地方政府最优规模的理论与实证研究［J］. 中南财经政法大学学报, 2006（4）.

潘卫杰. 对省级地方政府规模影响因素的定量研究［J］. 公共管理学报, 2007（1）.

杨子晖. 政府规模、政府支出增长与经济增长关系的非线性研究［J］. 数量经济技术经济研究, 2011（6）.

MARLOW L. Fiscal decentralization and government size［J］. Public Choice, 1988（3）.

GROSSMAN P J. Fiscal decentralization and government size: An extension［J］. Public Choice, 1989（1）.

庄玉乙, 张光. "利维坦"假说、财政分权与政府规模扩张：基于1997—2009年的省级面板数据分析［J］. 公共行政评论, 2012（4）.

潘孝珍, 燕洪国. 财政分权与地方政府规模：来自中国的经验数据分析［J］. 上海经济研究, 2012（8）.

王文剑. 中国的财政分权与地方政府规模及其结构：基于经验的假说与解释［J］. 世界经济文汇, 2010（5）.

孙琳, 潘春阳. "利维坦假说"、财政分权和地方政府规模膨胀：来自1998—2006年的省级证据［J］. 财经论丛, 2009（2）.

汪德华, 张再金, 白重恩. 政府规模、法治水平与服务业发展［J］. 经济研究, 2007（6）.

梅冬州, 龚六堂. 开放真的导致政府规模扩大吗：基于跨国面板数据的研究［J］. 经济学（季刊）, 2012（1）.

ROBERT J BARRO. Government spending in a simple model of endogenous growth［J］. Journal of Political Economy, 1990（5）.

GEORGIOS KARRAS. The optimal government size: further international evidence on the productivity of government services［J］. Economic Inquiry, 1996（19）.

ARMEY R. The freedom revolution［M］. Washington DC: Rognery publishing, 1995.

VEDDER R K, GALLAWAY L E. Government size and economic growth［J］. Paper Prepared for the Joint Economic Committee of the US Congress, 1998（1）.

李银秀. 政府规模与经济增长的Armey曲线效应：陕西经验分析［J］. 统计与信息论坛, 2015（8）.

SHEEHEY E. The effect of government size on economic growth［J］. Eastern Economic Journal, 1993（3）.

杨友才, 赖敏晖. 我国最优政府财政支出规模：基于门槛回归的分析［J］. 经济科学, 2009（2）.

周黎安. 中国地方官员的晋升锦标赛模式研究［J］. 经济研究, 2007（7）.

谢乔昕, 孔刘柳, 张宇. 晋升激励与财政分权条件下的地方政府规模［J］. 经济经纬, 2011（3）.

陈志勇, 陈思霞. 制度环境、地方政府投资冲动与财政预算软约束［J］. 经济研究, 2014（3）.

KEEN M, MARCHAND. Fiscal competition and the pattern of public spending [J]. Journal of Public Economics, 1997 (66).

吴延兵. 中国式分权下的偏向性投资 [J]. 经济研究, 2017 (6).

马树才, 孙长清. 经济增长与最优财政支出规模研究 [J]. 统计研究, 2005 (1).

钟正生, 饶晓辉. 我国存在最优政府规模曲线吗 [J]. 财贸研究, 2006 (6).

王小鲁, 樊纲. 我国经济增长的可持续性 [M]. 北京: 经济科学出版社, 2000.

李治国, 唐国兴. 资本形成路径与资本存量调整模型: 基于中国转型时期的分析 [J]. 经济研究, 2003 (3).

单豪杰. 中国资本存量K的再估算: 1952—2006年 [J]. 数量经济技术经济研究, 2008 (10).

王华. 中国GDP数据修订与资本存量估算: 1952—2015 [J]. 经济科学, 2017 (6).

郭庆旺, 贾俊雪. 中国潜在出口与产出缺口的估算 [J]. 经济研究, 2004 (5).

宋洪远, 马永良. 使用人类发展指数对中国城乡差距的一种估计 [J]. 经济研究, 2004 (11).

王圣云, 罗玉婷. 中国人类福祉地区差距演变及其影响因素: 基于人类发展指数 (HDI) 的分析 [J]. 地理科学进展, 2018 (8).

# 我国地级市政府间所得税税收竞争及其对企业绩效的影响

龙琬嫣

**内容提要**：本文以2002—2007年中国工业企业数据库200多个地级市的所得税税率为样本，对我国地级市政府间所得税税收竞争及其对当地企业绩效的影响进行定量研究。研究结论表明：第一，我国地级市政府间在所得税税率上存在显著的正向空间竞争行为；第二，周围地级市本身所得税实际税率较低时，某市仍然采取降低所得税实际税率的税收竞争方式会降低当地企业平均利润率和销售净利率，而在周围地级市本身实际税率较高时，降低本地所得税实际税率可以促进企业利润率及销售净利率的提高。

**关键词**：地方税收竞争；企业绩效；空间计量

## 一、引言与文献综述

1993年通过的《中共中央关于建立社会主义市场经济体制若干问题的决定》指出要"赋予地方适当的税政管理权"，而随着我国行政性分权不断向经济性分权推进，财政收入的剩余控制权刺激了地方政府推动当地经济发展的积极性，地方经济的大幅度发展也被认为是近年来我国经济增长的重要动力。在地方政府使用的多种政策工具中，税收是最为常见的工具之一，尽管地方政府名义上没有税种、税率的制定权，但地方政府通过给予税收减免、税收先征后返（付文林和赵永辉，2016）、放松税收征管（邓明，2018）、降低当地实际税率等一系列方式给予当地企业生产激励，并将其作为引进外地资本和人才的优先条件（Qian & Roland，1998；周黎安，2007）。

这种地方政府间竞相降低当地实际税率的行为被认为是地方税收竞争。为检验政府间是否存在显著的税收竞争现象，国外已有许多文献通过税收竞争系数来检验税收竞争的存在，如Heyndels和Vuchelen（1998）、Coughlin等（2007）通过

**作者简介**：龙琬嫣，西南财经大学财税学院税务硕士研究生。

采用最大似然估计和工具变量法支持了税收竞争假说，其税收竞争系数显著为正。地区税收竞争特征性检验最早是由 Case 等人进行的，他们建立了 SAR 模型，实证研究美国州政府直接支出是否存在策略博弈行为，结果显示两者呈正相关（Case et al.，1993）。Besley 和 Case（1995）更进一步分税种对美国各州的个人所得税、企业所得税、销售税进行了检验，测算得到的税收竞争系数为 0. 2。2008 年，王守坤和任保平（2008）利用工具变量法对我国分省数据进行实证分析，相关结果显示我国各个省份之间的确存在在流动税基上的竞争。在我国，通过空间计量模型来进行税收竞争的存在性与特征的研究，最早是由沈坤荣和付文林（2006）来实现的，他们采用省际截面数据通过空间计量模型发现我国省份间存在策略性税收竞争博弈行为。郭杰和李涛（2009）进一步利用 1999—2005 年的省级面板数据进行了实证研究，结果显示各省企业所得税税收竞争估计系数显著为正（为 1. 26）。龙小宁等（2014）研究的数据则更加细化，他们采用 2000—2006 年中国工业企业数据库的数据度量了我国县级区域税收竞争的程度，其关键指标是用各县工业企业的平均实际税率来度量，结果显示我国县级政府间存在显著税收竞争，其中，所得税税收竞争反应系数为 0. 088。通过文献梳理发现，对于税收竞争的研究经历了省—市—县的顺序，研究越来越细化，对特征的研究也越来越多样化，这为因地制宜约束过度税收竞争、适度激发经济活力奠定了很好的理论基础。

然而，税收竞争是一把双刃剑。20 世纪 80 年代，基于 Oates“向底部竞赛”的理论，Zodrow & Mieszkowski（1986）建立了著名的 Zodrow-Mieszkowski 模型（税收竞争博弈模型），并发现各地区间的竞争将使得地区税率呈现向底部竞赛的态势，地方税收竞争将导致地方财政收入严重减少、公共品供给不足、当地居民福祉降低。我国学者张晏（2007）在优化税收竞争理论博弈模型后发现，我国地方政府对外商直接投资的税收竞争造成的均衡结果是缺乏效率的。沈坤荣和付文林（2006）也发现，在促进经济增长的过程中，税率竞争的作用在不断被削弱。谢欣和李建军（2011）采用分税种的面板数据进行研究，结果显示在房产税等财产税、增值税、企业所得税上采取税收竞争会促进经济得到发展，而针对个人所得税以及印花税等一些行为税的竞争会对经济发展起负面作用。与谢欣和李建军的研究发现不同，李涛等（2011）的实证结果显示，在省级数据上企业所得税、流转税费用上的竞争会显著促进经济发展。也有学者针对地区税收竞争对企业的影响进行了研究，如唐飞鹏（2017）建立了税收竞争与企业均衡利润的理论模型，并引入了“地区治理能力”这一通过多项指标衡量的变量，实证结果显示低治理地区的税收竞争行为对地区内企业利润有保护作用，然而在人民生活水平高、医疗卫生设施条件好、经济表现优异、公共治安良好的高治理地区却会挤出企业利润。同时，税收竞争也带来了地方保护、重复建设（周黎安，2004）、政绩工程、环境污染、公共支出结构扭曲（傅勇和张晏，2007）以及扰乱市场秩序等问题，地方政府对“先征后返”等税收优惠政策的滥用限制了中央政府颁布的税收政策的宏观调控作用（吴联生和李辰，2007）。为了解决税收优惠的滥用问题，国务院于

2014 年发布了《关于清理规范税收等优惠政策的通知》，明确要求除依据税收法律法规和《中华人民共和国民族区域自治法》规定的税政权限外，各地区一律不得自行制定税收优惠政策，即统一了税收政策制定权限；同时也要求健全考评监督机制。

通过对现有文献进行梳理发现，国内外关于税收竞争的研究已经有了十分丰富的成果，但仍存在不少可以深入探讨的方面，如对税收竞争的探讨深入省级层面以下的比较少，关于地市级层面的研究相对缺乏，且已有的地市级层面的研究大多是直接利用地市税率除以所有样本城市平均税率的比值来度量税收竞争程度，如果通过引入当地企业的实际税率与周围城市平均实际税率的交互项来进行研究，能增加研究的多样性。税收竞争程度将会对该地企业的经济效用产生更大的正面/负面效应。

在本文中，作者以中国地级市政府为研究对象，对我国地方政府间税收竞争行为做了深入研究。实证结果显示：第一，我国地级市政府在其辖区内企业的所得税税率上存在显著的正向空间相关性，我国地级市政府间存在税收竞争的假设成立；第二，我国地级市政府间所得税税收竞争对当地企业绩效有显著影响，当周围地级市本身所得税实际税率较低时，某市仍然采取降低所得税实际税率的税收竞争方式会降低当地企业平均利润率和销售净利率，而在周围地级市本身实际税率较高时，降低本地所得税实际税率可以促进企业利润率及销售净利率的提高。

基于现有研究，本文的创新性有以下两点：第一，现有文献对于税收竞争的存在性检验以及对企业绩效的影响大多基于省级数据，深入省级以下层面的研究较少，本文将采用 287 个地级市的数据来开展研究，对于地方税收竞争的研究将更为细致。第二，以往文献的数据基本来自统计年鉴中各市的税收收入，而本文使用的税率数据——中国工业企业数据库本身是多个单一的企业数据，但通过将各市所属企业的税率数据加总计算为地级市数据，从另一角度看待税收竞争。

## 二、制度背景与研究假设

### （一）改革开放后我国财政分权历程

财政体制代表着国家、企业和居民之间的分配关系。改革开放以来，为了适应当时经济的发展情况，我国进行了不少探索与尝试。例如，1978 年在部分省、市实行的“收支挂钩，增收分成”，即地方财政支出与其收入相关，并实行总额分成。1983 年，我国实行全国国营企业利改税，将国营企业上缴利润变为缴纳企业所得税，进一步完善了税制体系，并在 1984 年实施工商税制改革，逐步开设私营企业、集体企业所得税以及个人收入调节税等税种，这些改革重新调整了国家与企业在第二次分配间的分配关系，并更加注重发挥税收在治理国家方面的作用。1985 年，我国开始实行“划分税种、核定收支、分级包干”的财政体制，中央根据各省（自治区、直辖市）的实际情况对其采取了六种不同收入分成办法：收入递增包干、总额分成、总额分成加增长分成、上解额递增包干、定额上解和定额补助。其中，包干制大幅度激发了地方发展当地经济的活力以及利用各种政策工具招商引资的积极性，这也使得财政向地方政府倾斜。

为了更好地厘清中央与地方之间财权与事权的划分以及解决“两个比重”过低［财政收入占国民生产总值（GDP）的比重过低、中央财政收入占总财政收入的比重过低］的问题，国务院于1993年12月发布了《国务院关于实行分税制财政管理体制的决定》。而分税制改革的原则就是按照中央与地方事权划分来确定各级财政支出范围，并配置相匹配的财权，建立中央与地方的税收体系。这次改革将全国范围内事务划分为中央的支出范围，如国防、外交、调整国民经济结构等，而将本地区政权机关运转所需支出以及本地区经济、事业发展所需支出划分为地方的支出范围，同时将税种收入划分为中央固定收入、地方固定收入、中央地方共享收入，分税制改革增强了中央对整个国家经济的宏观调控能力。

可以看到，我国的财政分权改革逐步朝着更适应经济发展情况、更好地规范中央和地方的关系、激发地方活力的方向不断发展。各级政府在拥有了部分税收、经济管理等一定的自主权后，地方发展经济的积极性得以提高（周黎安，2007；Qian 和 Roland，1998）。与此同时，我国地方官员以 GDP 为主的晋升考核指标以及“政治锦标赛”的存在使得地方官员尤其关注当地 GDP 的增长率和就业率，这让地方财政竞争变得常见（周黎安，2004，2007）。

（二）研究假设

根据地方税收竞争理论，各地政府为了吸引生产要素流入会努力降低当地的实际税率。尽管我国的税收立法权高度集中，但是地方政府仍然在税基、减免税等方面拥有广泛的自由裁量权（曹书军、刘星和张婉君，2009）。在我国各地为地方经济发展做出的努力中，招商引资是常用方式，降低当地企业所得税实际税率是经常使用的手段——通过放松税收征管、降低税收优惠申请门槛、设立开发区对引进厂商给予更加优惠的税率等。在各地争相提升当地 GDP 的大背景下，城市间会竞相通过给予税收优惠来吸引投资，由此产生地方政府间的税收竞争。我国地方政府间是否存在明显的税收竞争一直以来都是学术界探讨的热点，目前已有许多研究发现我国地方政府间存在明显税收竞争，如在我国省级政府间确实存在税收上的策略性博弈（沈坤荣和付文林，2009）、县级政府间在所得税税率上也存在明显税收竞争（龙小宁，2014），也有通过对当地企业减小执法力度来展开竞争的现象（范子英和田彬彬，2013）。地级市政府在省政府税收工作的协同调配下对本市所辖区域的税收也有一定的自主权，且地级市及其辖区的税务局直接面向当地企业，更容易通过税收自由裁量权给予企业税收优惠，因此，各市间也会形成税收优惠给予的“示范效应”。由此，提出本文第一个假设。

假设1：我国地级市政府间存在所得税税收竞争。

从出发点考量，税收竞争本身也是地方为了促进当地经济发展而产生，为了提升当地投资和生产而逐步形成的。地方政府通过各种方式降低实际税率来开展税收竞争，一方面会对提升企业的绩效起到促进作用。第一，税收竞争引致了资本等生产要素的跨区域流动，增加了当地的投资，会促进企业生产经营规模的扩大以及新技术的研发等；第二，实际税率的降低使得企业当期缴纳的税费减少，降低企业当期成本；第三，实际税率下降激发了市场主体的活力，激励企业进行创新探索，增强企业竞争力及获利能力。另一方面，税收竞争也会对企业业绩产生负面影响。第一，税收竞争导致地区间税率“向底部竞赛”，侵蚀当地的税基与财政收入，使地方政府不得不缩减用于保证基础设施建设、当地产业集聚化发展等公共品的财政支出，而公共品的有效管理与服务质量的提升是促进区域经济发展的重要因素，这降低了辖区内企业的获利能力。第二，税收竞争诱发地方保护主义，使得各地产业信息交流不通畅、资源配置效率低下、妨碍区域间的商品流通和物质交流，导致市场割据，加剧无序竞争，破坏产业结构合理布局，不利于企业在市场中的发展。现有文献发现税收竞争对企业利润有显著的负面效应，尤其是在高治理能力地区的消极效应尤为明显（唐飞鹏，2017）。第三，税收竞争与大量税收优惠的滥用相关联，一些税收优惠的给予扰乱了市场正常秩序，税收优惠的审批也可能会造成权力寻租，滋生腐败，不利于公平市场环境的营造。

地级市政府的税收竞争对企业绩效会产生两方面的影响，而最终企业的绩效能否得到提升，也与当地的技术创新水平、基础设施建设力度、对外开放水平等相关，每个市的最终影响效应可能不同，需要进行实证检验。

由此，提出本文第二个假设和第三个假设。

假设 2：我国地级市政府间税收竞争会对当地企业绩效产生正面效应。

假设 3：我国地级市政府间税收竞争会对当地企业绩效产生负面效应。

## 三、地级市政府间税收竞争存在性实证检验

### （一）三种空间计量模型的介绍

地理学第一定律是指：“任何事物都是与其他事物相关的，只不过离得相近的事物他们之间的关联会更加密切”（Tobler，1979）。地理距离与经济现象之间存在着的特殊效应用传统的回归模型无法得到识别，基于此，空间计量经济学发展了一些理论和实证方法。本部分将介绍三种常用的空间计量模型：空间自回归模型（Spatial Autoregression Model，SAR）、空间杜宾模型（Spatial Durbin Model，SDM）、空间误差模型（Spatial Errors Model，SEM）。

SAR 模型用于研究距离接近的区域的行为对其他区域行为的直接影响，其空间依赖性在因变量的滞后项上体现。其数学表达式为

$$y = \rho Wy + X\beta + \varepsilon$$

其中，$W$ 是已知的空间权重矩阵，$Wy$ 是空间滞后因变量，表示其他相邻地区观测值的平均值，而空间依赖性仅由单一参数 $\rho$ 来刻画，$\rho$ 度量 $Wy$ 对 $y$ 的影响，叫作“空间自回归系数”，检验模型是否存在空间效应，可通过 $H_0$：$\rho = 0$ 是否成立来判断；$X$ 为外生解释变量，$\beta$ 为 $X$ 的回归系数；$\varepsilon$ 是残差扰动项。一般地，假设扰动项服从

多元正态分布，然后采用极大似然估计方法估计空间系数。

SDM 模型假设某个地区的被解释变量 $y$ 依赖于其相邻地区的自变量，其数学表达式为

$$y = X\beta + \rho WX + \varepsilon$$

其中，$\rho WX$ 表示来自邻居自变量的影响，$\rho$ 为其空间效应参数向量。

SEM 模型是通过误差项的滞后项来体现地区间相互联系的空间计量模型，其基础模型为

$$y = X\beta + u$$

其中，扰动项 $u = \rho Mu + \varepsilon$，$\varepsilon \sim N(0, \sigma^2, \mathrm{In})$；扰动项 $u$ 存在空间依赖性，这表示不包含在 $X$ 中但对被解释变量有影响的遗漏变量存在空间相关性。

（二）地级市政府税收竞争模型

本文建立地级市政府税收竞争存在性检验的空间杜宾模型如下①：

$$tax_{i,t} = \rho \sum_{j=1}^{n} w_{i,j} \times tax_{j,t} + \beta tax_{j,t} + \lambda \sum_{j=1}^{n} w_{i,j} \times X_{i,t} + \mu_i + \gamma_t + \varepsilon_{i,t} \quad (1)$$

在模型（1）中，因变量 $tax_{i,t}$ 为 $t$ 年 $i$ 市的平均企业所得税税率，$w_{i,j}$ 为空间权重矩阵的元素，本文选用的是一阶地理邻接权重矩阵，并在进行计量分析时进行行标准化，其中：

$$w_{i,j} = \begin{cases} 1，区域 i 与区域 j 相邻 \\ 0，其他 \end{cases}$$

式中，$i = 1,2,\cdots,N$；$j = i = 1,2,\cdots,N$；一阶地理邻接矩阵 $W$ 对角线元素均为 0。

$\sum_{j=1}^{n} w_{i,j} \times tax_{j,t}$ 是与 $i$ 市相邻的其他市的平均企业所得税税率的加权平均值，$\rho$ 为税收竞争反应系数，$X_{i,t}$ 是外生解释变量。

参照龙小宁（2014）的做法，本文引入港澳台股份资本金占比、私营股份资本金占比、外资股份资本金占比来控制企业所有制对实际有效税率的影响。同时，为了控制各地区的行业构成，中国工业企业数据库中包含的行业有三类，即制造业、采掘业以及公用事业，其中制造业占有最大比例，因此选择制造业占比作为缺省变量，用采掘业占比和公用事业占比来控制各行业间实际税率的差别，此数据由加总每年各市各行业企业的资产额除以总资产额得到。$\varepsilon_{i,t}$ 为残差扰动项，$\mu_i$ 为个体固定效应，$\gamma_t$ 为时间固定效应。

（三）样本和数据说明

本部分分析的数据为 2002—2007 年我国 287 个地级市企业所得税税率的面板数据，数据来源于中国工业企业数据库，由于西藏自治区的样本中关键变量缺失严重，在样本中并未包含西藏的数据。选取 2002—2007 年中国工业企业数据库的

① LR 检验和豪斯曼检验结果显示，本部分应采用包含个体和时间固定效应的空间杜宾模型。

数据进行数据处理后，将样本按照企业所在地整理为 287 个地级市所辖区的企业。本文的关键变量所得税税率是通过计算各市工业企业平均企业所得税税率得来的。其中，参照龙小宁（2014）的方法，各市每年所得税税率由当年各市所有企业的所得税加总值除以当年各市企业利润总额的加总值得到。港澳台股份资本金占比、私营股份资本金占比、外资股份资本金占比由这三种所有制每年各市企业各自的资本金除以该年该市所有企业总资本金得到，采掘业占比和公用事业占比分别由加总每年各市采掘业、公用事业行业企业的资产额除以总资产额得到。

表 1 是本文样本的描述性统计，描述了被解释变量地级市平均所得税税率以及控制变量各地级市企业私营资本占比（*pripro*）、港澳台资本占比（*hkmtpro*）、国外资本占比（*foreignpro*）、采掘业资产额占比（*miningpro*）和公用事业资产额占比（*pubpro*）的样本数、均值、标准差、最小值和最大值。由表 1 可知，各变量取值均处于合理范围内。

**表 1　税收竞争存在性检验描述性统计**

| 变量名 | 含义 | 样本数 | 均值 | 标准差 | 最小值 | 最大值 |
|---|---|---|---|---|---|---|
| *incometax* | 所得税税率 | 1 722 | 0. 248 | 0. 037 | 0. 097 | 0. 350 |
| *pripro* | 私营资本占比 | 1 722 | 0. 501 | 0. 196 | 0. 003 | 0. 952 |
| *hkmtpro* | 港澳台资本占比 | 1 722 | 0. 058 | 0. 098 | 0. 000 | 0. 802 |
| *foreignpro* | 国外资本占比 | 1 722 | 0. 074 | 0. 094 | 0. 000 | 0. 563 |
| *miningpro* | 采掘业资产额占比 | 1 722 | 0. 108 | 0. 174 | 0. 000 | 0. 842 |
| *pubpro* | 公用事业资产额占比 | 1 722 | 0. 192 | 0. 151 | 0. 000 | 0. 995 |

### （四）实证结果

涉及城市等具有空间特征的数据往往会表现出空间上的相关性，故开展分析前需要对所得税税率的空间相关性进行检验。本文以行业标准化的相邻空间权重矩阵描述地级市之间的联系，运用莫兰指数检验所得税税率在空间上的相关性，检验结果见表 2。表 2 中的计算结果显示，在 2002—2007 年所得税税率的莫兰指数均为正，且均能够通过统计显著性检验，这表明所得税税率具有空间正相关性。尽管莫兰指数显示的正向空间相关性为税收竞争的存在提供了初步证据，但这样的相关性也很可能是由如各地税收政策同时受中央税收政策影响而呈现相似性这样的外部因素造成的，因此，需要采用空间计量模型进行更为严格的检验。

表 2 2002—2007 年税收竞争莫兰指数

| 年份 | 所得税 | |
|---|---|---|
| | 莫兰指数 | $p$ 值 |
| 2002 | 0.053 | 0.079 |
| 2003 | 0.062 | 0.049 |
| 2004 | 0.071 | 0.030 |
| 2005 | 0.130 | 0.000 |
| 2006 | 0.055 | 0.072 |
| 2007 | 0.126 | 0.001 |

为了更好地解决遗漏变量造成的内生性问题，本文将进一步加入城市和时间固定效应，从而获得更为准确的估计结果。本文采用极大似然估计法对估计系数进行估计。表 3 的列（1）中给出包含双重固定效应的税收竞争存在性检验空间杜宾模型的估计结果。为了进行对比，在表 3 的列（2）中也给出了空间自回归模型的估计结果。根据表 3 的列（1），空间自回归系数 $\rho$ 为 0.089 7，且能够在 1%的显著性水平上通过统计显著性检验，表明城市之间存在显著的正向所得税竞争现象，这说明我国地级市政府间的确有通过降低所得税税率的博弈行为。本文估计得到的税收竞争系数与国内许多省级研究的文献相较而言符号相同，但是数值偏小，这可能是由于使用省级数据的文献更为宏观，没有考虑各市差异，且其研究大多直接使用财政收入中的税收数据，从而放大了地方间的税收竞争程度。表 3 列（2）给出的 SAR 模型中空间自回归系数 $\rho$ 为 0.088 3，且在统计上显著，和 SDM 模型结果的显著性相同。比较影响系数而言，如果当地港澳台资本占比越大，则当地享有更低的所得税税率；如果当地公用事业资产额占比越大，则当地也享有更低的所得税税率；如果当地私营资本占比越大，则当地平均所得税税率更高。综合而言，上述结果表明，某一城市所得税提高（降低）的同时，其相邻城市所得税也相应提高（降低），由此本文的假设 1 成立。

表 3 基于所得税的税收竞争检验结果

| | (1) | (2) |
|---|---|---|
| | SDM | SAR |
| | 所得税 | 所得税 |
| $\rho$ | 0.089 7*** | 0.088 3*** |
| | (0.033 3) | (0.033 3) |
| *pripro* | 0.016 0*** | 0.015 2*** |
| | (0.005 1) | (0.005 1) |
| *hkmtpro* | −0.015 7 | −0.015 6 |
| | (0.021 0) | (0.020 9) |

表3(续)

| | (1) | (2) |
|---|---|---|
| | SDM | SAR |
| | 所得税 | 所得税 |
| *foreignpro* | 0. 007 5 | 0. 008 9 |
| | (0. 018 6) | (0. 018 5) |
| *miningpro* | 0. 010 0 | 0. 009 3 |
| | (0. 009 5) | (0. 009 5) |
| *pubpro* | -0. 007 3 | -0. 007 5 |
| | (0. 008 1) | (0. 008 1) |
| *W* × *pripro* | -0. 007 8 | |
| | (0. 009 8) | |
| *W* × *hkmtpro* | -0. 020 1 | |
| | (0. 041 7) | |
| *W* × *foreignpro* | 0. 005 8 | |
| | (0. 038 3) | |
| *W* × *miningpro* | -0. 035 5** | |
| | (0. 017 4) | |
| *W* × *pubpro* | -0. 020 3 | |
| | (0. 015 4) | |
| *N* | 1 722 | 1 722 |
| $R^2$ | 0. 019 0 | 0. 035 1 |

注：1. 括号中为标准误；*** 、** 和 * 分别表示在 1%、5%和 10%的显著性水平上通过显著性检验。

2. pripro 为解释变量私营资本占比、hkmtpro 为港澳台资本占比、foreignpro 为国外资本占比、miningpro 为采掘业资产额占比、pubpro 为公用事业资产额占比。

### （五）各变量对所得税税率影响的分析

在本文的上一部分检验了所得税竞争的存在性，这一部分进一步检验各个变量对所得税的影响。此外，由于空间杜宾模型的估计结果并不能直接做偏效应解释，需要基于数据生成过程表达式求偏导数分解出各个控制变量对所得税税率的直接效应和间接效应（溢出效应）以及两者的总效应。在本部分中，对直接效应、间接效应、总效应的分解是基于 LeSage 和 Pace（2009）的方法①。考虑个体固定效应和时间固定效应的空间面板杜宾模型的分解结果见表 4，列（1）至列（3）的分解结果见表 3 的列（1）。

① LESAGE J, PACE K. Introduction to spatial econometrics [M]. Boca Raton: CRC Press, 2009.

表 4　直接效应和间接效应分解结果

| | 所得税 | | |
|---|---|---|---|
| | (1)<br>直接效应 | (2)<br>间接效应 | (3)<br>总效应 |
| *pripro* | 0.016 0*** | −0.006 3 | 0.009 7 |
| | (0.005 3) | (0.010 4) | (0.012 0) |
| *hkmtpro* | −0.016 8 | −0.022 9 | −0.039 7 |
| | (0.020 2) | (0.046 4) | (0.051 5) |
| *foreignpro* | 0.009 5 | 0.006 4 | 0.015 9 |
| | (0.017 8) | (0.041 0) | (0.046 1) |
| *miningpro* | 0.009 3 | −0.035 8* | −0.026 5 |
| | (0.009 3) | (0.018 5) | (0.021 1) |
| *pubpro* | −0.007 6 | −0.021 7 | −0.029 2 |
| | (0.008 0) | (0.016 5) | (0.018 4) |

注：1. 括号中为标准误；***、** 和 * 分别表示在 1%、5%和 10%的显著性水平上通过显著性检验。

2. pripro 为解释变量私营资本占比、hkmtpro 为港澳台资本占比、foreignpro 为国外资本占比、miningpro 为采掘业资产额占比、pubpro 为公用事业资产额占比。

根据表 4 的列（1）至列（3），本城市私营资本占比对本城市所得税税率的直接效应为正且在统计上显著，这表明本城市私营资本占比的提高会导致本城市所得税税率的提高。本城市采掘业资产额占比对本城市所得税税率的间接效应为负且能够在 10%的显著性水平上通过统计显著性检验，这表明相邻市的采掘业资产额占比的提高会导致本市所得税税率的降低。

## 四、地级市政府间税收竞争对企业绩效的影响

### （一）计量模型

地方政府间的税收竞争对企业绩效的影响有两个方面：一方面，是税收优惠的给予让企业缴纳的税费变少，降低企业成本，提高企业利润率；另一方面，税收竞争会不利于企业的发展和获利。税收竞争对企业绩效的最终效应是积极影响还是消极影响需要实证进行检验。本部分将建立模型采用 269 个地级市的数据来进行检验。

参照唐飞鹏（2017）的方法，为研究地级市政府间的税收竞争对企业绩效的影响，本部分建立双重固定效应的计量模型如下：

$$performance_{i,t} = \alpha_0 + \alpha_1 \times tax_{i,t} + \alpha_2 \times tax_{i,t} \times \left[ \sum_{j=1}^{N} (w_{i,j} \times tax_{j,t}) \right] + \alpha_3 \times X_{i,t} + \lambda_t + \nu_{i,t} + u_i \quad (2)$$

在模型（2）中，被解释变量 $performance_{i,t}$ 表示 $t$ 年 $i$ 市企业的平均绩效，本文将选取平均利润率作为衡量；$tax_{i,t}$ 表示 $t$ 年 $i$ 市的平均企业所得税税率；$w_{i,j}$ 为标

准化后的一阶地理邻接矩阵的元素（矩阵所有对角线元素均为 0），$tax_{i,t} \times \sum_{j=1}^{N}(w_{i,j} \times tax_{j,t})$ 用于衡量 $i$ 市与其他市的税收竞争程度（相互作用）；$\alpha_2$ 是税收竞争程度对当地企业绩效影响的估计系数；$\alpha_0$ 为常数项；$X_{i,t}$ 是控制变量。本文参照唐飞鹏（2017）的方法，采用地区生产总值（GDP）来衡量当地经济水平；地方财政内预算支出与 GDP 之比（budget）表示地方政府对公共产品与服务的投入；市专利申请授权量与本市 GDP 之比（patent）表示该地级市的科学技术水平；全市当年实际使用外资金额与本市 GDP 之比（useforeign）表示该地级市经济开放的程度。$v_{i,t}$ 为残差扰动项，$\mu_i$ 为个体固定效应，$\lambda_t$ 为时间固定效应。

### （二）描述性统计

在本部分所用数据中，税率、利润率、销售净利率数据来源于 2002—2007 年中国工业企业数据库，税率的具体处理过程已在上文阐述，利润率是用各市所有企业的利润总额除以所有企业的营业收入得到；用于稳健性检验的销售净利率是用各市的净利润除以营业收入得到。一般公共预算、地区生产总值、市专利申请授权量来源于 2002—2007 年各省的统计年鉴、各省知识产权有关部门网站专利申请统计分析数据以及各地级市国民经济与社会发展统计公报，全市当年实际使用外资金额来自《中国城市统计年鉴》，删除部分缺少关键数据的样本后，本部分包含 269 个市，共 1 614 个样本。表 5 给出了本部分数据的描述性统计。由表 5 可知，各变量取值均处于合理范围内。

**表 5　描述性统计**

| 变量名 | 含义 | 样本数 | 均值 | 标准差 | 最小值 | 最大值 |
|---|---|---|---|---|---|---|
| *performance* | 平均利润率 | 1 608 | 0. 053 | 0. 046 | −0. 169 | 0. 415 |
| $tax_{i,t}$ | $i$ 市 $t$ 年所得税税率 | 1 608 | 0. 248 | 0. 037 | 0. 097 | 0. 350 |
| lnGDP | 地区生产总值的自然对数 | 1 608 | 3. 675 | 0. 910 | 1. 130 | 6. 580 |
| *budget* | 地方财政内预算支出与 GDP 之比 | 1 608 | 1. 109 | 0. 621 | 0. 028 | 13. 063 |
| *patent* | 专利授权量与 GDP 之比 | 1 608 | 4. 905 | 4. 653 | 0. 077 | 35. 697 |
| *useforeign* | 实际利用外资金额与 GDP 之比 | 1 608 | 307. 019 | 393. 724 | 0. 000 | 5 072. 464 |
| $\sum_{j=1}^{N}(w_{i,j} \times tax_{j,t})$ | 与 $i$ 市地理邻接城市的平均所得税税率 | 1 608 | 0. 248 | 0. 021 | 0. 123 | 0. 313 |
| *salepropro* | 销售净利率 | 1 608 | 0. 041 | 0. 042 | −0. 174 | 0. 410 |

### （三）实证结果

为检验税收竞争对企业绩效的影响，本文构建了表征税收竞争的所得税收入与其空间滞后项的交互项，以该变量作为核心解释变量，估计结果见表 6，考虑到不随时间变化的城市异质性以及时间趋势会对企业绩效产生一定的影响，若不加入这两种固定效应会导致估计偏误的出现，故本文在模型中加入了城市固定效应和年份固定效应，以尽可能减少遗漏变量偏误。根据表 6 的列（1），在不加入控制变量的情况下，核心解释变量所得税税率与其空间滞后项的交互项的估计系数通过显著性检验，为-0.664 6。而在加入地区科技水平、经济开放程度、公共产品及服务投入等控制变量后，列（2）中的结果显示税收竞争交互项估计系数未发生大的变化，与列（1）中的结果基本保持一致，且仍然能够在5%的显著性水平上通过统计显著性检验。

表6 检验结果

| | (1) | (2) |
|---|---|---|
| | 所得税 | 所得税 |
| $tax_{i,t}$ | 0.131 0** | 0.130 1** |
| | (0.046 9) | (0.048 7) |
| $tax_{i,t}\times\sum_{j\neq i} w_{i,j}\times tax_{j,t}$ | -0.664 6** | -0.663 9** |
| | (0.229 4) | (0.235 3) |
| lnGDP | | 0.007 8 |
| | | (0.005 2) |
| *budget* | | -0.001 3 |
| | | (0.001 1) |
| *patent* | | 0.000 3 |
| | | (0.000 8) |
| *useforeign* | | -0.000 3 |
| | | (0.000 2) |
| 常数项 | 0.062 1*** | 0.037 0 |
| | (0.003 2) | (0.020 7) |
| 城市效应 | 控制 | 控制 |
| 年份效应 | 控制 | 控制 |
| $N$ | 1 608 | 1 608 |
| 组内 $R^2$ | 0.005 8 | 0.006 4 |

注：1. ***、**和*分别表示在1%、5%和10%的显著性水平上通过统计显著性检验，括号内为经异方差、自相关和空间相关调整后的Driscoll-Kraay标准误。

2. lnGDP为地区国内生产总值的自然对数、budget为地方一般公共预算支出与GDP之比、patent为专利授权量与GDP之比、useforeign为实际利用外资金额与GDP之比。

在本部分的模型设定中，交互项是用于检验税收竞争对企业绩效影响方向的，而交互项的系数显著为负。与此同时，$tax_{i,t}$的系数为正，在模型（2）中将$tax_{i,t}$代入回归系数求偏导，得到$\Delta performance_{i,t}=[0.13-0.66(\sum_{j=1}^{N} w_{i,j}\times tax_{j,t})]\Delta tax_{i,t}$。其中，$\Delta tax_{i,t}$代表$i$市实际所得税税率的变化，$\sum_{j=1}^{N} w_{i,j}\times tax_{j,t}$代表与$i$市地理邻接城市的实际税率加权平均值（根据数据描述，$i$市及$i$市邻接城市实际税率均大于0），

$\Delta performance_{i,t}$ 代表企业利润的变化。根据上式，当 $i$ 市实际所得税税率下降时（$\Delta tax_{i,t}<0$），如果［$0.13-0.66(\sum_{j=1}^{N} w_{i,j}\times tax_{j,t})$］>0，则企业利润下降；如果［$0.13-0.66(\sum_{j=1}^{N} w_{i,j}\times tax_{j,t})$］<0，则企业利润上升，因此可据此进一步求出临界点 $\sum_{j=1}^{N} w_{i,j}\times tax_{j,t}$ 的取值（约为0.2）。即可得出结论：当 $i$ 市相邻市实际平均所得税税率大于20%时，采取降低税率的税收竞争可以提高 $i$ 市企业的平均利润率；而当 $i$ 市相邻市实际平均所得税税率小于20%时，采取降低税率的税收竞争会降低 $i$ 市企业的平均利润率。

这说明，当某个地级市的邻接城市平均所得税实际税率较高时，如果该市采取给予税收优惠、放松税收征管等方式降低实际税率，可以提高当地企业的利润水平，此时减税的正面影响超过了负面影响。正面影响的直接效应是当地较低的有效税率减少了企业当期缴纳的税费，提高了其利润水平；间接效应是与周围城市相比更具有竞争力的税率吸引了更多的资本、人才等生产要素流入本区域，提高了当地企业的融资水平，扩大了生产规模，同时也吸引了更多税源，让当地政府享有更充足的地方税收来提供企业所需的公共服务，促进其获利能力提升。而当某个地级市的邻接城市平均所得税实际税率较低时，如果仍然在所得税上竞相降低所得税税率，反而会使得当地企业利润降低，此时降低所得税税率的负面效应超过了其对企业的正面效应。负面效应的产生可能是由于原本的所得税税率已经比较低，继续降低所得税税率使得政府获得的所得税税收收入过低，无法保障税收财政职能的实现，从而使得地方政府提供现代基础设施建设、公平竞争环境、知识产权保护等公共品及服务的能力减弱，削弱了地方企业获取利润的能力。此外，无止境的税收竞争会造成地方保护主义，引发产业趋同、资源配置效率低下等问题，也会削弱当地企业获利的能力。

### （三）稳健性检验

稳健性检验是用来检验模型回归结果是否可靠的一种方法。如果对回归模型进行适当调整后估计系数没有显著变化，那么可以称此模型得到的结论是“稳健”的。

上一部分检验结果表明税收竞争会降低企业平均利润率，本部分对此进行稳健性检验。稳健性检验主要包括剔除极端值和替换被解释变量两类。本文进行了缩尾处理，所有被解释变量、解释变量、控制变量都在1%和99%的水平上进行了缩尾处理，处理后重新实证的结果见表7的列（1）。从表7的列（1）中可以发现，所得税与其空间滞后项的交互项的估计系数仍然显著为负，这表明税收竞争会降低平均利润率。表7的列（2）为在5%和95%的水平上对所有变量缩尾后的估计结果，可以发现，税收竞争降低平均利润率的结论仍然能够成立。此外，考虑到平均利润率的指标可能并不能完成衡量企业绩效，而销售净利率用以衡量企业在一定时期的销售收入获取的能力，故本文进一步以销售净利率衡量企业绩效，重新对模型进行估计，估计结果见表7的列（3）。从表7的列（3）中可以发现，尽管所得税与其空间滞后项的交互项的估计系数的显著性有所减小，但还是在10%的显著性水平上通过统计显著性检验，故核心结论仍然成立。

**表7 稳健性检验结果**

| | (1)<br>利润率 | (2)<br>利润率 | (3)<br>销售净利率 |
|---|---|---|---|
| $tax_{i,t}$ | 0.114 5*** | 0.059 7** | 0.068 5 |
| | (0.027 1) | (0.019 4) | (0.037 0) |
| $tax_{i,t} \times \sum_{j \neq i} w_{i,j} \times tax_{j,t}$ | -0.577 4** | -0.382 2** | -0.576 1*** |
| | (0.151 2) | (0.096 0) | (0.185 2) |
| lnGDP | -0.008 6 | -0.007 7** | 0.007 9** |
| | (0.008 9) | (0.002 0) | (0.003 9) |
| *budget* | -0.009 7* | -0.010 2*** | -0.001 2* |
| | (0.004 5) | (0.001 0) | (0.000 7) |
| *patent* | -0.000 1 | -0.000 1 | 0.000 5 |
| | (0.000 8) | (0.000 5) | (0.000 5) |
| *useforeign* | -0.000 0 | -0.000 0 | -0.000 0 |
| | (0.000 0) | (0.000 0) | (0.000 0) |
| 常数项 | 0.099 0** | 0.096 2*** | 0.034 7** |
| | (0.035 5) | (0.005 8) | (0.015 2) |
| 城市效应 | 控制 | 控制 | 控制 |
| 年份效应 | 控制 | 控制 | 控制 |
| $N$ | 1 608 | 1 608 | 1 608 |
| 组内 $R^2$ | 0.008 8 | 0.008 3 | 0.009 0 |

注：1. ***、** 和 * 分别表示在1%、5%和10%的显著性水平上通过统计显著性检验；括号内为经异方差、自相关和空间相关调整后的Driscoll-Kraay标准误。

2. lnGDP为地区国内生产总值的自然对数、budget为地方一般公共预算支出与GDP之比、patent为专利授权量与GDP之比、useforeign为实际利用外资金额与GDP之比。

## 五、研究结论与政策建议

### （一）研究结论

本文采用中国工业企业数据库2002—2007年我国287个城市的平均所得税税率的数据，通过建立包含双重固定效应的空间杜宾模型来检验我国地级市政府间是否存在税收竞争。实证结果显示，我国各地级市的所得税税收竞争估计系数为0.089 7，平均所得税税率与地理邻接地级市的税率呈显著正相关关系，因此，我国地级市政府间所得税税收竞争存在的说法得到了支持。

接下来，本文用2002—2007年我国269个市的数据检验所得税税收竞争对企业绩效的影响。研究结果显示，在周围地级市本身所得税实际税率较低时，某市仍然采取降低所得税实际税率的税收竞争方式会降低当地企业平均利润率和销售净利率。此时对于企业利润率而言，降低税率的消极效应大于其积极效应。而在周围地级市本身实际税率较高时，降低本地所得税实际税率可以促进企业利润率及销售净利率的提高。此时，对于企业利润率而言，降低所得税税率的积极效应大于其消极效应。

（二）政策建议

过去，地区间政府的竞争被认为是我国地方经济发展的重要动力，但税收竞争同时也阻碍税收财政职能的实现，从而对地方企业发展产生了负面影响。税收作为国家重要的支柱和治理工具，应当始终保证其财政职能、经济职能、监督职能的实现。为了更好发挥减税降费对市场主体的激励作用，同时减少地方政府由于短视而采取的恶性税收竞争行为，本文给出以下政策建议：其一，各地要保障税收财政职能的实现，避免落入恶性税收竞争。地方政府需担负起地区治安、基础公共设施建设和公共服务供给、满足当地居民偏好等责任，因此充足的地方税收是其实现职能的前提条件。为此，地方政府要重视做好每年度的收入支出核算工作，据此做好来年的预算；同时，为了均衡中央与地方以及地方与地方之间公共品和公共服务供给，要完善转移支付以及税收返还制度。此外，我国近年来正在积极实行减税降费，无论是企业所得税的普惠性减税还是增值税税率的多次下降，都体现了“让企业轻装上阵”的理念，因此现在要将总体税负稳定在一个合理、可激励企业活力的水平上。但作为具体税收优惠政策执行者的地方税务机关，要谨慎避免落入恶性税收竞争的境地，注意降低当地企业实际税率前首先保障当地公共品的供给，避免落入税率“向底部竞赛”的陷阱。其二，规范税收优惠给予。对于税收优惠，中央应加强总体协调统筹，规定最低标准和审批流程，避免对地方政府全部“放权”而引发税收优惠滥用；同时，也要建立好定期审查各地税收优惠给予标准、流程、数量的监督机制，不定期开展检查，避免“上有政策，下有对策”的情况出现。此外，对于确实为发展经济而实施低税率政策的地区产生的财政支出缺口，可以由中央政府利用税收返还、纵向转移支付等方式进行补充。其三，加强地方政府间的交流合作。各地政府或税务局可以通过座谈会、实地调研等方式对本市经济、税源、税收情况进行探讨，以建设区域经济带、一体化发展等形式形成区域经济优势，形成各地级市间产业互补、优势互补的良性竞争新格局；同时，也可以在了解周围地级市税收相关情况的前提下，以大数据、建模分析等方式确定将本地级市企业的实际税率维持在一个合理水平，从而更加科学、因势利导地制定税收优惠政策。省和地级市政府应对其下辖政府加强统一监管和协调，建立省内整体性税收监察机制，及时发现税收征收与管理漏洞，科学管税治税。

尽管作者进行了大量的工作，但是本文仍存在缺憾之处。其一，本文使用的是中国工业企业数据库的数据，删除了部分样本量过少或缺失关键数据的企业，因此采用的样本并不包括我国所有地级市，故本文的结果可能仅能反映绝大多数地级市的税收竞争情况。其二，中国工业企业数据库的数据量庞大，涵盖范围大，但遗憾的是 2008 年以后的数据有很大部分缺失了本文的关键变量，且自 2008 年以后数据的准确性也有一定争议。绝大多数学者利用该数据来进行研究都是用 2008 年以前的指标，因此本文选用了最近的 2002—2007 年 6 年的数据，没有采用更新年份的数据是本文的第二个遗憾。但税收竞争不是短期内形成和消除的，过去的数据仍然对我们现在的研究和政策制定有很好的指导作用。

2021 年，我国已然进入新发展阶段，要秉持新发展理念，建立更加健康、完备的财税体制。税收本身会扭曲经济和市场，要通过尽量发挥税收公平收入分配、调整经济结构、稳定经济的正面效应来抵消其负面效应。为了促进经济社会高质量发展，各级政府要将优惠政策多给予高新技术产业与落后地区，同时完善增值税体制，积极建立现代增值税体制。

**参考文献：**

BESLEY T, CASE A. Incumbent behavior: Vote seeking, tax setting and yardstick competition [J]. American Economic Review, 85, 1995: 25-45.

BRENNAN G, BUCHANAN J. The power to tax: Analytical foundations of a fiscal constitution [M]. Cambridge: Cambridge University Press, 1980.

BRUECKNER J K. Testing for strategic interaction among local governments: The case of growth controls [J]. Journal of Urban Economics, 1998, 44 (3): 438-467.

BRUECKNER J K, SAAVEDRA L A. Do local governments engage in strategic property-tax competition [J]. National Tax Journal, 2001, 54 (2): 203-229.

CHSRLM M. Tiebout, a pure theory of local expenditures [J]. The Jornal of Political Economy, 1956, 64 (5): 416-474.

COUGHLIN C, GRARRETT T, HERNANDEZ-MURILLO R. Spatial dependence in models of state fiscal policy convergence [J]. Public Finance Review, 2007, 35: 361-384.

CASE A. Interstate tax competition after TRA86 [J]. Journal of Policy Analysis and Management, 1993, 12: 136-148.

CARLSEN F, LANGSET B, RATTSO J. The relationship between firm mobility and tax level: Empirical evidence of fiscal competition between local governments [J]. Journal of Urban Economics, 2005, 58 (2): 273-288.

GEORGE R ZODROW. Capital mobility and source-based taxation of capital income in small open economies [J]. International Tax and Public Finance, 2006, 13: 269-294.

GEORGE R ZODROW. Tax competition and tax coordination in the european union [J]. International Tax and Public Finance, 2003, 10: 651-671.

GEORGE R ZODROW. Peter Mieszkowski, Pigou, Tiebout, property taxation, and the underprovision of local public goods [J]. Journal of Urban Economics, 1986, 19 (3): 356-370.

HEYNDEL B, VUCHELEN J. Tax mimicking among belgian municipalities [J]. National Tax Journal, 1998: 89-101.

LESAGE J, PACE K. Introduction to spatial econometrics [M]. Boca Raton: CRC Press, 2009.

LI H, ZHOU L A. Political turnover and economic performance: the incentive role of personnel control in China [J]. Journal of Public Economics, 2005, 89 (9-10): 1743-1762.

FEDERICO REVELLI. On spatial public finance empirics [J]. International Tax and Public Finance, 2005, 12 (4): 475-492.

PIERETTI P, ZANAJ S. On tax competition, public goods provision and jurisdictions' size [J]. Journal of International Economics, 2011, 84 (1): 124-130.

QIAN YINGYI, BARRY R WEINGAST. Federalism as a commitment to preserving market incentive [J]. Journal of Economic Perpectives, 1997, 11 (4): 83 -92.

QIAN Y, ROLAND G. Federalism and the soft budget constrain [J]. American Economic Review, 1998, 88 (5): 1143-1162.

ROBERT S CHIRINKO. Tax Competition among U.S. states: Racing to the bottom or riding on a seesaw? [D]. University of Illinois at Chicago, CESifo, and the Federal Reserve Bank of San Francisco, working paper, 2010.

WILSON J D. A theory of interregional tax competition [J]. Journal of Urban Economics, 1986, 19 (3): 296-315.

储德银，邵娇，迟淑娴. 财政体制失衡抑制了地方政府税收努力吗？[J]. 经济研究，2019，54 (10): 41-56.

储德银，费冒盛，黄暄. 地方政府竞争、税收努力与经济高质量发展 [J]. 财政研究，2020 (8): 55-69.

曹书军，刘星，张婉君. 财政分权、地方政府竞争与上市公司实际税负 [J]. 世界经济，2009 (4): 69-83.

程风雨. 国际贸易、税收竞争与城市经济增长 [J]. 税收经济研究，2020，25 (4): 53-63.

陈强. 高级计量经济学及 Stata 应用 [M]. 北京：高等教育出版社，2014.

杜彤伟，张屹山，李天宇. 财政竞争、预算软约束与地方财政可持续性 [J]. 财经研究，2020，46 (11): 93-107.

邓明. 经济集聚如何影响了中国地方政府的税收执法强度？[J]. 财政研究，2018 (3): 112-123.

傅勇，张晏. 中国式分权与财政支出结构偏向：为增长而竞争的代价 [J]. 管理世界，2007 (3): 4-12，22.

付文林，赵永辉. 财政转移支付与地方征税行为 [J]. 财政研究，2016 (6): 16-27.

方红生，张军. 中国地方政府扩张偏向的财政行为：观察与解释 [J]. 经济学（季刊），2009，8 (3): 1065-1082.

樊纲. "软约束竞争" 与中国近年的通货膨胀 [J]. 金融研究，1994 (9): 1-10.

冯兴元. 论辖区政府间的制度竞争 [J]. 国家行政学院学报，2001 (6): 27-32.

郭杰，李涛. 中国地方政府间税收竞争研究：基于中国省级面板数据的经验证据［J］. 管理世界，2009（11）：54-64，73.

古扎拉蒂. 计量经济学［M］. 林少宫，译. 北京：中国人民大学出版社，2001.

黄桦. 税收学［M］. 北京：中国人民大学出版社，2013.

胡鞍钢，刘生龙. 交通运输、经济增长及溢出效应：基于中国省际数据空间经济计量的结果［J］. 中国工业经济，2009（5）：5-14.

龙小宁，朱艳丽，蔡伟贤，等. 基于空间计量模型的中国县级政府间税收竞争的实证分析［J］. 经济研究，2014，49（8）：41-53.

李涛，周业安. 中国地方政府间支出竞争研究：基于中国省级面板数据的经验证据［J］. 管理世界，2009（2）：12-22.

李涛，黄纯纯，周业安. 税收、税收竞争与中国经济增长［J］. 世界经济，2011，34（4）：22-41.

李永友，沈坤荣. 辖区间竞争、策略性财政政策与 FDI 增长绩效的区域特征［J］. 经济研究，2008（5）：58-69.

刘穷志. 税收竞争、资本外流与投资环境改善：经济增长与收入公平分配并行路径研究［J］. 经济研究，2017，52（3）：61-75.

刘晔，漆亮亮. 当前我国地方政府间税收竞争探讨［J］. 税务研究，2007（5）：55-57.

曼昆. 经济学原理［M］. 北京：北京大学出版社，2012.

贾俊雪，应世为. 财政分权与企业税收激励：基于地方政府竞争视角的分析［J］. 中国工业经济，2016（10）：23-39.

沈坤荣，付文林. 税收竞争、地区博弈及其增长绩效［J］. 经济研究，2006（6）：16-26.

沈坤荣，付文林. 中国的财政分权制度与地区经济增长［J］. 管理世界，2005（1）：31-39，171-172.

沈坤荣，周力. 地方政府竞争、垂直型环境规制与污染回流效应［J］. 经济研究，2020，55（3）：35-49.

史宇鹏，周黎安. 地区放权与经济效率：以计划单列为例［J］. 经济研究，2007（1）：17-28.

唐飞鹏. 地方税收竞争、企业利润与门槛效应［J］. 中国工业经济，2017（7）：99-117.

王美今，林建浩，余壮雄. 中国地方政府财政竞争行为特性识别："兄弟竞争"与"父子争议"是否并存？［J］. 管理世界，2010（3）：22-31，187-188.

王守坤，任保平. 中国省级政府间财政竞争效应的识别与解析：1978—2006 年［J］. 管理世界，2008（11）：32-43，187.

王小龙，方金金. 财政"省直管县"改革与基层政府税收竞争［J］. 经济研究，2015，50（11）：79-93，176.

王珏，宋文飞，韩先锋. 中国地区农业全要素生产率及其影响因素的空间计量分析：基于 1992—2007 年省域空间面板数据［J］. 中国农村经济，2010（8）：24-35.

吴联生，李辰. "先征后返"、公司税负与税收政策的有效性［J］. 中国社会科学，2007（4）：61-73，205.

王守坤. 空间计量模型中权重矩阵的类型与选择 [J]. 经济数学, 2013 (3): 57-63.

许敬轩, 王小龙, 何振. 多维绩效考核、中国式政府竞争与地方税收征管 [J]. 经济研究, 2019, 54 (4): 33-48.

许和连, 邓玉萍. 外商直接投资导致了中国的环境污染吗: 基于中国省际面板数据的空间计量研究 [J]. 管理世界, 2012 (2): 30-43.

薛钢, 曾翔, 董红锋. 对我国政府间税收竞争的认识及规范 [J]. 涉外税务, 2000 (8): 13-15.

谢欣, 李建军. 地方税收竞争与经济增长关系实证研究 [J]. 财政研究, 2011 (1): 65-67.

姚君. "先征后返" 与上市公司税负研究: 兼论如何促进证券市场的规范发展 [J]. 税务研究, 2003 (2): 34-38.

姚洋, 张牧扬. 官员绩效与晋升锦标赛: 来自城市数据的证据 [J]. 经济研究, 2013, 48 (1): 137-150.

周黎安. 中国地方官员的晋升锦标赛模式研究 [J]. 经济研究, 2007 (7): 36-50.

周黎安. 晋升博弈中政府官员的激励与合作: 兼论我国地方保护主义和重复建设问题长期存在的原因 [J]. 经济研究, 2004 (6): 33-40.

周业安, 章泉. 财政分权、经济增长和波动 [J]. 管理世界, 2008 (3): 6-15, 186.

周克清. 论我国财政分权体制下的政府间税收竞争 [J]. 税务与经济 (长春税务学院学报), 2002 (3): 9-12.

周建, 高静, 周杨雯倩. 空间计量经济学模型设定理论及其新进展 [J]. 经济学报, 2016, 3 (2): 161-190.

踪家峰, 李蕾. Tiebout 模型的研究: 50 年来的进展 [J]. 税务研究, 2007 (3): 37-42.

张晏. 财政分权、FDI 竞争与地方政府行为 [J]. 世界经济文汇, 2007 (2): 22-36.

# 资源税从价计征改革对促进当地经济发展的作用研究
## ——基于合成控制法的新证据

谢哲　陶毅

**内容提要**：近年来，资源税从价计征改革对我国绿色发展、财政收入、经济增长等都有着深刻影响。本文以油气资源税为例，利用我国除港澳台以外的31个省（自治区、直辖市）1994—2011年的平衡面板数据，基于2010年在新疆实施的油气资源税从价计征改革试点政策，运用一种新兴的政策效应评估方法——合成控制法（Synthetic Control Method）检验资源税从价计征改革能否促进本地区经济增长。研究结果表明，在实施从价计征改革过后，新疆的经济相较于合成新疆有明显增长。基于此，本文建议应当进一步深化资源税从价计征改革，完善税收征管，为资源税能够更好地发挥其促进经济增长、保护环境、提高资源使用效率的作用营造一个良好的政策环境。

**关键词**：油气资源税；经济增长；从价计征改革；合成控制法；双重差分法；面板数据模型

## 一、引言

改革开放以来，我国经济持续快速增长，在创造了不可思议的经济增长奇迹之余，也使得我国经济步入了一个新的更高的发展阶段（林毅夫等，1994）。但在经济增长奇迹的背后，持续高速的经济发展也使我国付出了资源环境等自然和社会代价（李一花和亓艳萍，2016）。20世纪初，我国经济由高速增长逐步转向中速增长（刘世锦，2018），为了进一步平衡经济增长与资源环境之间的关系、缓解经济增长与环境保护的矛盾以及转变经济增长方式、促进绿色发展、加强资源的合理开发利用、改善资源配置成为最优选择，2010年伊始的资源税从价计征改革应运而生（李一花和亓艳萍，2016）。

---

**作者简介**：谢哲，西南财经大学财政税务学院硕士研究生；陶毅，西南财经大学财政税务学院硕士研究生。

2010 年 5 月，经国务院批准，财政部、国家税务总局制定了《新疆原油 天然气资源税改革若干问题的规定》。由此，资源税从价计征改革以油气资源为先锋在新疆拉开了序幕（刘植才，2014）。此次试点改革只针对原油和天然气资源，税率暂定为 5%。经过一年多的试行及部分省份推广试点之后，2011 年 11 月，油气资源税从价计征改革在全国范围内展开。

资源过度开发、资源使用效率低、碳强度过高不仅会对自然环境造成侵害、威胁人类健康，还会对经济增长产生不利的影响（World Bank，2016）。油气资源税从价计征改革的目标不仅仅是规范税费、促进资源合理利用，还包括增加地方资源税收入、促进地区经济增长。资源税与经济增长之间的关系引起了许多学者的关注，在既有文献中，关于资源税从价计征改革对宏观经济整体运行的影响的研究篇幅颇多，但鲜有聚焦资源税从价计征改革对经济增长的作用研究的文献。本文在既有文献的基础上，以油气资源税从价计征改革试点——新疆作为处理组，利用合成控制法论证了油气资源税从价计征改革对当地经济增长的影响。

本文采用了 1994—2011 年涵盖中国除港澳台以外的 31 个省（自治区、直辖市）的平衡面板数据模型进行分析，其中分税制改革伊始年份 1994—2010 年为政策实施之前，2010—2011 年为政策实施之后。准确测度油气资源税从价计征改革对新疆人均实际国内生产总值（GDP）的影响，关键在于寻找合适的政策效应测量方法。在传统的政策效应测量方法中，最常用的是双重差分法（DID）。双重差分模型的建立有着严格的前提条件，"平行趋势"假设是其重要条件之一（Besley & Case，2000）。但是，对于油气资源税从价计征改革试点的选取有其特殊性，并不是随机的，此时传统的 DID 方法的适用性就大大降低。除此之外，新疆作为油气资源税从价计征改革试点地区，除了受到油气资源税从价计征改革政策的影响以外，还受到诸如西部大开发、西部地区税收优惠等其他政策的交叉影响，故难以将资源税改革的影响单独剥离出来评估。为此，本文采用一种新的政策评估方法——Abadie 和 Gardeazabal（2003）提出的合成控制法来对资源税改革的政策效应进行评估。

本研究的直接目的是探讨在新疆进行的油气资源税从价计征改革对新疆经济增长的影响，为油气资源税从价计征改革的进一步完善提出政策性建议。通过实证研究结论，以小见大，可以延展至多种资源、多个地区，为进一步深化我国资源税从价计征改革提供参考。

本文的边际贡献可以概括为两个方面：一是基于一种新的政策效应评估方法对油气资源税从价计征改革的经济效应进行探讨，一定程度上补充了现有文献对油气资源税从价计征改革研究的缺口，为从价计征改革促进经济增长提供了新的证据；二是以油气资源税改革试点地区新疆为基础，使用平衡面板数据而非截面数据研究改革的经济效应，提高了观测结果的稳健性以及可信性，对油气资源利用效率、经济增长、环境保护的研究提供了一定程度的补充，可为我国油气资源税制改革的进一步深化提供实证经验和政策建议。

## 二、文献回顾

### （一）国外资源税的研究进程

关于资源税尤其是能源税的研究，国外学者相较于国内学者来说起步较早。庇古在其著作中开创性地强调了环境退化的负外部性（Pigou，1920），这些外部性的存在使得市场不能够独自提供最优化的解决方案，因此政府应当采取干预措施来尽可能消除其带来的外部性，环境税应运而生（Haites，2018）。早在 1931 年，有学者就提出政府可以通过对资源征收税收的方式来对其进行调节（Hotelling，1931）。关于资源税税率与政府税收收入的研究表明，随着资源税税率的提高，政府资源税收入会先上升后下降，呈现倒“U”形趋势（Foley，1982）。环境税的目标当然不仅仅是增加政府税收收入，还为了能从生产的源头减少资源消耗、增加资源使用成本，从而促使企业使用环保技术、推动企业进行管理创新和科技创新（Aydin，2018）。与此同时，与资源、环境相关的一系列税收可以减少能源消耗、提高能源利用效率、促进绿色生产和绿色技术创新、推动生产和消费结构的转变，从而营造一个更健康的生存环境（Shahzad，2020）。对于环境税的双重作用，“双红利”假说（Pearce，1991）做出了很好的阐述。其中，第一重红利——“绿色红利”表明，环境税的征收能够有效抑制污染、改善生态环境，进而达到保护环境的目标；第二重红利——“蓝色红利”表明，环境税的开征可以纠正其他税收所带来的激励扭曲（Karydas，2019），正如“双红利”假说预测的一般：环境税可以通过给政府带来税收收入纠正经济中其他税收带来的扭曲（Pearce，1991）。同时，资源税的征收会增加生产企业使用资源的成本，影响其在国际上的价格优势，不利于提升企业在国际市场上的竞争力（Mulatu，2018）。此外，企业会把部分或全部资源税转嫁给消费者，这会严重伤害低收入人群，加剧收入不平等（Fremstad，2019）；如果企业将其所增加的成本转嫁给消费者，那么最终资源税可能不仅不能够增加国家税收收入，反而还会破坏对保护环境所做出的努力（Lin & Li，2011）。

国外学者大多立足于宏观角度对资源税与经济增长关系进行研究，通过构建模型对各经济变量之间的关系进行定量分析，进而揭示资源税对经济运行的影响。比如，有学者认为对不可再生资源而言，从价定率计征相较于从量定额计征能够带来更大的社会福利，并利用动态霍特林模型论证了这一观点（Hung，2009）。此研究也为我国资源税从价计征改革提供了借鉴。通过构建元模型分析资源税与地区经济增长之间的关系得到了相同的结论——资源税可以促进地区经济增长（Patuelli et al.，2004）。此外，Ligthart 和 Van Der Ploeg（1999）早期的一项研究表明，资源环境税可以实现多种效应，如更健康的环境以及减少失业、削减劳动力税、促进经济增长（Shahzad，2020）。

### （二）国内资源税的研究进程

我国对于资源税的研究相较于国外起步较晚。我国资源税源自 1984 年两步“利改税”的大改革背景下，起初，开征资源税是为了调节开采资源的极差收益，但随着改革开放的逐步深化以及市场经济的进一步发展，资源税的最初目的越来越不能适应经济社会发展的要求。为了正确把握经济发展方向、促进高效合理利用自然资源，我国在1994年进行了财税体制改革，资源税在此次改革中被确定为中央与地方共享税。这一时期，资源税的政策目标被赋予了更深层次、更有内涵、更加多元化的含义。在保持资源税既定宗旨的基础上，资源税又被定位为地方政府增加财政收入的来源，并试图通过“共享税”的方式来为财政利益增砖添瓦（刘植才，2018）。1994年分税制改革虽然在一定程度上实现了保护环境、增加财政收入、促进经济增长的目标，但是存在诸多弊端，加之西部大开发战略的实施，中西部地区资源税“应为地方财政收入做出更大贡献，将资源优势转化为经济和财政优势”的政策目标更具现实意义（刘植才，2018），但当时的资源税制的弊端重重，很难起到其应有的作用（马海涛，2017）。同时，20世纪初深化税制改革成为热议的话题。以此为背景，2010年5月，以《新疆原油 天然气资源税改革若干问题的规定》的颁布为始，资源税从价计征改革以新疆为试点拉开了帷幕（刘植才，2014）。自油气资源税从价计征改革实施以来，关于其对于经济、社会、环境、资源效应的研究层出不穷，最令人关心的问题莫过于资源税从价计征改革与经济增长之间的关系。研究表明，资源税的征收能够对GDP产生一定的影响，同时能够减少能源消费量、降低碳排放量，进而改善环境质量（杨岚，2009）。煤炭资源税率提高会引起GDP、煤炭资源需求的减少，但GDP下降幅度要高于煤炭需求的减少幅度，同时，税率提高会引起碳强度相应地降低，资源税税率对消费者物价指数（CPI）的影响微乎其微（郭菊娥，2011）。时佳瑞（2015）利用CGE模型模拟了煤炭资源税从价计征改革后的六年我国GDP总量、能源消费结构和碳排放的动态变化。研究结果显示，改革会对能源结构调整和节能减排起到正面作用，但会对GDP产生一定的负面作用。随着“新常态”理念的提出，我国经济又迈入了一个新阶段，油气资源税改革应该更好地发挥其资源节约和保护环境的作用，助力我国经济绿色发展、健康发展、持续发展（刘明慧，2021）。

（三）我国资源税征收方式变革如何影响经济发展的研究现状

自油气资源税从价计征改革实施以来，学界对其效应的研究探讨从未停止、褒贬不一。有些学者认为，油气资源税从价计征改革能够更好地推动经济结构调整、缓解中西部地区财政压力、促进自然资源的合理利用（宋志强，2012）；油气资源税从价计征改革可以有效提高资源使用效率、降低能耗、减少碳排放、缓解污染压力以及保护环境（曾先峰，2019）。另一些学者则持不同的看法，此次改革的基本取向是提高税负，但从另一个角度讲，提高税负却并不一定能够促使此次改革目标的有效实现，还需要将市场各主体的行为选择纳入考虑之中（刘晔，2010）。油气资源税改革没有促使企业降低其生产成本，也没有推动企业进行管理创新和技术创新，降低能耗、促进资源节约的作用都没有凸显出来（周莉等，2013）。虽然油气资源税从价计征改革规范了资源税收入，但油气企业的实际税收负担率偏低，会导致油气资源的配置效率低下，严重阻碍油气资源税改革的效应（刘建徽等，2018）。

综上所述，既有文献从多个维度阐释了油气资源税从价计征改革的效应及影响因素，但未达成共识，特别是对于油气资源税从价计征改革与宏观经济整体运行之间的研究分歧颇多。从本质上来说，资源税与地租类似，是一种稀缺资金。从这个角度讲，企业使用资源的成本因资源税的征收而增加，进而导致企业减少投资，使得产出下降，给产出带来了负面效应（薛钢等，2018）。此外，资源在使用过程中会产生负外部性，而对资源征税有利于纠正这种负外部性，进而促进资源合理配置、提高资源使用效率，给宏观经济运行带来正向的激励效应（林伯强，2012）。而对于总效应的考量可以借鉴微观经济学中总效应的观点，即油气资源税从价计征改革对宏观经济整体运行的总效应取决于其正向效应和负向效用的大小。在既有文献中，大部分实证研究结果显示，开征资源税会对宏观经济运行产生负面作用（王忠，2017），少数研究得出的结论与此相悖，认为资源税的开征能够对经济运行产生正向激励（Zhong，et al.，2018）。本文通过实证分析得出的结论为后一种看法。

## 三、概念框架：资源税对经济增长的重要性

自然资源的不合理利用、不可再生资源的不合理开发，会引起资源骤降，带来负外部性；此外，还会给自然环境带来压力，进而影响一个地区的经济增长。资源的可耗竭性是指资源的开采会不可避免地导致资源储量的减少，进而导致环境的负外部性以及给后代带来资源的稀缺性，即 Malischek 和 Tode（2015）提出的可耗竭资源的代际外部性。在市场机制下的生产决策中，由于时间维度跨越的存在，当代人无法考虑到后代人的生产生活效应，将这一代际外部性忽略，进而无法实现资源配置的帕累托最优。由自然资源引发的环境污染抑或是扭曲的市场机制带来的负外部性会对经济发展产生阻碍效应。为了解决这一问题，Keynes（1936）最早提出了由政府干预经济的理论，他认为一国经济要实现稳健增长，需要政府采取措施对经济进行干预。有学者认为，政府应该并且能够通过强制性的政策来提升资源利用效率，解决市场中资源错配导致的低效问题（Hirst，1991）。师傅和沈坤荣（2013）认为，可以通过政府干预来影响市场对资源配置的作用效果。另有一部分学者认为，政府干预在一定程度上可以解决此类负外部性问题，但作用有限。而税收在解决负外部性问题时则可以在很大程度上避免对市场机制造成进一步扭曲（Pigou，1920）。

关于资源税经济效应最早的研究是由 Hotelling（1931）提出的“时间倾斜”理念，他指出资源在时间上的分布会随着资源税的征收而改变，故可以通过征收资源税平衡各个时期的产量。Sladea（1986）认为，资源税税率的变化率与市场利率同时影响着可耗竭资源的开发利用，也就是说经济发展也同时受到两者的影响。

Dasgupta（1980）认为，政府可以通过征税调控资源价格从而达到控制资源开采速度的效果。刘晔等（2010）通过研究资源税税收负担加重带来的经济效应，认为需要将市场各主体的行为选择纳入考虑之中。李国志等（2013）利用面板数据模型分析了地区经济发展与资源税之间的关系。还有研究则从多角度探究了资源税征收方式的改变和税率的调整对选取的试点地区经济发展的影响（曹爱红，2011；韩晓琴，2011）。

上述研究大多是从资源税整体效果出发，抑或是从税负高低的角度进行研究。本文着眼于资源税的征收方式，探讨资源税从价计征改革对经济发展的促进作用。

## 四、实证设计与数据来源

### （一）合成控制法

准确测量资源税从价计征改革对新疆经济发展的影响，关键是寻找合适的政策效应测度方法。在传统的政策效果评估方法中，最常用的是双重差分法。双重差分法的应用有着严格的前提，即要求实验组与对照组在政策实施之前具有可比较性。然而，资源税从价计征改革试点的选择并不是随机抽取，而是具有政策特殊性，因此双重差分法的适用性大大降低。此外，新疆在实施资源税从价计征改革的同时，还受到其他多种政策如西部大开发的影响，多种政策效果叠加在一起，难以将所要研究的政策效果单独抽离出来。为此，本文基于一种新兴的政策评估方法——Abadie 和 Gardeazabal（2003）提出的合成控制法，模拟资源税从价计征改革试点不进行此项改革的情况，以对比分析政策有效性。合成控制法可以有效克服上述问题，通过数据驱动给予多个控制组对象不同的权重，并进行加权处理，从而构造出一个与处理组高度相似的“假”处理组，这是对传统双重差分法的进一步拓展。目前，合成控制法已经广泛应用于多个政策评价领域（陆超，2019）。

### （二）模型设计

人均实际 GDP 是公认的衡量一个地区经济发展最重要的指标之一，本文以人均实际 GDP 作为判断资源税从价计征改革能否促进地区经济发展的依据。给定 $K$ 个省份在 $t \in [1, T]$ 期内的人均实际 GDP 数据，其中第一个省份为政策实施地区，其余 $K-1$ 个省份为控制组，即未实施资源税从价计征改革的省份。$G_{it}^0$ 表示第 $i \in [2, K]$ 个省份在时点 $t$ 上未实施资源税从价计征改革的人均实际 GDP；$G_{it}^1$ 表示第 $i$ 个省份在时点 $t$ 上实施资源税从价计征改革的人均实际 GDP。假定第 $i$ 个省份在时点 $t=T_0$ 宣布实施资源税从价计征改革，则 $[1, T_0]$ 期内一个省份的人均实际 GDP 不受改革的影响，$G_{it}^0=G_{it}^1$；自改革开始后，即 $[T_0+1, T]$ 期内，令 $\alpha_{it}=G_{it}^1-G_{it}^0$ 表示资源税从价计征改革给第 $i$ 个省份在时间 $t$ 所带来的人均实际 GDP 变化。对于真正进行改革的省份，我们可以观测到它的人均实际 GDP 数据 $G_{it}^1$，但我们无法观测到这个目标省份没有进行改革时的数据 $G_{it}^0$。为此，本文基于 Abadie 等人

（2010）提出的因子模型构建如下模型估计省份1的反事实结果：

$$G_{it}^{0}=\delta_t+\theta_t Z_i+\lambda_t\mu_i+\varepsilon_{it} \tag{1}$$

式中，$\delta_t$ 是影响所有省份人均实际 GDP 因素的时间固定效应；$\theta_t$ 表示除资源税从价计征改革以外一系列控制变量 $Z_i$ 的系数；$\lambda_t$ 代表公共因子向量、$\mu_i$ 代表省份固定效应、$\varepsilon_{it}$ 代表短期冲击，在省份水平上的均值为0时，$\lambda_t$、$\mu_i$、$\varepsilon_{it}$ 都是无法观测到的变量。具体地，为了估计 $G_{it}^{0}$，考虑一个 $1\times(N-1)$ 维的向量权重 $W=(w_2, \cdots, w_k)$ 使得 $w_k>0$，$k=2, \cdots, K$，且 $w_2+\cdots+w_k=1$。每一个 $W$ 的特定值都由 $K-1$ 个省份的特定权重给出，代表一个潜在的合成控制组合。$G_{it}^{0}$ 的拟合值可以由各参照组省份的变量值进行加权求得：

$$\sum_2^K w_k G_{kt}=\delta_t+\theta_t\sum_2^K w_k Z_k+\lambda_t\sum_2^K w_k\mu_k+\sum_2^K w_k\varepsilon_{kt} \tag{2}$$

假定存在权重向量（$w_2^{*}$，…，$w_k^{*}$）使得：

$$\sum_2^K w_k^{*} G_{k1}=G_{11}, \cdots, \sum_2^K w_k^{*} G_{kT_0}=G_{1T_0}, \text{以及}\sum_2^K w_k^{*} Z_k=Z_1 \tag{3}$$

若 $\sum_{t=1}^{T_0}\lambda'_t\lambda_t$ 是非奇异的，则

$$G_{it}^{0}-\sum_2^K w_k^{*} G_{kt}=\sum_2^K w_k^{*}\sum_{s=1}^{T_0}\lambda_t\left(\sum_{n=1}^{T_0}\lambda'_n\lambda_n\right)^{-1}\lambda'_s(\varepsilon_{ks}-\varepsilon_{1s})-\sum_2^K w_k^{*}(\varepsilon_{ks}-\varepsilon_{1s}) \tag{4}$$

（4）式右边的均值在一般情况下将趋近于0（Abadie et al.，2010），因此在改革期间，我们可以将 $\sum_2^K w_k^{*} G_{kt}$ 作为 $G_{it}^{0}$ 的无偏估计，进而得到改革效果的估计值：

$$\alpha_{it}=G_{it}^{1}-\sum_2^K w_k^{*} G_{kt}, \ t\in[T_0+1, T] \tag{5}$$

（三）数据来源及说明

本文的数据来源于 CEIC 中国经济数据库以及《中国统计年鉴》。源数据包括中国除港澳台以外的31个省（自治区、直辖市）的相关指标，其中新疆在2010年6月正式实施油气资源税从价计征改革，并在2010年年底推广至西部12个城市。本文分析中采用1997—2012年中国除港澳台以外的31个省（自治区、直辖市）的数据，选取1997年作为起始年的原因主要是：第一，由于主要考察政策发生时间的政策效果，政策实施前的时间往前推过长的实际意义不大；第二，由于1997年爆发了亚洲金融危机，相较于1996年，1997年的人均实际 GDP 可能会有一定幅度的骤降；第三，1997年之前的资源产量等数据缺失相对严重。为了得到尽可能稳健的结果，本文最终选取了1997—2013年作为研究时间段。

## 五、实证结果与稳健性检验

### （一）实证结果分析

目标省份即新疆实施资源税从价计征改革的起始年采用2010年，以其他没有实施改革的省份作为控制省份构建一个新的省份——合成新疆。资源税从价计征改革对地区经济增长的影响由目标省份和合成省份的人均实际GDP差值来衡量。具体来说，新疆实施资源税从价计征改革的经济效应通过新疆和合成新疆在2010年后人均实际GDP的差值来体现。本文使用1997—2012年的人均实际GDP、原油产量、天然气产量以及原油产值和天然气产值分别占实际GDP的比重来拟合新疆的合成控制对象，权重选择的标准是最小化改革前的时间段内两者人均实际GDP的均方误差。我国资源税从价计征改革实施情况见表1。

表1 我国资源税从价计征改革实施情况

| 省（区、市） | 起始时间 | 是否试点 |
| --- | --- | --- |
| 北京 | 2011. 12 | 否 |
| 天津 | 2011. 12 | 否 |
| 河北 | 2011. 12 | 否 |
| 山西 | 2011. 12 | 否 |
| 内蒙古 | 2010. 12 | 是 |
| 辽宁 | 2011. 12 | 否 |
| 吉林 | 2011. 12 | 否 |
| 黑龙江 | 2011. 12 | 否 |
| 上海 | 2011. 12 | 否 |
| 江苏 | 2011. 12 | 否 |
| 浙江 | 2011. 12 | 否 |
| 安徽 | 2011. 12 | 否 |
| 福建 | 2011. 12 | 否 |
| 江西 | 2011. 12 | 否 |
| 山东 | 2011. 12 | 否 |
| 河南 | 2011. 12 | 否 |
| 湖北 | 2011. 12 | 否 |
| 湖南 | 2011. 12 | 否 |
| 广东 | 2011. 12 | 否 |
| 广西 | 2010. 12 | 是 |
| 海南 | 2011. 12 | 否 |
| 重庆 | 2010. 12 | 是 |
| 四川 | 2010. 12 | 是 |

表1(续)

| 省（区、市） | 起始时间 | 是否试点 |
|---|---|---|
| 贵州 | 2010. 12 | 是 |
| 云南 | 2010. 12 | 是 |
| 西藏 | 2010. 12 | 是 |
| 陕西 | 2010. 12 | 是 |
| 甘肃 | 2010. 12 | 是 |
| 青海 | 2010. 12 | 是 |
| 宁夏 | 2010. 12 | 是 |
| 新疆 | 2010. 6 | 是 |

资料来源：《新疆原油 天然气资源税改革若干问题的规定》《国务院关于修改〈中华人民共和国资源税暂行条例〉的决定》。

1997—2012年新疆和合成新疆的人均实际GDP如图1所示，垂直虚线所在位置代表新疆实施资源税从价计征改革的起始年。图中显示在改革年份之前新疆和合成新疆的人均实际GDP非常接近，但在2010年之后，两者逐渐偏离，其差值正是改革的政策效果。

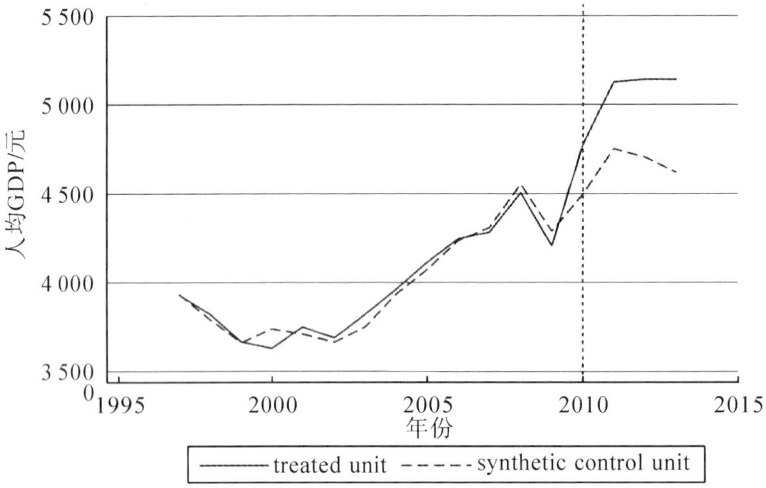


**图1 1997—2012年新疆和合成新疆的人均GDP**

从实证结果我们可以看出，资源税从价计征改革能够有效地改善一个地区的经济发展状况。究其原因，大致可以归结为以下几点：第一，资源税从价计征改革显著增加了政府收入，财政收入增加使政府能够更好地调节市场资源的错配，提高资源利用效率，进而提高经济效率，促进当地经济发展；第二，利用增加的财政收入，适度提高对当地居民的转移支付，刺激消费从而拉动GDP的增长；第三，从价计征改革一定程度上提高了资源使用价格，促使企业减少了资源的使用量，客观上降低了地区的环境成本。

（二）有效性检验

为了验证结果的有效性，验证实验分析中人均实际 GDP 的差异的确是源于资源税从价计征改革的影响而非其他因素。本文利用 Abadie 等（2010）提出的安慰剂检验法（placebo test）。这种方法源于经典的随机化推理，即假设一个没有实施资源税从价计征改革的目标省份，与目标省份在同年份实施了改革，再将这个省份作为目标省份利用合成控制法构造这个省份的合成控制对象，得到该省与其未进行改革的合成控制省的差异。在对控制组中每一个省份进行同样的分析后，我们可以将实证分析中新疆得到的人均实际 GDP 差值与安慰剂检验中产生的人均实际 GDP 差值进行对比。如果新疆与合成新疆的人均实际 GDP 差值真的来源于资源税从价计征改革，那么实证分析中得到的人均实际 GDP 差值相较于安慰剂检验中的人均实际 GDP 差值来说缺口应该更大。但是，有一点需要注意，如果在改革前期合成控制对象不能很好地拟合目标省份，就不再分析这个目标省份，因为如果合成控制对象与改革前目标对象的人均实际 GDP 不能很好地拟合，那么最后得到的人均实际 GDP 差值很有可能与改革无关，而是因为拟合不好而导致的。以此类推，本文将会在安慰剂检验中删除在改革前没有很好地拟合目标省份的控制组省份。具体地，图 2 中删去了 RMSPE 值大于实际新疆 5 倍的省份。由图 2 可知，在 2010 年之前，新疆和合成新疆的人均实际 GDP 差值相对于其他控制组省份与其各自合成省份的人均实际 GDP 差值来说差距不大，具有较好的拟合性。而在 2010 年之后，新疆和合成新疆的人均实际 GDP 差值相对于其他控制组省份与其各自合成省份的人均实际 GDP 差值的差距逐步扩大，并处于其他省份的上方，这说明新疆的实证结果是有效的，并进一步说明了资源税从价计征改革的经济效应是显著的。通过上述有效性检验，可以认为资源税从价计征改革有效地拉动了地区人均实际 GDP。

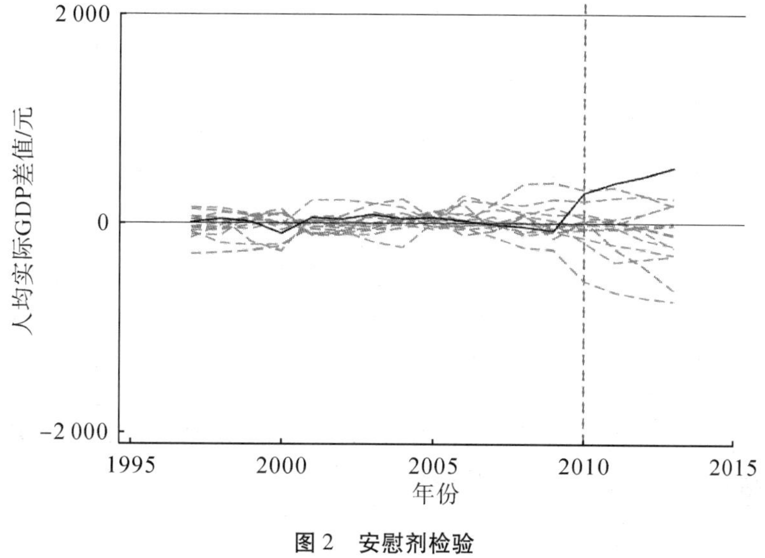


图 2　安慰剂检验

（三）稳健性检验

为了验证实证结果的稳健性，我们选取 2010 年年底资源税从价计征改革推广到西部的 12 个省份作为目标省份，因为这里作为目标组的省份较多，传统 DID 能够更好估计改革带来的政策效应。基于此，我们选取传统 DID 的方法对西部 12 个省份的资源税从价计征改革进行政策效果检验。其基本模型设定如下：

$$G_{it} = \beta_1 D \times T + \gamma Z_{it} + \delta_t + \mu_i + \varepsilon_{it} \tag{6}$$

其中，$G_{it}$ 表示人均实际 GDP，用来衡量某省份的经济增长状况，为本文的被解释变量；$D$ 用于区分实验组与对照组；$T$ 为时间虚拟变量，用来区分改革前后时间点；$Z_{it}$ 为本文的控制变量；$\delta_t$、$\mu_i$、$\varepsilon_{it}$ 与（1）式中的含义一样，分别表示年份虚拟变量、省份虚拟变量和随机误差项。

表 2 是资源税从价计征改革对西部 12 个省份人均 GDP 的影响的双重差分法实证结果。第（1）列同时控制了时间和行业效应，实证结果显示，交叉项系数为 0.163 7，并且在 1%的水平上显著，这说明资源税从价计征改革能够有效地改善试点地区的经济发展状况。在第（2）列和第（3）列分别只控制了省份效应以及年份效应，从实证结果来看，资源税从价计征改革依然能够对试点地区的人均实际 GDP 起到正向的拉动作用，这表明我们的结果具有一定的稳健性。

**表 2 资源税从价计征改革对西部 12 个省份人均 GDP 的影响**

| | 是否进行资源税从价计征改革 | | |
|---|---|---|---|
| | （1） | （2） | （3） |
| | *Realpercapita* GDP | *Realpercapita* GDP | *Realpercapita* GDP |
| *D×T* | 0.163 7*** | 0.249 7*** | 0.164 5*** |
| | （3.41） | （5.59） | （3.49） |
| *Province* | 控制 | 控制 | 不控制 |
| *Year* | 控制 | 不控制 | 控制 |
| *F* | 219.60*** | 17.64*** | 5 179.29*** |
| $R^2$ | 0.773 3 | 0.452 2 | 0.773 0 |
| *N* | 281 | 281 | 281 |

注：*** 表示在 1%的水平上显著。括号内的数字为 *t* 值，表格中省略了控制变量结果。第三列中 *t* 值实际为 *z* 值，*F* 值实际为 Wald chi2（20）值。

为了进一步证实资源税从价计征改革对西部 12 个省份人均 GDP 的正向影响，本文做了如下平行趋势检验，结果见表 3。其中，第（1）列是控制时间和行业效应后的实证结果。表 3 中显示，资源税从价计征改革之前，结果不显著；资源税从价计征改革之后，结果显著。在第（2）和第（3）列分别只控制了省份效应以及年份效应，同样地，资源税从价计征改革之前，结果不显著；资源税从价计征改革之后，结果显著。因此，平行趋势假设成立。

表 3　平行趋势检验结果

| | 是否进行资源税从价计征改革 | | |
|---|---|---|---|
| | (1) | (2) | (3) |
| | *Realpercapita* GDP | *Realpercapita* GDP | *Realpercapita* GDP |
| *pre_3* | −0.005 1<br>(−0.17) | −0.034 9<br>(−1.30) | −0.013 1<br>(−0.49) |
| *pre_2* | 0.005 3<br>(0.27) | 0.025 5<br>(1.31) | 0.001 3<br>(0.07) |
| *current* | 0.062 1**<br>(2.69) | 0.085 5***<br>(8.17) | 0.059 2***<br>(2.95) |
| *post_1* | 0.066 8***<br>(2.96) | 0.141 0***<br>(12.27) | 0.069 5***<br>(3.30) |
| *post_2* | 0.076 2***<br>(3.40) | 0.148 7***<br>(16.18) | 0.079 0***<br>(3.36) |
| *Province* | 控制 | 控制 | 不控制 |
| *Year* | 控制 | 不控制 | 控制 |
| *F* | 6 303.82*** | 9 952.89*** | 85 626.60*** |
| $R^2$ | 0.773 4 | 0.556 3 | 0.764 8 |
| *N* | 106 | 106 | 106 |

注：*** 表示在 1%的水平上显著、** 表示在 5%的水平上显著。括号内的数字为 *t* 值，表格中省略了控制变量结果。第三列中 *t* 值实际为 *z* 值，*F* 值实际为 Wald chi2（20）值。

另外，本文还提供了另一个角度进行的平行趋势检验。图 3 是以改革前第一期作为基准组的多期 DID 的平行趋势图。图 3 中的 *current* 代表政策当期，*pre_3* 和 *pre_2* 分别代表改革前第三年和第二年，*post_1* 和 *post_2* 分别代表改革后第一年和第二年。从图 3 中可以看出，改革前第三年和第二年，虚线与 0 轴有相交点，代表处理组与控制组排除了改革之外的其他控制变量对因变量没有显著性差异。而改革当年以及改革后第一年和第二年，虚线与 0 轴没有相交点，代表处理组与控制组排除了政策之外的其他控制变量对因变量有显著性差异，而引起这种显著性差异的就是改革。因此，从平行趋势图中也可以看出其满足平行趋势。以上提供的稳健性检验进一步证实了本文实证结果的可靠性。

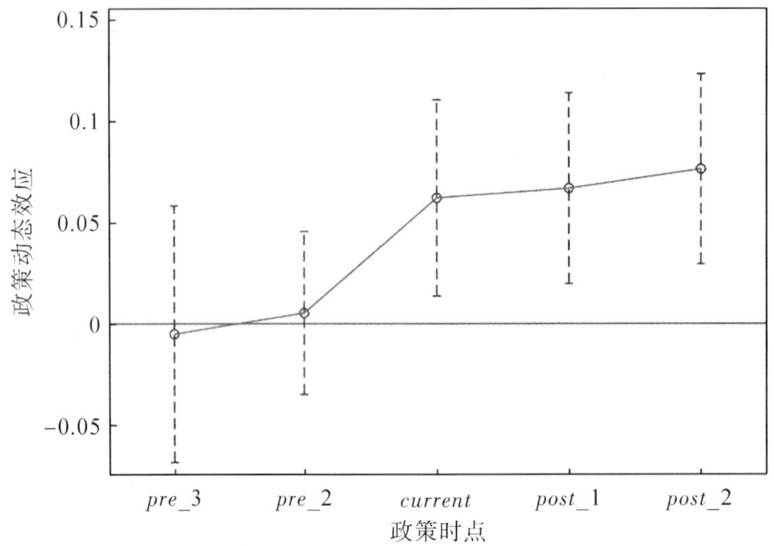


**图 3　改革前第一期作为基准组的多期 DID 的平行趋势**

## 六、结论与启示

资源税对促进绿色经济发展以及节约资源的意义深远。资源税从价计征改革对新疆经济的促进作用值得我们深度思考。本文创新性地使用新近发展的政策效应评估方法——合成控制法研究资源税从价计征改革对新疆地区人均实际 GDP 的拉动作用。通过建立新疆的合成控制对象，模拟了假设新疆不实施改革的人均实际 GDP 走势，对比研究资源税从价计征改革对地区经济增长的影响。研究结果表明，资源税从价计征改革能够有效地拉动地区人均实际 GDP，促进地区经济增长。

基于本文研究结果及我国实际情况，现提出以下几点政策建议：第一，合理确定油气资源税税负以确保不会大幅度抑制企业生产意愿，同时加快能源绿色低碳转型。从表面上看，油气资源税从价计征改革增加了企业税负，有利于约束其资源使用的外部性和促进绿色发展，但如果税负过重将会加重企业负担，不利于绿色发展。为此，应立足于绿色发展的改革理念，遵循合理税收负担的改革导向，在保证资源税发挥其作用的基础上让税负稳中有降，使资源税改革更好地助力碳中和。第二，使资源税收取之于资源、用之于资源，充分利用财政补贴、税收优惠政策鼓励发展新科技、引进新技术，促进企业良性发展，提升绿色发展水平的同时拉动 GDP 的增长。第三，应加大对经济发展水平较低地区的财政转移支付、税收优惠等政策力度，避免由于征收资源税而遏制经济发展水平较低地区企业的生产能力。同时可以通过增强这些地区优惠政策的普惠性，弥补企业研发资金的短缺，增强地区整体的创新能力。

随着第一个百年计划的圆满结束，我国社会经济发展进入一个新的阶段。资源税制改革应当不断深化，与时俱进。已有文献对于资源税从价计征改革的研究已经覆盖了大多数领域，但在许多领域如改革带来的经济增长效应，仍然存在分歧，后来学者可以借鉴本文使用的合成控制法以及既有文献中的诸多理论模型进一步分析研究，为我国新时期资源税制改革提供实践经验和政策建议。

**参考文献：**

林毅夫，蔡昉，李周．中国的奇迹：发展战略与经济改革［M］．上海：上海人民出版社，1994.

李一花，亓艳萍．资源税改革的经济效应分析［J］．山东工商学院学报，2016，30（1）：89-96，104.

刘世锦．中国经济增长由高速转为中速发展［J］．商业观察，2018（5）：10-13.

刘植才．我国资源税制度改革发展的回顾与展望［J］．税务研究，2014（2）：27-32.

刘植才．我国增值税制度回顾与展望［J］．税务研究，2018（10）：31-38.

马海涛，李升，冯鸿雁．分税制财政体制改革的反思与展望［J］．地方财政研究，2013（10）：9-16.

杨岚，毛显强，刘琴，等．基于CGE模型的能源税政策影响分析［J］．中国人口·资源与环境，2009，19（2）：24-29.

郭菊娥，钱冬，吕振东，等．煤炭资源税调整测算模型及其效应研究［J］．中国人口·资源与环境，2011，21（1）：78-84.

时佳瑞，汤铃，余乐安，等．基于CGE模型的煤炭资源税改革影响研究［J］．系统工程理论与实践，2015，35（7）：1698-1707.

刘明慧，窦程强．原油和天然气资源税改革的绿色发展效应分析［J］．税务研究，2021（2）：26-34.

宋志强．我国资源税改革的效应分析［J］．经营管理者，2012（5）：65.

曾先峰，张超，曾倩．资源税与环境保护税改革对中国经济的影响研究［J］．中国人口·资源与环境，2019（12）：149-157.

刘晔．资源税改革的效应分析与政策建议［J］．税务研究，2010（5）：88-90.

周莉，汤贡亮．进一步深化资源税改革的思考［J］．中国税务，2013（2）：22-24.

刘建徽，周志波，张明．资源税改革对资源配置效率的影响：基于Malmquist指数的实证分析［J］．税务研究，2018（6）：54-59.

薛钢，李尚远，陈婕瑶．资源税对区域经济与环境保护影响的实证分析［J］．统计与决策，2018（14）：161-163.

林伯强．资源税改革：以煤炭为例的资源经济学分析［J］．中国社会科学，2012（2）：58-78.

王忠．矿业权集聚、经济增长与区域贫困减缓［J］．中国人口·资源与环境，2017，27（2）：117-125.

刘晔．资源税改革的效应分析与政策建议［J］．税务研究，2010（5）：88-90.

曹爱红，韩伯棠，齐安甜．中国资源税改革的政策研究［J］．中国人口·资源与环境，2011，21（6）：158-163.

韩晓琴．新疆资源税改革试点的经济效应分析［J］．税务研究，2011（10）：47-49.

刘宇，肖宏伟，吕郢康. 多种税收返还模式下碳税对中国的经济影响：基于动态 CGE 模型 [J]. 财经研究，2015，41 (1)：35-48.

李国志. 资源税对我国经济增长效应的实证分析：基于东、中、西部地区面板数据 [J]. 经营与管理，2013 (10)：56-58.

陆超，孙雅静，杜佳. 欧洲负利率政策实施效果评估及展望 ：基于合成控制法的研究 [J]. 当代财经，2019 (1)：60-72.

师博，沈坤荣. 政府干预、经济集聚与能源效率 [J]. 管理世界，2013 (10).

庇古. 福利经济学 [M]. 金镝，译. 北京：华夏出版社，2007.

A C PIGOU. Some aspects of welfare economics [J]. The American Economic Review, 1951, 41 (3): 287-302.

ERIK HAITES. Carbon taxes and greenhouse gas emissions trading systems: What have we learned? [J]. Climate Policy, 2018, 18 (8): 955-966

HAROLD HOTELLING. The economics of exhaustible resources [J]. Journal of Political Economy, 1931, 39 (2): 137-135.

FOLEY P T, CLARK J P. The effects of state taxation on united sates copper supply [J]. Land Economics, 1982, 58 (2): 153-180.

CELIL AYDIN, ÖMER ESEN. Reducing $CO_2$ emissions in the EU member states: Do environmental taxes work? [J]. Journal of Environmental Planning and Management, 2018, 61 (13): 2396-2420.

UMER SHAHZAD. Environmental taxes, energy consumption, and environmental quality: Theoretical survey with policy implications [J]. Environmental Science and Pollution Research, 2020, 27 (20): 24848-24862.

PEARCE D. The role of carbon taxes in adjusting global warming [J]. The Economic Journal, 1991, 101 (407): 938-948.

CHRISTOS KARYDAS, LIN ZHANG. Green tax reform, endogenous innovation and the growth dividend [J]. Journal of Environmental Economics and Management, 2019 (97): 58-181.

ABAY MULATU. Environmental regulation and international competitiveness: a critical review [J]. International Journal of Global Environmental Issues, 2018, 17 (1): 41-63.

ANDERS FREMSTAD, MARK PAUL. The impact of a carbon tax on inequality [J]. Ecological Economics, 2019, 163: 88-97.

BOQIANG LIN, XUEHUI LI. The effect of carbon tax on per capita CO2 emissions [J]. Energy Policy, 2011, 39 (9): 5137-5146.

N M HUNG, N V QUYEN. Specific or ad valorem tax for an exhaustible resource? [J]. Economics Letters, 2008, 102 (2): 132-134.

ROBERTO PATUELLI, PETER NIJKAMP, ERIC PELS. Environmental tax reform and the double dividend: A meta-analytical performance assessment [J]. Ecological Economics, 2004, 55 (4): 564-583.

CHRISTIAN GROTH, POUL SCHOU. Growth and non-renewable resources: The different roles of capital and resource taxes [J]. Journal of Environmental Economics and Management, 2007, 53 (1): 80-89.

WORLD BANK. The cost of air pollution: Strengthening the economic case for action [J]. The World Bank and Institute for Health Metrics and Evaluation University of Washington, 2017.

MEIRUI ZHONG, QING LIUA, ANQI ZENGA, et al. An effects analysis of China's metal mineral resource tax reform: A heterogeneous dynamic multi-regional CGE appraisal [J]. Resources Policy, 2018, 58: 303-313.

TIMOTHY BESLEY, ANNE CASE. Unnatural experiments? estimating the incidence of endogenous policies [J]. Economic Journal, 2000, 110 (467): 672-694.

ABADIE, ALBERTO. The economic costs of conflict: a case study of the basque country [J]. American Economic Review, 2003, 93 (1): 113-132.

ABADIE A, A DIOMOND, J HAINMUELLER. Synthetic control methods for comparative case studies: Estimating the effect of California's tobacco control program [J]. Journal of the American Statistical Association, 2010, 105: 493-505.

MALISCHEK R, TODE C. A test of the theory of nonrenewable resources-controlling for exploration and market power [Z]. EWI Working Paper, 2015, 15 (1).

HOTELLING H. The economics of exhaustible resources [J]. Journal of political economy, 1931, 39 (2): 137-175.

DASGUPTA P S. Economic theory and exhaustible resources [M]. Cambridge: Cambridge University Press, 1980.

SLADEA M E. Conjectures, firm characteristics, and market structure: An empirical assessment [J]. International Journal of Industrial Organization, 1986, 4 (4): 347-369.

E HIRST. Improving energy efficiency in the USA: The federal role [J]. Energy Policy, 1991, 19 (6): 567-577.

# 社会阶层与税收道德
## ——基于 WVS 世界价值观调查数据的考察

程舒

**内容提要：**根据税收价格理论、结构决定理论以及相对剥夺理论，税收道德和传统意义上的道德存在差异。由于其和利益存在联系，纳税人会更加关注纳税带来的回报，从而影响对政府的信任程度、对分配方式公平与否的评价，而处于不同社会阶层的个体的感知不同，从而可能会表现出不同水平的税收道德。也就是说，社会阶层可能会影响税收道德。在此基础上，本文通过实证检验社会阶层与税收道德之间的关系，结果显示：纳税人所处的社会阶层越高，表现出的税收道德越低；以中间阶层为参照组，观察不同阶层税收道德情况，得出中下层和下层对税收道德的影响显著，高层和中上层对税收道德的影响不显著；同时，也针对性别和工作部门的不同展开异质性分析，结果发现不同性别、不同部门所处的社会阶层的税收道德具有差异性，男性和私营单位工作者所处的社会阶层对税收道德的影响显著为负；进一步分析发现，教育和政府信任在社会阶层和税收道德之间存在遮蔽效应，社会阶层通过增强分配公平观念而提高了居民的税收道德水平。最后，依据当前实际情况提出能够使纳税人表现出更高的税收道德的建议。

**关键词：**税收道德；社会阶层；世界价值观调

## 一、引言与文献综述

随着我国税收现代化进程的加快，税收的征管模式由以税务机关为主导转向以纳税人缴费人自我申报为主。新的管理模式衍生了新的问题，即除了稽查和罚款（Allingham & Sandmo，1972）外，如何从纳税主体的认知层面来约束他们诚信纳税。这反映出我们需要关注和探究个体进行税收遵从行为的内因，即税收道德。“税收道德”一词由 Frey（1997）正式提出，并且将它定义为“纳税人自愿支付税收的内在动机”，即纳税人不受自身因素和外部环境影响而改变的自觉纳税意愿。

在过去的几年里，参与我国经济发展的过程中的市场主体的道德问题引起了

---

**作者简介：**程舒，西南财经大学财税学院税务硕士研究生。

大众关注。我们也应当关注，新的税收征管模式下，纳税主体的税收道德会受到哪些因素的影响?《孟子》有云:“为富不仁矣，为仁不富矣。”人们普遍认为，越是富有的人越是会有更多的不道德行为。在当前的中国，“富有”的含义有了更丰富的内涵，其不单单是指物质财力上的富足，更体现在与普通大众在生活上的分化，具体包括居住环境、文化教育水平、工作内容、生活方式和状态等，也因为这些方面的差异逐渐产生不同的社会阶层，而“富有者缺乏道德”的观点也逐渐转变为“高社会阶层者缺乏道德”。由此可见，社会阶层作为具有综合性的因素，可能对税收道德产生影响。

关于税收道德的研究，前期侧重来源和其与税收遵从的关系（Allingham & Sandmo，1972；Braithwaite，2003；Kirchler et al.，2008；Budak，2012；杨得前，2006；邓保生，2008）。为了进一步了解居民税收道德水平差异的原因，学者们开始转向分析税收道德的影响因素。通过梳理已有文献，可以将税收道德的影响因素分成三个部分：政治行政、社会因素、个体特征和个体观感。首先，税收道德与政府的政治行政行为息息相关（Torgler & Werner，2005；Gūth，2005；Alm et al.，2006；Cummings et al.，2009；Martinez-Vazquez et al.，2009；Feld & Tyran，2002；Hug & Spörri，2011；Frey & Torgler，2006；Torgler et al.，2008；Alm et al.，2010；Gangl et al.，2013；任禹强，2017）。其次，影响税收道德的社会因素较为复杂，税收征纳双方的互动会受到他人、社会规范、文化差异、地区差异、亲社会行为等多种因素的影响（Torgler，2005；Frey & Torgler，2006；Alm & Torgler，2006；Torgler & Schneider，2007；Bobek et al.，2013；Alm et al.，2006；杨得前，2008；Andriani，2015）。其要素多元，覆盖面广，并且多有重合，需要更加细致的考察和分析。最后，对于个体特征和个体观感的因素，目前的研究包括年龄、性别、种族、受教育程度、宗教信仰、信任感等（Martinez-Vazquez & Torgler，2000；Alm et al.，2006；Alm & Torgler，2006；Katharina et al.，2012；Cyan et al.，2016；Ignacio，2010；Alessandro，2018；Barone，2001；Torgler，2003；Torgler，2004；Song & Yarbrough，1978；Torgler，2005；Torgler，2006；Alm & Torgler，2006；Frey & Torgler，2007；Alm & Gomez，2008；Sofía Becerra Taschetti，2010；Cummings et al.，2009；LagoPeñas，I. & LagoPeñas，S.，2010；Torgler，2012；李建军等，2018；Frey & Torgler，2006；Alm et al.，2006；谷成和黄维盛，2017；刘静和陈懿赟，2012；任小军，2016）。总体来说，国外研究较为成熟，影响因素研究全面，但相对分散，并且较少关注亚洲国家的情况，而国内研究起步较晚，研究尚不够充分，有的未形成定论，有的未纳入研究，特别是对于社会阶层这一因素缺乏系统性研究。本文基于中国背景，从社会阶层角度，利用最新一轮世界价值观调查的中国数据，探究其对税收道德的影响。

本文的特色之处在于：其一，在税收价格理论、结构决定理论和相对剥夺理论的基础上，建立了社会阶层与税收道德的联系，对税收道德影响因素的相关研究进行了补充；其二，基于我国背景，利用中国数据进行实证分析，探究社会阶层对税收道德的影响，扩充了国内关于社会阶层和税收道德的研究；其三，在研究社会阶层与税收道德关系的基础上，进一步分析了社会阶层与税收道德之间的遮掩效应及作用机制，并基于我国实际情况提出了相应的建议。

## 二、理论与假说

### （一）理论基础

西方财政理论于20世纪90年代在我国普遍传播，如林达尔的税收价格学说也开始在我国流行。林达尔指出，税收是在纳税人对社会福利保障较为满意的前提下，用来推动国家和人民实现增加共同福祉的工具。同时，税收同样也是纳税人和国家之间的有息交换，纳税人通过这种和国家之间的交换来获得国家对其的安全保障。税收具有强制性和无偿性，表现为政府依据政治权力无偿攫取纳税人的利益，它不存在于商品的交换关系中，而价格作为市场活动的组成部分，表现为同等价值商品的交换，两者看起来似乎是对立范畴，但它们实质上是市场经济下的不同表现形式。市场经济下，政府作为管理者，承担提供公共产品的义务。政府需要支付费用来提供公共产品，那么这些费用最终由消费者即社会公民承担，而税收就是政府获取这些“费用”的重要渠道。公共产品的消费对公民来说，在一定程度上是生活必需的，如果纳税人不纳税，政府没有足够的财政收入，也就无法供给公民所需的公共产品和公共服务，所以归根结底，纳税人实质上是在为自己纳税，即通过将使用部分收入的权利以税收的形式让渡给政府，政府再以提供公共产品和公共服务的方式交还纳税人。虽说是“取之于民，用之于民”，但也如同支付产品价格获得产品价值一样。从这个意义上来看，税收具有“价格”的根本属性（张馨，2001），人们为使用公共产品或者是服务（提供者为政府机构）需要缴纳的“费用”，也是为了满足自身对公共服务的需要所承担的费用。因此，如果公民对政府所提供的公共产品不满意或者对政府机关不信任，都会产生较低的纳税意愿，表现出较低的税收道德水平。

结构决定论产生于对阶层意识的不同起源的争论，并在此过程中逐步形成。经济基础决定上层建筑指的是人们所在的社会阶层、拥有资源的数量和资源的质量等因素，决定了人们在社会生活中的观念和思想，对主观上的认知起到决定性影响。因此，人们的主观认知会因为人们所处的社会阶层和社会地位的差异而产生差异。同时，人们在社会群体中的关系差异，特别是在生产关系中人们的经济地位差异，也会导致人们在政治立场和价值观念等方面产生差异甚至是产生冲突。那么，面对同样的政府征收税收的行为，人们所处的社会阶层不同，其态度观念不同，表现出的税收道德水平也不同。

### （二）研究假说

在税收价格理论和结构决定理论的前提下，人们对社会公共产品的价格评估结果和人们对该地政府机构的认同感有显著联系，而这种在政府机构对纳税人进行征税活动中产生的信任感与社会阶层相关。社会阶层越高的人，对政治的认同感越高，对政府机构越有较强的信任感，会对政府机关产生积极效应，认为税收是国家出于为公民供应满意的公共产品而收取的“价格”；社会阶层越高的人，受教育水平越高，越能够理解国家机器的存在意义和公共事务的运作机制。并且通过教育提升的道德义务感也会促使高社会阶层的人在道德义务感的软性约束下，自发性产生纳税遵从，遵循社会道德规范。所以，高社会阶层者的教育水平高，政府信任感强，对政府机关的认可度高，会表现出高水平的税收道德。

结构决定论的出发点是自利理论，对于人们来说，其所属的社会阶层是其是否感受到公平的决定因素，社会阶层越高的人越容易对现存的收入分配状况感到公平（马磊和刘欣，2010；谢熠和罗教讲，2017）。那么，出于自利动机，社会阶层越高的人，越倾向于社会是公平的，并认为不同社会阶层的收入状况应当存在差距；社会阶层越低的人，则更希望收入尽可能均等，而对社会现实感到不公平。税收作为调节收入再分配的一个关键举措，会影响人们对收入分配现状公平程度的主观感知。因为税收的目的更倾向于缩小收入差距，并且通过税收减免、税额减免、所得扣除等税收优惠政策，在一定程度上增加最低阶层的收入（郭庆旺，2012）。所以，对高社会阶层者来说，税收的存在会降低他们对收入分配的“公平感”，从而降低其对税收遵从行为的认同感，显现出较低程度的税收道德。

此外，由税收价格理论和相对剥夺理论可知，相对剥夺的程度除了受参照对象的影响外，还直接取决于个体的利益诉求，所以人们对自己的定位和对对象投入的期待会直接激发他们的相对剥夺感（王宁，2007）。如果政府提供的公共产品没有符合某一群体或者某个个体的利益需求，特别是对高社会阶层者来说，他们付出了高额的税金却没有得到期待中的公共服务，会降低他们的纳税意愿。也就是说，纳税人会通过衡量付出税收和相应回报之间的匹配度来判断税收公平性，如果纳税人意识到公共产品（产出）水平不足以抵偿他们支付的税收，他们将使逃税合理化（Jimenez，2016）。因此，我们认为公民会依据政府提供公共服务的价格和其支付的税收价格的比较，选择是否做出纳税遵从行为，从而表现出相应的税收道德水平。具体来说，如果纳税人觉得自己得到的公共服务价格比自己实际支付的税费低时，便会有较低的纳税意愿，进而显现出较低程度的税收道德；反之，如果纳税人觉得自己得到的公共服务价格比自己实际支付的税费高时，即产生了纳税净收益，便会有较高的纳税意愿，进而显现出较高程度的税收道德。

综上所述，一方面，社会阶层越高的人，对政府信任度越高，教育水平越高，税收道德水平越高；另一方面，社会阶层越高的人，收入越高，收入分配公平观念越弱，对税收的收入再分配效应认同感越低，税收公平感越低，税收道德水平越低。由此，本文提出以下两个竞争性的假说。

假说 1：在其他条件不变的情况下，个体所处的社会阶层越高，表现出的税收道德水平越高。

假说 2：在其他条件不变的情况下，个体所处的社会阶层越高，表现出的税收道德水平越低。

## 三、模型设定与变量说明

### （一）模型设定

为了检验本文提出的两个竞争性的假说，建立如下计量模型：

$$taxmoral_i = \alpha_0 + \alpha_1 class_i + \alpha_2 age_i + \alpha_3 female_i + \alpha_4 married_i + \alpha 5 pride_i + \varepsilon_i \quad (1)$$

其中，被解释变量 $taxmoral_i$ 代表样本中个体的税收道德水平；核心解释变量 $class_i$ 表示样本中个体所处的社会阶层；控制变量 $age_i$、$female_i$、$married_i$、$pride_i$ 分别是样本中个体的年龄、性别、婚姻状态以及民族自豪感；$\varepsilon_i$ 是随机扰动项。

### （二）变量说明

1. 被解释变量

税收道德（taxmoral）：本文所选取的被解释变量税收道德的数值来自调查问卷中的问题 Q180，具体为“请您告诉我，您多大程度上能够接受下列做法——‘有机会就逃税（Cheating on taxes if you have a chance?）’”，被调查者的回答设置为从 1（完全不能接受）到 10（完全可以接受），在调查问卷中该项答案数值越高，证明受访者税收道德越低。我们借鉴以往研究方法（Mariana et al.，2013；Alm & Gomez，2008；谷成和黄维盛，2017），采取两种取值方式：一是基准回归，在这个过程中改变税收道德之前使用的赋值方法，之前所取结果是“1 完全不能接受逃税”的，仍赋值为 1，表示个体的税收道德水平很高，而对于认为可以接受逃税的选项 2~10，全部赋值为 0，这种方法可以尽可能地使得被调查者表现出真实的税收道德水平，减少对结果的影响。二是在稳健性检验部分，将被调查者的税收道德转化为 4 个等级，即对选择 1 完全不能接受逃税的，赋值为 4，表示税收道德最高；回答为 2 和 3 的赋值分别为 3、2，将回答介于 4~10 的赋值为“1”，这是由于回答的数值为 4~10 的被试者缺乏明显的区别。这样设置表示随着赋值的增加，被调查者表现出的税收道德水平逐渐提高。

2. 核心解释变量

社会阶层（class）：社会阶层作为单一变量时，通常被认为是个体所感知到的、对其所在阶层的主观判断。谷成和黄维盛（2017）认为，社会阶层对税收道德有显著影响。我们选取社会阶层作为本文的核心解释变量，它的数值来自调查问卷中的问题 Q287：“就实际情况来看，人们在划分阶层的时候会存在差异，在您看来，哪个阶层最符合自己的实际情况?”，选项将社会阶层划分为五个等级，分别是高层、中高层、中层、中下层和下层，用数值 1~5 表示社会阶层由高到低。在变量处理中，从“高层”开始赋值为 5，顺次递减，这一设置与国内社会阶层分类方式基本一致，并且为观察不同社会阶层的税收道德情况，我们以“中层”为参照设定 4 个虚拟变量。

收入水平（income）：家庭收入水平反映一个家庭的经济生活状况。郭永玉等

（2015）发现，收入是用来衡量人们社会经济地位的重要指标。收入也常被用作构建客观物质财富层面的社会阶层变量（Lachman & Weaver，1998）。Song 和 Yarbrough（1978）认为，收入水平是税收道德最重要的影响因素。因此，采用替换核心解释变量的方法，用收入水平代替社会阶层来检验基础回归结果的稳健性。选取的变量数据来自调查问卷中的问题 Q288，表述为“如果将全国人民的平均家庭收入分为 10 个等级，1 表示家庭收入最低层，收入最高的水平一般用数字 10 表示，现在请您根据实际情况选出合适的数字”，即收入水平 1～10，依次递增，与社会阶层虚拟变量的赋值方向相同。

3. 其他变量

年龄（age）：个体的年龄越大，税收道德水平越高（Alm et al.，2006；Torlger，2012）。因为人们拥有的财富、资源以及社会地位会随着年龄的增长得到不断积累，从而会增加受到惩罚的成本，所以相对于年轻人，年长者纳税的内在动机更强。

性别（female）：Torgler（2006）和 Cyan 等（2016）指出，相较于男性，女性的税收道德更高。在数据处理中，设置性别的虚拟变量，男性赋值为 0，女性赋值为 1。

婚姻状态（married）：Torgler（2004）的研究表明，相对于单身者而言，有更多社会限制的已婚者表现出更高的税收道德水平。同样，在数据处理中，通过设置婚姻状态的虚拟变量，对已婚状态的赋值为 1，其他婚姻状态赋值为 0。

民族自豪感（pride）：其能够使个人更有团队归属感，这对个人的行为（在团体或者组织里面）起到一定的作用。Torgler（2004）基于亚洲国家样本的研究发现，民族自豪感对税收道德具有显著影响。在数据处理中，首先将选项 5“我不是中国人”设置为缺失值；其次将原回答为 1～4 的赋值为 4～1，重新赋值后，数字由小到大表示民族自豪感由弱到强。

受教育程度（education）：教育与税收道德有显著的正向关系（Torgler，2005）。该问题在调查问卷中的表述为 Q275“请问您的学历是什么”，回答选项依次为 0（没有受过教育）、1（小学）、2（初中）、3（高中，含中专）、4（大学，含大专）、5（硕士）、6（博士）。该项答案数值越高，证明受访者受教育水平或程度越高，为检验社会阶层和税收道德与受教育程度之间的关系，设定受教育程度的虚拟变量，受过高等教育及以上（原回答为 3～6）的赋值为 1，反之赋值为 0。

政府信任（trustgov）：Frey 和 Torgler（2006）在进行实证研究后，得出的结论就是纳税人对政府的信任度越高，其税收道德水平越高。该变量来自调查问卷中的问题 Q74“您对以下行政机关的信任程度如何？”的回答，被试者有根本不信任、不太信任、信任以及很信任四个选项，数值越大表示信任程度越低。为了进一步检验社会阶层和税收道德与政府信任感之间的关系，在变量处理中，为便于后续的进一步实证分析，将原选项为 1 和 2 的赋值为 1，原选项为 3 和 4 的赋值为 0，表示受访者对政府的信任和不信任。

分配公平观念（fair）：纳税主体对税收的公平感，构成其纳税意愿的主要动因（Cyanmr et al.，2016）。人们由于对收入分配的态度不同，会产生税收公平感的差异（麻宝斌和马永强，2019）。本文借鉴吕凯波和刘小兵（2017）的做法，用调查问卷中的问题 Q106 对“收入尽可能均等”和“加大收入差距，以鼓励个人努力工作”的看法来反映个体对收入分配公平的内在观念，回答“1”表示完全赞同前者，回答“10”表示完全赞同后者，重新赋值后 1~10 表示公平观念由弱到强，同样在后续研究中将重新赋值的 1~10 再转化为 0~1 变量，原选项回答为 2~10 的记为 0。

### （三）估计方法

在基本实证分析中，由于采用的是 0~1 的赋值方式来衡量被解释变量，所以我们选择常用的 Logit 和 Probit 两种方法进行回归估计。在后续的稳健性检验中，我们将被解释变量赋值为 1~4 的序列变量，表示税收道德水平由低到高，此时适合使用 Ordered logit 和 Ordered probit 进行回归估计。

### （四）描述性统计

本文数据来源于第七轮世界价值观调查（WVS）数据中的中国信息。虽然它并不是专门为研究公民的税收道德而设计的，但在每一轮调查问卷中都会询问人们对逃税的态度，并且会统计个体特征的相关变量。变量的描述性统计如表 1 所示。

**表 1　变量的描述性统计**

| 变量符号 | 变量名称 | 有效样本数 | 均值 | 标准误 | 最小值 | 最大值 |
|---|---|---|---|---|---|---|
| *taxmoral* | 税收道德 | 3 023 | 0. 783 | 0. 412 | 0 | 1 |
| *class* | 社会阶层 | 3 006 | 2. 295 | 0. 803 | 1 | 5 |
| *Upper class* | 高层 | 6 | 0. 002 | 0. 446 | 0 | 1 |
| *Upper middle class* | 中高层 | 73 | 0. 243 | 0. 154 | 0 | 1 |
| *Middle class* | 中层 | 1 287 | 0. 428 | 0. 495 | 0 | 1 |
| *Lower middle class* | 中下层 | 1 076 | 0. 358 | 0. 479 | 0 | 1 |
| *Lower class* | 下层 | 564 | 0. 188 | 0. 390 | 0 | 1 |
| *age* | 年龄 | 3 036 | 44. 585 | 14. 499 | 18 | 70 |
| *female* | 性别：女 | 3 036 | 0. 549 | 0. 500 | 0 | 1 |
| *married* | 婚姻状态：已婚 | 3 018 | 0. 800 | 0. 400 | 0 | 1 |
| *pride* | 民族自豪感 | 3 001 | 3. 362 | 0. 636 | 1 | 4 |
| *income* | 收入水平 | 3 010 | 4. 147 | 1. 844 | 1 | 10 |
| *education* | 受教育程度 | 3 006 | 0. 453 | 0. 493 | 0 | 1 |
| *trustgov* | 政府信任 | 3 019 | 0. 868 | 0. 338 | 0 | 1 |
| *fair* | 分配公平观念 | 3 026 | 5. 475 | 2. 674 | 1 | 10 |

## 四、实证分析

### （一）社会阶层对税收道德的影响

表2分别借助Logit和Probit方法探讨社会阶层对税收道德的影响。为观察各阶层的税收道德水平情况，设置虚拟变量，将中间阶层作为参照组观察回归结果。在两种方法的估计下，社会阶层变量系数在5%的水平上显著为负，当社会阶层从均值2.295的位置增加1单位时，表现为高税收道德水平的概率减少2.2%，这一结果否定了假设1，证实了假说2，即当个体所处社会阶层越高，表现出的税收道德水平越低。相对于中间阶层，下层和中下层的社会阶层系数显著为正，高层的社会阶层系数为正，中高层的社会阶层系数为负，但均不显著。

**表2　社会阶层对税收道德的影响**

| 变量 | Logit | | Probit | |
|---|---|---|---|---|
| | (1) | (2) | (3) | (4) |
| *class* | -0.022** <br> (-2.316) | | -0.022** <br> (-2.292) | |
| *Upper class* | | 0.081 <br> (0.562) | | 0.087 <br> (0.605) |
| *Upper middle class* | | -0.033 <br> (-0.628) | | -0.036 <br> (-0.685) |
| *Lower middle class* | | 0.034* <br> (1.954) | | 0.034 5** <br> (1.976) |
| *Lower class* | | 0.040* <br> (1.912) | | 0.039* <br> (1.849) |
| *age* | -0.000 <br> (-0.157) | -0.000 <br> (-0.115) | -0.000 <br> (-0.163) | -0.000 <br> (-0.117) |
| *female* | 0.033** <br> (2.213) | 0.034** <br> (2.253) | 0.033** <br> (2.206) | 0.034** <br> (-2.24) |
| *married* | 0.045** <br> (2.301) | 0.046** <br> (2.334) | 0.044** <br> (2.247) | 0.045** <br> (2.291) |
| *pride* | 0.054*** <br> (4.670) | 0.054*** <br> (4.651) | 0.055*** <br> (4.648) | 0.055*** <br> (4.643) |
| *Observations* | 2 951 | 2 951 | 2 951 | 2 951 |
| *Pseudo* $R^2$ | 0.012 | 0.012 | 0.013 | 0.013 |

注：（1）Logit和Probit模型报告的是根据margins命令计算出的解释变量在样本均值处的边际效应；（2）***、**、*分别表示在1%、5%、10%的水平上显著；（3）括号内为Z统计量。

调查问卷形式下人们对社会阶层的选择更富有主观色彩，更能反映人们对自身的阶层认同，中国人的特性是含蓄谦虚，所以选择高层的人较少。一般而言，处于高层的个体，从收入来源角度看更多倾向于财产性收入，在我国现有税收制度下的实际税负较低。中间阶层虽然在收入与社会资源占有方面都享有明显优势，但其壮大伴随着社会转型，群体的受教育水平参差不齐，面对高收入带来的高税金，易于产生逃税的心理。处于中间阶层的个体，相较于享受同样公共服务的中下层和下层公民，他们付出了更多的税收，根据税收价格理论，个人认为支付的税收高于享受的公共服务价格时，会产生不公平的心理，从而抵触纳税，因而显现出较低水平的税收遵从度和税收道德。

在其他变量中，性别、婚姻状态、民族自豪感对税收道德的影响较为显著，这说明和男性进行比较，女性具有较高的道德水平；已婚者和其余婚姻状态的人进行比较，前者表现出更高水平的税收道德，这可能是因为处于结婚状态下的夫妻双方在道德层面更注重自己的行为；如果一个人拥有更强的民族自豪感，那么他会有更高水平的税收道德。此外，年龄对税收道德影响不显著，不能说明年长个体的税收道德水平较高。

（二）稳健性检验

1. 税收道德的不同衡量

考虑到人们在回答对逃税的态度时，存在主观偏差，故在基本实证部分的回归中，对税收道德进行了 0~1 的二元赋值。在稳健性检验中，借鉴谷成和黄维盛（2017）的做法，将被试者的税收道德按原有的 10 个等级转化为 4 个等级，设置虚拟变量并用 1~4 表示，数值越大表明税收道德水平越高。此时被解释变量税收道德是有序离散变量，所以在稳健性检验中相应地采用 Ordered Logit、Ordered Probit 两种方法进行回归估计。通过表 3 中列（1）和列（3）与表 2 中列（1）和列（3）的对比，我们可以看到，解释变量社会阶层的回归系数方向和显著性一致，这说明前文的研究结论是稳健的。

**表 3　稳健性检验税收道德的不同衡量**

| 变量 | Ordered logit | | Ordered probit | |
|---|---|---|---|---|
| | (1) | (2) | (3) | (4) |
| *class* | −0.022**<br>(−2.314) | | −0.020**<br>(−2.194) | |
| *Upper class* | | 0.053<br>(0.321) | | 0.029<br>(0.176) |
| *Upper middle class* | | −0.032<br>(−0.618) | | −0.029<br>(−0.569) |
| *Lower middle class* | | 0.036**<br>(2.109) | | 0.038**<br>(2.297) |
| *Lower class* | | 0.038*<br>(1.799) | | 0.032<br>(−1.577) |
| *age* | −0.000<br>(0.065) | −0.000<br>(0.126) | −0.000<br>(0.455) | −0.000<br>(0.540) |

表3(续)

| 变量 | Ordered logit | | Ordered probit | |
|---|---|---|---|---|
| | (1) | (2) | (3) | (4) |
| *female* | 0.032** | 0.033** | 0.029** | 0.030** |
| | (2.146) | (2.189) | (1.990) | (2.037) |
| *married* | 0.051*** | 0.051*** | 0.049** | 0.050*** |
| | (2.629) | (2.659) | (2.571) | (2.622) |
| *pride* | 0.057*** | 0.057*** | 0.057*** | 0.057*** |
| | (4.965) | (4.953) | (5.009) | (5.014) |
| *Observations* | 2 951 | 2 951 | 2 951 | 2 951 |
| *Pseudo* $R^2$ | 0.009 | 0.010 | 0.010 | 0.010 |

注：(1) Ordered Logit 和 Ordered Probit 模型报告的是根据 margins 命令计算出的解释变量在样本均值处的边际效应；(2) ***、**、* 分别表示在 1%、5%、10% 的水平上显著；(3) 括号内为 Z 统计量。

2. 社会阶层的不同衡量

同样地，考虑到调查问卷中人们对自身所处社会阶层的判断可能过于主观，也为了避免单一指标衡量产生的偏差，故用收入水平来替换核心解释变量。根据社会分层相关理论，收入被认为是个体财富和经济资本的量化指标与直接表现形式（谢熠和罗教讲，2017），通常被作为衡量社会阶层的指标（Adler & Snibbe, 2003）。在实证检验中仍采用基本回归中的赋值方式，用 Logit 和 Probit 两种方法进行估计。同样，对比表 4 和表 2 列（1）、列（3）两列的解释变量的回归系数，发现其方向和显著性基本一致，再次表明前文的实证结论是稳健的。

**表 4　稳健性检验社会阶层的不同衡量**

| 变量 | Logit | Probit |
|---|---|---|
| | (1) | (2) |
| *income* | −0.012*** | −0.012*** |
| | (−2.847) | (−2.829) |
| *age* | −0.000 | −0.000 |
| | (−0.469) | (−0.483) |
| *female* | 0.033** | 0.032** |
| | (2.156) | (2.143) |
| *married* | 0.048** | 0.047** |
| | (2.468) | (2.405) |
| *pride* | 0.054*** | 0.054*** |
| | (4.626) | (4.604) |
| *Observations* | 2 954 | 2 954 |
| *Pseudo* $R^2$ | 0.013 | 0.013 |

注：(1) 被解释变量税收道德采用 0~1 的赋值方式；(2) Logit 和 Probit 模型报告的是根据 margins 命令计算出的解释变量在样本均值处的边际效应；(3) ***、**、* 分别表示在 1%、5%、10% 的水平上显著；(4) 括号内为 Z 统计量。

（三）异质性分析

1. 不同性别的异质性

性别对税收道德有显著影响。一般来说，女性表现出的税收道德程度显著高于男性（Torgler，2006；杨得前，2006；姚轩鸽和马岩，2018），并且在基础回归的结果中也证实了该论点。然而，有趣的是，性别的不同是否会使社会阶层对税收道德的影响产生差异呢？为了检验这一想法，将样本分为男性群体与女性群体，基于 Logit 和 Probit 两种估计方法分别检验来观察结论。表 5 的回归报告显示，对于女性来说，社会阶层与其税收道德无明显相关关系；男性所处的社会阶层对税收道德在 5%的显著水平上为负。其原因可能在于：相对于男性来说，女性存在更高道德规范遵从度，社会阶层提升对其效用增加的边际效应相对较小，因此，社会阶层对女性的税收道德影响不显著。

**表 5　社会阶层对税收道德的影响：不同性别回归**

| 变量 | 女性 | | 男性 | |
|---|---|---|---|---|
| | (1) | (2) | (3) | (4) |
| | Logit | Probit | Logit | Probit |
| *class* | −0.014<br>(−1.116) | −0.014<br>(−1.140) | −0.031**<br>(−2.141) | −0.030**<br>(−2.087) |
| *age* | −0.001<br>(−1.026) | −0.001<br>(−1.042) | 0.001<br>(0.909) | 0.001<br>(0.936) |
| *married* | 0.046*<br>(1.828) | 0.045*<br>(1.793) | 0.033<br>(1.040) | 0.032<br>(0.999) |
| *pride* | 0.053***<br>(3.383) | 0.054***<br>(3.393) | 0.057***<br>(3.256) | 0.057***<br>(3.216) |
| *Observations* | 1 611 | 1 611 | 1 340 | 1 340 |
| *Pseudo* $R^2$ | 0.009 | 0.009 | 0.014 | 0.013 |

注：（1）Logit 和 Probit 模型报告的是根据 margins 命令计算出的解释变量在样本均值处的边际效应；（2）***、**、* 分别表示在 1%、5%、10% 的水平上显著；（3）括号内为 *Z* 统计量。

2. 不同工作部门的异质性

已有研究证明，与私营企业工作者相比，政府及国有企事业单位的工作者表现出显著高水平的税收道德（谷成和黄维盛，2017；李建军和徐菲，2020）。这引发了我们的一个思考：由于人们就业单位的不同，社会阶层对税收道德的影响是否不同？为回答这一问题，通过划分样本，区分政府与国有企事业单位和其他私营单位，方便比较，仍使用 Logit 和 Probit 两种方法进行检验。

通过表 6 的回归报告可以发现：对在政府和国有企事业单位工作的人们来说，社会阶层对税收道德的影响不显著；私营企业劳动者所处的社会阶层对税收道德在 10%的水平上显著为负。其原因可能在于：较之私营企业的就业人员，在政府和国有企事业单位工作的人受到更多的社会限制，而他们自身的道德要求也更高，对于公共产品的获得感和受益感更难被满足，而社会阶层的提升同样对其效用增加的边际效应相对较小，因而导致社会阶层对政府和国有企事业单位就业者的税收道德水平影响不显著。

**表6　社会阶层对税收道德的影响：不同工作部门回归**

| 变量 | 政府和国有企事业单位 | | 私营单位 | |
|---|---|---|---|---|
| | (1) | (2) | (3) | (4) |
| | Logit | Probit | Logit | Probit |
| *class* | 0.004 | 0.004 | −0.030* | −0.030* |
| | (0.210) | (0.181) | (−1.704) | (−1.759) |
| *age* | 0.003** | 0.003** | −0.001 | −0.001 |
| | (2.337) | (2.358) | (−0.760) | (−0.780) |
| *female* | 0.028 | 0.027 | 0.077*** | 0.077*** |
| | (0.879) | (0.840) | (2.846) | (2.888) |
| *married* | 0.032 | 0.031 | 0.056 | 0.057 |
| | (0.730) | (0.701) | (1.559) | (1.566) |
| *pride* | 0.055** | 0.055** | 0.049** | 0.049** |
| | (2.286) | (2.263) | (2.249) | (2.259) |
| *Observations* | 577 | 577 | 872 | 872 |
| *Pseudo* $R^2$ | 0.0231 | 0.0229 | 0.0211 | 0.0213 |

注：（1）Logit 和 Probit 模型报告的是根据 margins 命令计算出的解释变量在样本均值处的边际效应；（2）***、**、* 分别表示在1%、5%、10%的水平上显著；（3）括号内为 Z 统计量。

### （四）进一步分析

#### 1. 教育和政府信任的遮蔽效应

已有研究证明，教育水平和政府机关信任感均对税收道德有显著影响（Song & Yarbrough，1978；Torger，2006；Lago-Peñas & Lago-Peñas，2010）。但也有学者发现，人们在接受教育时会受到社会阶层差异化的影响（王处辉和李娜，2007；朱斌，2018），处于不同社会阶层的个体，对政府机关的信任程度不同（范雷，2012；池上新和陈诚，2016）。结合前文的理论分析得出以下结论：高社会阶层者的教育水平高，政府信任感强，对政府机关的认可度高，会表现出高水平的税收道德，我们认为社会阶层对税收道德的影响可能通过教育和政府信任这两个途径进行传导。其路径为：社会阶层（class）——受教育程度（education）/政府信任（trustgov）——税收道德（taxmoral）。我们加入受教育程度和政府信任作为中介变量进行检验，参照 Baron 以及 Kenny（1986）的做法，设计如下中介效应模型：

$$y_i = \alpha_0 + \alpha_1 x_i + \alpha_2 control_i + \varepsilon_i \tag{2}$$

$$m_i = \beta_0 + \beta_1 x_i + \beta_2 contral_i + \varepsilon_i \tag{3}$$

$$y_i = \gamma_0 + \gamma_1 x_i + \gamma_2 m_i + \gamma_3 contral_i + \varepsilon_i \tag{4}$$

利用逐步回归依次检验三个方程核心变量的回归系数，当系数 $\alpha_1$ 显著时，如果系数 $\beta_1$ 和 $\gamma_2$ 都显著，则说明间接效应存在。此时，当 $\gamma_1$ 不显著时，则表示具有完全中介效应；当 $\gamma_1$ 显著时，若 $\beta_1$、$\gamma_2$ 与 $\gamma_1$ 同号，则说明存在部分中介效应，若 $\beta_1$、$\gamma_2$ 与 $\gamma_1$ 异号，则说明存在遮掩效应。

为方便比较，在数据处理中已对变量采取 0~1 赋值，同样使用 Logit 和 Probit 两种估计方法进行回归。表 7 和表 8 分别报告了受教育程度中介效应和政府信任中介效应的模型估计结果。在表 7 中，以 Logit 结果为例，在列（1）中，以受教育程度作为被解释变量、社会阶层作为解释变量时，社会阶层对受教育程度的影响在 1%的显著水平上为正，这说明个体所在的社会阶层越高，其受教育程度也越高；通过表 7 列（3）与表 2 列（1）的对比发现，社会阶层对税收道德依然显著为负，并且系数显著程度上升了，而受教育程度对税收道德在 1%的水平上显著为正，说明个体的受教育程度越高，其表现出的税收道德水平越高。这表示在受教育程度的中介效应回归中，系数 $\gamma_1$、$\gamma_2$ 都显著，$\beta_1$、$\gamma_2$ 与 $\gamma_1$ 异号，即说明受教育水平在社会阶层和税收道德之间存在遮掩效应。这是因为，虽然高社会阶层者接受了高质量的教育，在一定程度上有助于税收道德水平提高，但高社会阶层者的自利动机、不均等收入分配的倾向等在更大程度上降低了其税收道德水平。表 8 的结果分析与表 7 一致，政府信任在社会阶层和税收道德之间同样存在遮掩效应。

**表 7 受教育程度中介效应模型回归**

| 变量 | 被解释变量：education | | 被解释变量：taxmoral | |
|---|---|---|---|---|
| | (1) | (2) | (3) | (4) |
| | Logit | Probit | Logit | Probit |
| *class* | 0.096*** | 0.096*** | −0.030*** | −0.030*** |
| | (9.637) | (9.508) | (−3.122) | (−3.091) |
| *education* | | | 0.066*** | 0.067*** |
| | | | (3.834) | (3.892) |
| 控制变量 | 控制 | 控制 | 控制 | 控制 |
| *Observations* | 2 940 | 2 940 | 2 932 | 2 932 |
| *Pseudo* $R^2$ | 0.219 | 0.217 | 0.014 | 0.014 |

注：（1）Logit 和 Probit 模型报告的是根据 margins 命令计算出的解释变量在样本均值处的边际效应；（2）***、**、* 分别表示在 1%、5%、10% 的水平上显著；（3）括号内为 Z 统计量。

表 8 政府信任中介效应模型回归

| 变量 | 被解释变量：trustgov | | 被解释变量：taxmoral | |
|---|---|---|---|---|
| | （1） | （2） | （3） | （4） |
| | Logit | Probit | Logit | Probit |
| *class* | 0.028*** | 0.029*** | −0.022** | −0.022** |
| | （3.721） | （3.739） | （−2.325） | （−2.301） |
| *trustgov* | | | 0.032* | 0.032* |
| | | | （1.831） | （1.851） |
| 控制变量 | 控制 | 控制 | 控制 | 控制 |
| *Observations* | 2 944 | 2 944 | 2 936 | 2 936 |
| *Pseudo* $R^2$ | 0.046 | 0.046 | 0.012 | 0.012 |

注：（1）Logit 和 Probit 模型报告的是根据 margins 命令计算出的解释变量在样本均值处的边际效应；（2）***、**、* 分别表示在 1%、5%、10% 的水平上显著；（3）括号内为 Z 统计量。

2. 分配公平观念的机制检验

理论上，分配公平对纳税意愿有显著正向作用（麻宝斌和马永强，2019），同时社会阶层对居民的分配公平观念有显著影响（李春玲，2006；孟天广，2012），并有学者认为基于自利主义的社会阶层高低来分析收入公平性具有一定解释力度（刘欣和胡安宁，2016）。出于自利动机，社会阶层越高的人，越倾向于认为仅仅通过自身获得收入并且不同阶层收入存在差距的社会是公平的；相反，社会阶层较低的居民，比其他群体对收入再分配偏好要高（吕凯波和刘小兵，2017），因为社会阶层越低的人，则更认同税收和转移性支付等再分配方式，他们希望收入尽可能均等。因此，纳税人对收入分配的公平观念可能成为社会阶层影响税收道德的重要途径。

为检验社会阶层是否通过增强收入分配的公平观念来提高居民的税收道德水平，首先将分配公平观念（fair）作为被解释变量检验社会阶层对其的影响；接着，将分配公平观念指标作为控制变量引入回归模型（1），如果分配公平观念指标系数显著，并且社会阶层变量系数在该控制变量引入前后变小，则表明社会阶层通过增强分配公平观念提高了居民的税收道德水平。

为方便比较，对该变量采取 0~1 赋值，同样使用 Logit 和 Probit 两种估计方法进行回归。从表 9 的列（1）和列（2）的回归结果可知，在其他条件不变的情况下，社会阶层越高，分配公平观念越低；在列（3）和列（4）中，可以看到分配公平观念对税收道德的影响在 1%的显著水平上为正，即分配公平观念越强，税收道德水平越高；同时，通过与表 2 的列（1）和列（3）的回归结果对比，可以发现社会阶层的系数绝对值有所下降，这说明高社会阶层者的税收道德水平因为分配公平观念较弱而被降低了。

表 9 社会阶层对税收道德的作用机制：分配公平观念

| 变量 | 被解释变量：fair | | 被解释变量：taxmoral | |
|---|---|---|---|---|
| | (1) | (2) | (3) | (4) |
| | Logit | Probit | Logit | Probit |
| *class* | -0.037***<br>(-5.395) | -0.036***<br>(-5.387) | -0.018*<br>(-1.880) | -0.017*<br>(-1.816) |
| *fair* | | | 0.102***<br>(3.300) | 0.096***<br>(3.356) |
| 控制变量 | 控制 | 控制 | 控制 | 控制 |
| *Observations* | 2 950 | 2 950 | 2 932 | 2 932 |
| *Pseudo* $R^2$ | 0.0281 | 0.0277 | 0.0159 | 0.0158 |

注：（1）Logit 和 Probit 模型报告的是根据 margins 命令计算出的解释变量在样本均值处的边际效应；（2）***、**、* 分别表示在 1%、5%、10% 的水平上显著；（3）括号内为 Z 统计量。

## 五、结论

本文以理论分析为基础，以实证研究的方式探索了税收道德和社会阶层之间的联系，分析发现：首先，社会阶层对税收道德有显著的负影响，纳税人所在的社会阶层越高，其表现出的税收道德水平越低。与规模最大的中间阶层相比，处于中下层和下层的人们显示出显著较高的税收道德水平。中上阶层的税收道德系数为负，但不显著；高层的税收道德系数为正，但不显著。以上结论，我们也通过改变被解释变量的赋值方式和解释变量的衡量标准检验基本实证回归结论的稳健性。其次，社会阶层对税收道德的影响具有性别和工作单位异质性，社会阶层显著降低了男性和私营企业工作者的税收道德，而女性和在政府和国有企事业单位工作的人所处的社会阶层对税收道德影响不显著。最后，受教育水平和政府信任在社会阶层与税收道德之间存在着遮掩效应，通过增强高社会阶层者的分配公平观念可以提高居民整体税收道德水平。

由此，本文将社会阶层与税收道德建立联系，增加了相关领域的中国样本研究，同时表明为提高居民税收道德水平，应提高其认知水平；改善公共服务，提高政府机关的信任度；优化税收政策，增强分配公平观念；深化改革，构建税收共治格局。

**参考文献：**

池上新，陈诚．背反效应：人口流动与城乡居民的政治态度［J］．中国农村观察，2016（5）：22-36，94-95.

邓保生．税收道德与遵从行为的关系研究［J］．价格月刊，2008（10）：83-85.

范雷．80 后的政治态度：目前中国人政治态度的代际比较［J］．江苏社会科学，2012（3）：54-62.

谷成，黄维盛．中国居民的税收道德及其影响因素：基于世界价值观调查数据的分析［J］．财经问题研究，2017（8）：52-59.

黄凤羽，王晨．国家文化对国民税收道德影响机理研究［J］．财政研究，2019（8）：111-124.

郭庆旺．有关税收公平收入分配的几个深层次问题［J］．财贸经济，2012（8）：20-27.

郭永玉，杨沈龙，李静，等．社会阶层心理学视角下的公平研究［J］．心理科学进展，2015，23（8）：1299-1311.

李春玲．各阶层的社会不公平感比较分析［J］．湖南社会科学，2006（1）：71-76.

刘静，陈懿赟．影响我国纳税人遵从的经济因素及实证研究［J］．财政研究，2012（11）：52-56.

李俊．相对剥夺理论的价值论视角［J］．学海，2005（4）：175-178.

李建军，宋亚香，黄健．高等教育提升了个人的税收道德吗：基于中美两国调查数据的研究［J］．税务与经济，2018（1）：94-102.

李建军，徐菲．公共支出与个人税收道德：对税收价格论的实证检验［J］．公共财政研究，2020（3）：54-67.

吕凯波，刘小兵．公众收入再分配偏好及其影响因素分析：基于世界价值观调查的数据［J］．财政研究，2017（1）：49-63.

刘欣．相对剥夺地位与阶层认知［J］．社会学研究，2002（1）：81-90.

刘欣，胡安宁．中国公众的收入公平感：一种新制度主义社会学的解释［J］．社会，2016，36（4）：133-156.

麻宝斌，马永强．分配公平对纳税意愿的影响：政府信任的中介作用分析［J］．华南理工大学学报（社会科学版），2019，21（5）：91-100.

马磊，刘欣．中国城市居民的分配公平感研究［J］．社会学研究，2010，25（5）：31-49，243.

任小军．纳税人个体特征对税收道德的影响：基于工薪阶层的调查数据［J］．财会月刊，2016（26）：67-70.

任禹强．户籍制度、公共服务与税收道德［D］．天津：南开大学，2017.

王处辉，李娜．当前我国高等教育过程中的不平等研究：基于对某高校农村学生群体的调查［J］．清华大学教育研究，2007（4）：36-41.

王宁．相对剥夺感：从横向到纵向：以城市退休老人对医疗保障体制转型的体验为例［J］．西北师大学报（社会科学版），2007（4）：19-25.

吴建永，刘琪．“私人的利己主义”与“经济的社会形态”：对马克思市民社会概念的重新阐释［J］．理论月刊，2018（8）：11-16.

谢熠，罗教讲．中国居民社会公平感影响因素研究：基于结构决定论与相对剥夺论的视角［J］．贵州师范大学学报（社会科学版），2017（3）：29-36.

杨得前．税收遵从的理论研究及其在税收管理中的应用［D］．上海：上海理工大学，2006.

杨得前．司法廉洁、安全与税收道德：以 OECD 国家为例［J］．税务与经济，2008（2）：65-69.

姚轩鸽，马岩．税收道德的核心价值：国内税收伦理研究现状述评［J］．社会科学论坛，2019（3）：202-214.

张馨．“税收价格论”：理念更新与现实意义［J］．税务研究，2001（6）：39-41.

朱斌．文化再生产还是文化流动：中国大学生的教育成就获得不平等研究［J］．社会学研究，2018，33（1）：142-168，245.

ALLINGHAM MICHAEL G，SANDMO AGNAR. Income tax evasion：a theoretical analysis［J］. North-Holland，1972，1（3-4）.

BARON REUBEN M，KENNY DAVID A. The moderator-mediator variable distinction in social psychological research：Conceptual，strategic，and statistical considerations.［J］. Journal of Personality and Social Psychology，1986，51（6）.

BENNO TORGLER. Tax morale，rule - governed behaviour and trust［J］. Constitutional Political Economy，2003，14（2）.

BENNO TORGLER. Tax morale and direct democracy［J］. European Journal of Political Economy，2004，21（2）.

BENNO TORGLER. The importance of faith：Tax morale and religiosity［J］. Journal of Economic Behavior and Organization，2004，61（1）.

BENNO TORGLER. Tax morale in Latin America［J］. Public Choice，2005，122（1-2）.

BENNO TORGLER，FRIEDRICH SCHNEIDER. What shapes attitudes toward paying taxes? evidence from multicultural european countries［J］. Social Science Quarterly，2007，88（2）.

BENNO TORGLER，IHSAN C. DEMIR，ALISON MACINTYRE，et al. Causes and consequences of tax morale：An empirical investigation［J］. Economic Analysis and Policy，2008，38（2）.

BENNO TORGLER. Tax morale，Eastern Europe and European enlargement［J］. Communist and Post-Communist Studies，2012，45（1-2）.

BERGER，JOSEPH，M ZELDITCH，et al. Structural aspects of distributive justice：A status value formulation［J］. In Sociological Theories in Progress，1972（2）.

BRAITHWAITE TINA. Mental health：No way through［J］. The Health service journal，2003，113（5886）.

BRUNO S. FREY，BENNO TORGLER. Tax morale and conditional cooperation［J］. Journal of Comparative Economics，2006，35（1）.

DONNA D BOBEK，AMY M HAGEMAN，CHARLES F KELLIHER. Analyzing the role of social norms in tax compliance behavior［J］. Journal of Business Ethics，2013，115（3）.

GANGL KATHARINA，MUEHLBACHER STEPHAN，DE GROOT MANON，et al. “How can I help you?” perceived service orientation of tax authorities and tax compliance［J］. FinanzArchiv / Public Finance Analysis，2013，69（4）.

IGNACIO LAGO-PEÑAS，SANTIAGO LAGO-PEÑAS. The determinants of tax morale in comparative perspective：Evidence from European countries［J］. European Journal of Political Economy，2010，26（4）.

JAMES ALM，BENNO TORGLER. Culture differences and tax morale in the United States and in Europe [J]. Journal of Economic Psychology, 2006, 27 (2).

JAMES ALM, JORGE MARTINEZ-VAZQUE, BENNO TORGLER. Russian attitudes toward paying taxes - before, during, and after the transition [J]. International Journal of Social Economics, 2006, 33 (12).

JAMES ALM, JUAN LUIS GOMEZ. Social capital and tax morale in Spain [J]. Economic Analysis and Policy, 2008, 38 (1).

JAMES ALM, JORGE MARTINEZ-VAZQUEZ, BENNO TORGLER. Developing alternative frameworks for explaining tax compliance [J]. Taylor and Francis: 2010, 6 (10).

JORGE MARTINEZ-VAZQUEZ, ROBERT M MCNAB. The tax reform experiment in transitional countries [J]. National Tax Journal, 2000, 53 (2).

LACHMAN M E, WEAVER S L. Sociodemographic variations in the sense of control by domain: Findings from the MacArthur studies of midlife. [J]. Psychology and Aging, 1998, 13 (4).

LARS P FELD, JEAN-ROBERT TYRAN. Tax evasion and voting: An experimental analysis [J]. Kyklos, 2002, 55 (2).

LEON FESTINGER. A theory of social comparison processes [J]. Human Relations, 1954, 7 (2).

MARIANA GERSTENBLUTH, NATALIA MELGAR, JUAN PABLO PAGANO, et al. How do inequality affect tax morale in Latin America and Caribbean? [J]. Revista de Economía del Rosario, 2013, 15 (2).

MUSHARRAF R CYAN, ANTONIOS M KOUMPIAS, JORGE MARTINEZ-VAZQUEZ. The determinants of tax morale in Pakistan [J]. Journal of Asian Economics, 2016, 47.

NANCY E ADLER, ALANA CONNER SNIBBE. The role of psychosocial processes in explaining the gradient between socioeconomic status and health [J]. Current Directions in Psychological Science, 2003, 12 (4).

PEGGY JIMENEZ, GOVIND S IYER. Tax compliance in a social setting: The influence of social norms, trust in government, and perceived fairness on taxpayer compliance [J]. Advances in Accounting, 2016, 34.

RONALD G CUMMINGS, JORGE MARTINEZ-VAZQUEZ, MICHAEL MCKEE, et al. Tax morale affects tax compliance: Evidence from surveys and an artefactual field experiment [J]. Journal of Economic Behavior and Organization, 2008, 70 (3).

YOUNG-DAHL SONG, TINSLEY E YARBROUGH. Tax ethics and taxpayer attitudes: A survey [J]. Public Administration Review, 1978, 38 (5).

YVONNE DURHAM, TRACY S MANLY, CHRISTINA RITSEMA. The effects of income source, context, and income level on tax compliance decisions in a dynamic experiment [J]. Journal of Economic Psychology, 2014, 40.

# 2018年个人所得税改革的收入分配效应

丁雪琪

**内容提要**：2018年我国进行了个人所得税改革，提高了免征额，增加了专项附加扣除，还历史性地将实行已久的分项征收模式改为综合与分项相结合的混合征收模式，这对于促进公平有着重要的意义。本文使用2018年中国家庭追踪调查数据库（CFPS 2018）的数据，通过MT指数对个人所得税的收入分配效应进行测算，并运用分解公式将MT指数分解为横向公平效应和纵向公平效应，探究个人所得税改革前后收入分配效应上升或下降的根本原因。研究发现，此次改革没有提高个人所得税进行收入再分配的能力的主要原因是平均税率的下降。另外，此次新增的专项附加扣除在一定程度上削弱了个人所得税的收入分配效应。

**关键词**：个人所得税；收入分配效应；MT指数

## 一、引言

改革开放以来，随着市场经济的繁荣发展，中国已成为世界第二大经济体。但与此同时，我国的贫富差距问题仍不容小觑。如图1所示，在我国通过各项经济政策工具对收入分配进行调节且有一定成果的情况下，我国的基尼（Gini）系数仍高于联合国指出的合理范围（0.4以上即为收入差距较大），2017年以来更是再次处于上升趋势。作为社会主义国家，共同富裕是实现共产主义的本质要求，因此降低贫富差距是我们在当前情形下应关注的主要问题之一。

降低贫富差距需要宏观经济政策的帮助，其中个人所得税作为直接税，是调节收入分配的重要工具，当前世界上开征个人所得税的国家已有140多个，发达国家更是将其作为主体税种。我国个人所得税最早开征于1950年，但我国现行所得税基本征收制度是从1994年改革开始实行的，此次改革将此前分别对三种人群征收的个人所得税合并起来，形成统一的个人所得税。其主要特点是实行分项征收模式、累进税率等。此后，个人所得税又进行了多次改革，但其征收模式大体未变。

**作者简介**：丁雪琪，西南财经大学财税学院税务硕士。

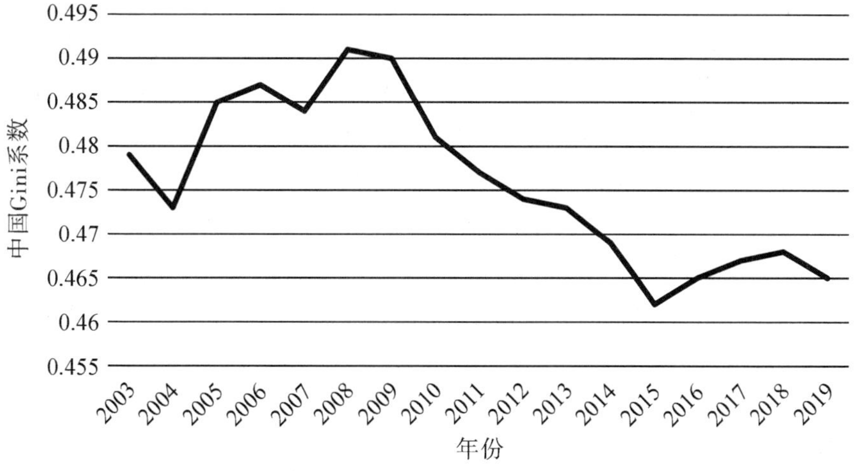


**图 1 2003—2019 年中国 Gini 系数的走势**

资料来源：根据《中国住户调查年鉴》数据计算而得。

2018 年距离上一次个人所得税制改革已有七年之久，旧税制已不能满足新形势的要求，在全球减税浪潮来临之际，第十三届全国人民代表大会常务委员会表决通过了关于修改个人所得税法的决定。改革涉及多个方面，其中最引人注目的有两点：一是改分类征收模式为混合征收模式，将工资薪金等四项所得合并为综合所得进行统一申报；二是增加了六项专项附加扣除，更能体现按能力负担的税收原则（雷根强、郭玥，2016）。另外，此次改革还提高了基本费用扣除的标准、扩大了中低收入税率之间的级距，对于促进公平有着重要的意义。

本文使用 CFPS 2018 的数据，通过 MT 指数对个人所得税的收入分配效应进行测算，并运用分解公式将 MT 指数分解为横向公平效应和纵向公平效应，探究个人所得税改革前后收入分配效应上升或下降的根本原因，最后就结论提出了合理的建议。

如前文所述，一方面，个人所得税作为调节收入分配的重要工具，如何通过相关制度的确立与实行来实现其作用十分重要，研究其新一次改革的收入分配效应，不仅是对改革效果的检验，而且是为未来的改革方向提供依据，有利于建立公平合理的税制；另一方面，新个人所得税制中的专项附加扣除是我国的一项新举措，研究其作用可以丰富个人所得税理论、完善个人所得税理论体系。

## 二、文献综述

### （一）个人所得税收入分配效应的衡量方法研究

Musgrave 和 Thin（1948）以税前和税后 Gini 系数之间的差额来衡量个人所得税的收入分配效应，并将其命名为“MT 指数”。MT 指数越大，贫富差距越大。Theil（1967）提出收入不平等的衡量指标——“泰尔指数”。泰尔指数通过信息理论中的熵概念来计算，其与贫富差距呈正相关关系。Suits（1977）提出了一个用于测算累进性的指数，即“S 指数”。S 指数通过对比高低收入者的收入占比与纳税额占比来测算累进性。当 S>0 时，税制是累进的；当 S<0 时，税制是累退的。Kakwani（1977）提出了另一个测算税收累进性的指数，即“K 指数”。其值为以税前收入排序的纳税额集中系数与税前收入 Gini 系数之差。当 K>0 时，税制是累进的；当 K<0 时，税制是累退的。这为其后续将 MT 指数进行分解做出了铺垫。几年后，Kakwani（1984）成功将 MT 指数进行了分解，其分解公式由两部分构成，分别代表横向公平效应和纵向公平效应，拓展了研究的视野。Pfahler（1990）指出税基和税率是影响累进性的重要因素。总体来说，在对个人所得税收入分配效应的理论研究上，由于我国开始较晚，所以国外相关文献较多，国内文献多运用国外文献中提出的指数进行效应测算，其中 MT 指数和 K 指数运用范围较广。

（二）影响个人所得税收入分配效应的因素研究

首先是税率。Wagstaff 和 Doorslaer（2001）、Gerlinde（2004）的研究都表明累进的税率结构能够提高个人所得税的收入分配效应。另外，国内的多项研究发现，我国较低的平均有效税率导致个人所得税的收入分配效应较低，如岳希明和徐静（2012）、庞淑芬（2016）以及张楠和邹甘娜（2018）的研究。

其次是征收模式。学界的观点大多为我国应实行综合与分类相结合的混合征收模式，如杨卫华、钟慧（2011）和安福仁、沈向民（2012）都提出了类似的建议。其中，杨卫华、钟慧（2011）认为，连续所得或劳务所得应综合征收，偶然所得和资本性所得应分类征收；安福仁、沈向民（2012）认为，劳动所得应在进行费用扣除后综合征收，投资所得应直接分类征收个人所得税。在实证研究方面，高亚军（2015）的模拟分析结果显示，实行综合征收模式的个人所得税收入分配效应最强。孙玉栋、庞伟（2017）的研究指出，对个体工商户生产经营所得征收的个人所得税不仅不能提高整体个人所得税的收入分配效应，甚至还削弱了对其他所得如工资薪金所得、财产租赁所得等征收个人所得税时产生的收入分配效应。

再次是免征额。国内现有研究多为其对其他个人所得税的效应的影响，如王鑫、吴斌珍（2011）的研究结果显示，个人所得税税收减免带来的消费增加大于当年税收减免的额度。刘怡等（2010）研究发现，提高工资薪金的费用扣除标准让就业女性的平均工作时间每周增加了 3.72 小时。在免征额对收入分配效应影响的研究中，岳树民（2011）和岳希明等（2012）都认为个人所得税的累进性随着免征额的上升呈现出先上升后下降的规律性。万相昱（2011）也认为过高的免征额会削弱个人所得税的收入分配效应。田志伟等（2017）的研究除了得出累进性随免征额变化的规律性外，还得出了提高多级累进税率的免征额会提高其累进性的结论。

最后是差别费用扣除。例如，李光龙（2004）认为应该实行有差别的费用扣除制度，即在扣除基本费用后，再根据个人具体支出情况对不同的纳税人进行不同的扣除，并建议应在赡养老人、医疗、失业等方面设立差别费用扣除。贾康、梁季（2010）提出了类似的观点，他们建议应在个人家庭赡养情况、大病医疗支出、消费信贷利息支出三个方面设立差别费用扣除。陈建东等（2012）提出费用扣除额的设定应综合考虑多个因素，如消费者物价指数（CPI）、不同地区生活成本、各地区人口分布、收入分布等。在实证研究中，王鑫等（2012）研究发现，在个人所得税费用扣除标准的设计中考虑家庭人口与家庭就业人口的比值，可以在保证总个人所得税基本不变的情况下改善收入分配，该比值被王鑫等（2012）称为赡养系数。雷根强、郭玥（2016）研究认为，差别扣除将纳税人与其承担的家庭负担联系起来，体现了量能负担原则，能提高个人所得税的收入分配效应。

（三）个人所得税收入分配效应的实证研究

国外多项实证研究同时对多国个人所得税的收入分配效应进行测算，并通过比较得出结论。Wagstaffa 等（1999）通过计算并分解 MT 指数对 12 个经济合作与发展组织国家个人所得税的再分配效应、累进性和差别税收待遇进行研究，结果显示，12 个经济合作与发展组织国家的个人所得税都缩减了贫富差距。Verbist（2004）对 15 个欧盟国家的研究也得出了相似的结论。Milanovic（1999）对 79 个国家进行了测算，结果显示，相较于发展中国家，发达国家个人所得税的收入调节作用更强。Richard M Boter（2012）的研究也对多个国家个人所得税的收入分配效应进行了比较，发现其在发展中国家会受到征收成本等因素的限制，所以发展中国家进行收入再分配不能过于依赖个人所得税。还有很多国外的研究仅对一国进行了相关测算，如 Troiano 和 Ugo（2017）着眼于 20 世纪美国的个人所得税，他们认为该期间实行的代扣代缴、第三方报告和政府间协议等措施在不减少个人所得税收入的同时，增强了个人所得税的收入分配效应。

我国对此问题的研究起步较晚，其中大部分研究认为我国的个人所得税有微弱的收入分配效果，且其主要原因为平均税率过低，如岳希明、徐静（2012），徐建炜等（2013），庞淑芬（2016），张楠、邹甘娜（2018）等的研究。其中，徐建炜等（2013）使用连续微观数据对个人所得税的收入分配效应进行测算，研究结果显示，1997—2006 年收入分配效应呈下降趋势，2006—2011 年的收入分配效应呈上升趋势。而何辉等（2014）对 1995—2011 年的中国经验数据进行相似的测算，得出了不同的结论，研究结果显示，个人所得税收入分配效应在整个期间内呈上升趋势。对于最新一次个人所得税改革的收入分配效应，我国也进行了多项研究。例如，杨沫（2019）、胡芳（2019）和王钰（2019）认为，新个人所得税虽然通过降低平均税率减轻了税收负担，但同时也导致个人所得税的收入分配作用没有充分发挥出来。而万莹、熊慧君（2019）的研究则认为，新税制中的综合征收模式提高了个人所得税的累进水平，提升了个人所得税的收入分配效果。刘蓉、寇璇（2019）的研究结果显示，个人所得税制中新增的专项附加扣除制度虽然导致了收入分配效应的下降，但也提高了社会整体福利，使收入分配更接近帕累托最优。

## 三、2018 年个人所得税改革的收入分配效应的实证分析

### （一）数据来源

本文选用 CFPS 2018 的数据来测算个人所得税的收入分配效应。CFPS 收集个人、家庭和社区的数据，提供科学研究和政治分析数据，反映中国社会、经济、人口、教育和健康状况的变化。本文将 CFPS 2018 中的数据进行整理与筛选，使用 Stata16.0 和 Microsoft Excel 2016 共同计算。

首先，剔除收入信息不详及调查信息不完整的样本。其次，我国规定，按国家统一规定发放给干部、职工的退休费等费用不用缴纳个人所得税，在国家统一规定外发放的各类补贴等应作为“工资、薪金所得”缴纳个人所得税。可见，我国离退休收入个人所得税征收情况复杂。由于样本相关信息不可知，本文选择剔除被调查者已退休的样本。由我国对退休年龄的法律规定可知，我国退休年龄的具体规定情况复杂，但对于普通职工，男性年满 60 周岁、女性年满 50 周岁即可退休。为了减小数据处理的难度，选择剔除女性被调查者年龄大于 50 周岁的样本（截至 2018 年年底）、男性被调查者年龄大于 60 周岁的样本（截至 2018 年年底）。最后，因招用 16 周岁以下的未成年人打工属于违法行为，发生概率较小，所以需剔除被调查者年龄小于 16 周岁的样本（截至 2018 年年底）。

### （二）分析方法

本文拟使用 Musgrave 和 Thin（1948）提出的 MT 指数来衡量个人所得税的收入分配效应。其计算公式表示如下：

$$\mathrm{MT} = G_1 - G_2 \tag{1}$$

其中，$G_1$ 表示税前收入的 Gini 系数，$G_2$ 表示税后收入的 Gini 系数。Gini 系数在消除收入不平等性时下降，在增强收入不平等性时上升，所以当个人所得税改善了收入分配时，$G_1$ 大于 $G_2$，MT 指数大于零；当个人所得税恶化了收入分配时，$G_1$ 小于 $G_2$，MT 指数小于零；当个人所得税对收入分配没有影响时，$G_1$ 等于 $G_2$，MT 指数等于零。

此外，MT 指数还可以进行进一步分解。其计算公式表示如下：

$$\mathrm{MT} = (C_2 - G_2) + tk/(1 - t) \tag{2}$$

式中第一项为“横向公平效应”。其中，$C_2$ 表示以税前收入排序的税后收入集中系数，$G_2$ 表示税后收入的 Gini 系数。相同收入的人缴纳相同的税额为横向公平，此时税后收入排序与税前收入排序一致，横向公平效应等于零；相同收入的人缴纳不同的税额为横向不公平，此时税后收入排序与税前收入排序不一致，横向公平效应小于零。我国 2018 年个人所得税改革通过由分类征收转变为综合征收的方式，使不同来源的收入承担相同的税负，从而提高了个人所得税的横向公平效应。

式中第二项为“纵向公平效应”。其中，$t$ 为平均税率，即全社会的个人所得税总额与收入总额之比。$K$ 为 Kakwani（1977）提出的衡量个人所得税累进性的指标，当收入提高，税率也随之提高时，税制具有累进性；当收入提高，税率却减

小时，税制具有累退性。K 指数用公式表示如下：

$$K = C_1 - G_1 \tag{3}$$

其中，$C_1$ 为以税前收入排序的纳税额集中系数，当税制具有累退性时，收入高的人所承担的税率更低，此时 K 小于 0；当税制具有累进性时，收入高的个人所承担的税率更高，此时 K 大于 0；当税制完全没有累进性时，收入高的人与收入低的人承担的税率相同，此时 K 等于 0，即税率为比例税率。

纵向公平是指不同收入的人应该承担不同的税收。其效应大小取决于两个方面：平均税率 $t$ 及累进性 $K$。当平均税率 $t$ 不变时，$K$ 值越大，纵向公平效应越大；当 $K$ 值不变且为正数时，$t$ 越大，纵向公平效应越大。而当税制没有累进性($K=0$)时，纵向公平效应永远为 0。

根据以上公式，可以通过计算 MT 指数测算个人所得税的收入分配效应大小，并能通过分解公式分析影响收入分配效应大小的根本原因。

（三）数据处理

1. 各种所得的计算

新个人所得税制将个人收入分成了 9 个部分，其中工资薪金所得、劳务报酬所得、特许权使用费所得和稿酬所得作为综合所得统一征税，另外 5 项所得分类征收。如表 1 所示，2018 年个人所得税收入中，工资薪金所得和个体工商户生产、经营所得以及利息、股息、红利所得提供的个人所得税占总个人所得税的 81.28%，且其余 6 项所得的相关信息在 CFPS 数据库中并未提及或不完整，因此本文只考虑这 3 项所得。

**表 1　全国个人所得税分项目收入情况（2018 年）**

| 项目 | 金额/万元 | 占比/% |
|---|---|---|
| 1. 工资薪金所得 | 93 308 223 | 67.26 |
| 2. 个体工商户生产、经营所得 | 7 916 067 | 5.71 |
| 3. 企事业单位承包、承租经营所得 | 1 426 251 | 1.03 |
| 4. 劳务报酬所得 | 6 251 929 | 4.51 |
| 5. 稿酬所得 | 112 914 | 0.08 |
| 6. 特许权使用费所得 | 107 733 | 0.08 |
| 7. 利息、股息、红利所得 | 11 522 655 | 8.31 |
| 8. 财产租赁所得 | 870 744 | 0.63 |
| 9. 财产转让所得 | 15 302 718 | 11.03 |
| 10. 偶然所得 | 1 253 129 | 0.90 |
| 11. 其他所得 | 324 436 | 0.23 |
| 12. 税款滞纳金、罚款收入 | 322 879 | 0.23 |

注：数据来自《中国税务年鉴》。

首先说明，由于2018年征收个人所得税前9个月使用旧税制、后3个月使用新税制但不包括专项附加扣除，本文将分别用新、旧税制倒算税前收入，并将两种结果结合起来分析与比较。以下为各所得的计算方法：

（1）综合所得

综合所得包括4项所得，本文只考虑其中的工资薪金所得。利用CFPS成人数据库给出的个人税后年收入，倒算出个人税前年收入。

综合所得应纳税所得额=综合所得应税收入−免征额−专项扣除−各项专项附加扣除

其中，由于CFPS数据库中不包含相关信息，本文忽略专项扣除金额。

（2）经营所得

CFPS的调查中，可以提取出家庭从事个体经营或开办私营企业的年税后净收入，以及家庭中参与个体经营或私营企业的个人代码，因此可以将家庭经营所得转换成税前所得（忽略成本费用），再均摊到参与经营的个人。

（3）股息、利息、红利所得

CFPS的调查中，家庭数据库包括每个家庭在过去12个月内金融产品投资获利，将此收入按家庭成员人口数均分至成人数据库中的各样本中，作为其2018年税后股息、利息、红利所得；然后，将此所得倒算为税前股息、利息、红利所得，作为其2018年税前股息、利息、红利所得。

2. 专项附加扣除的计算

2018年新个人所得税法共有6项专项附加扣除，《个人所得税专项附加扣除暂行办法》的主要内容见表2。

**表2 《个人所得税专项附加扣除暂行办法》（主要内容）**

| | |
|---|---|
| 子女教育 | 纳税人的子女接受学前教育或全日制学历教育的相关支出，按照每个子女每月1 000元的标准定额扣除。父母可以选择由其中一方按扣除标准的100%扣除，也可以选择由双方分别按扣除标准的50%扣除 |
| 继续教育 | 纳税人在中国境内接受学历（学位）继续教育的支出，在接受教育期间按照每月400元定额扣除。纳税人接受技能人员职业资格继续教育、专业技术人员职业资格继续教育的支出，在取得相关证书的当年，按照3 600元定额扣除。个人接受本科及以下学历（学位）继续教育，符合本办法规定扣除条件的，可以选择由其父母扣除，也可以选择由本人扣除 |
| 大病医疗 | 在一个纳税年度内，纳税人发生的与基本医保相关的医药费用支出，扣除医保报销后个人负担（指医保目录范围内的自付部分）累计超过15 000元的部分，由纳税人在办理年度汇算清缴时，在80 000元限额内据实扣除。纳税人发生的医药费用支出可以选择由本人或者其配偶扣除；未成年子女发生的医药费用支出可以选择由其父母一方扣除 |
| 住房贷款利息 | 纳税人本人或者配偶单独或者共同使用商业银行或者住房公积金个人住房贷款为本人或者其配偶购买中国境内住房，发生的首套住房贷款利息支出，在实际发生贷款利息的年度，按照每月1 000元的标准定额扣除，扣除期限最长不超过240个月。纳税人只能享受一次首套住房贷款的利息扣除。经夫妻双方约定，可以选择由其中一方扣除 |

表2(续)

| | |
|---|---|
| 住房租金 | 纳税人在主要工作城市没有自有住房而发生的住房租金支出，可以按照以下标准定额扣除：（一）直辖市、省会（首府）城市、计划单列市以及国务院确定的其他城市，扣除标准为每月 1 500 元；（二）除第一项所列城市以外，市辖区户籍人口超过 100 万的城市，扣除标准为每月 1 100 元；市辖区户籍人口不超过 100 万的城市，扣除标准为每月 800 元。另外，夫妻双方主要工作城市相同的，只能由一方扣除住房租金支出；纳税人及其配偶在一个纳税年度内不能同时分别享受住房贷款利息和住房租金专项附加扣除 |
| 赡养老人 | 纳税人赡养一位及以上被赡养人的赡养支出，统一按照以下标准定额扣除：（一）纳税人为独生子女的，按照每月 2 000 元的标准定额扣除；（二）纳税人为非独生子女的，由其与兄弟姐妹分摊每月 2 000 元的扣除额度，每人分摊的额度不能超过每月 1 000 元。被赡养人是指年满 60 岁的父母，以及子女均已去世的年满 60 岁的父母、外祖父母 |

由于本文使用的 CFPS 数据库中没有包括关于继续教育和住房贷款利息的信息，本文仅考虑其余 4 项扣除。以下为它们的计算方法（由于具体情况复杂且 CFPS 数据库不包含所有方面信息，部分专项附加扣除额进行适当简化计算）：

（1）子女教育

CFPS 数据库中包括样本的子女信息，具体有出生年份、教育经历等。本文筛选出有 3~16 岁子女（处于义务教育阶段）的样本以及有 16 岁以上且正接受学历教育的子女的样本，对父母双方分别进行 50%的扣除。

（2）大病医疗

CFPS 数据库中包括样本的“医药费用自付花费”，本文筛选出此变量大于 15 000 元的样本，在 80 000 元的限额下据实扣除。

（3）住房租金

CFPS 数据库中包括以家庭为单位的每月房租支出，本文将存在房租支出的家庭纳入扣除范围，如果存在房租支出的家庭里有多位被调查者，则只对其中一人进行住房租金的专项扣除，扣除标准按每月 1 000 元（每年 12 000 元）进行专项附加扣除。

（4）赡养老人

因家庭关系复杂，本文忽略对祖父母及外祖父母的赡养费用扣除。从 CFPS 数据库中筛选出父母任一方年满 60 岁的个体，如果筛选出的个体共同拥有一对父母则视为非独生子女，按人数均摊每月 2 000 元的扣除额度；如果筛选出的个体独自拥有一对父母则视为独生子女，按照每月 2 000 元的标准扣除。在实际操作中出现两种特殊情况：第一，当两人共有一位母亲，但其中一位的父亲不在调查范围内、另一位的父亲在调查范围内，视此二人为独生子女；第二，当两人共有一位母亲，但其父亲不同，视此二人为独生子女。

（四）计算结果与分析

1. MT 指数

如表 3 和表 4 所示，无论是用新税制倒算税前收入还是用旧税制倒算税前收入，MT 指数都大于 0，都有利于收入再分配。其中，旧税制的收入再分配效应大于新税制的收入再分配效应，这与杨沫（2019）得出的结论一致。另外，新税制增加专项附加扣除后的收入再分配效应小于没有专项附加扣除时的收入再分配效应。由此可见，增加专项附加扣除会削弱个人所得税制的收入分配效应。此结果与 Wagstaffa 等人（1999）对 12 个经济合作与发展组织国家的个人所得税的研究结论吻合，这表明尽管各个国家的经济环境与个人所得税制都有所不同，但各国使用的差别化税收待遇都削弱了个人所得税调节收入分配的能力。

**表 3　2018 年个人所得税改革前后收入再分配效应（以旧税制倒算税前收入）**

| 收入分配效应 | 旧税制 | 新税制（不含专项附加扣除） | 新税制（含专项附加扣除） |
|---|---|---|---|
| 税前 Gini 系数 $G_1$ | 0.478 3 | 0.478 3 | 0.478 3 |
| 税后 Gini 系数 $G_2$ | 0.438 5 | 0.451 8 | 0.452 4 |
| MT 指数（$G_1-G_2$） | 0.039 8 | 0.026 5 | 0.025 9 |

**表 4　2018 年个人所得税改革前后收入再分配效应（以新税制倒算税前收入）**

| 收入分配效应 | 旧税制 | 新税制（不含专项附加扣除） | 新税制（含专项附加扣除） |
|---|---|---|---|
| 税前 Gini 系数 $G_1$ | 0.457 6 | 0.457 6 | 0.457 6 |
| 税后 Gini 系数 $G_2$ | 0.427 8 | 0.440 8 | 0.441 3 |
| MT 指数（$G_1-G_2$） | 0.029 8 | 0.016 8 | 0.016 3 |

2. 横向公平效应

在分类税制中，由于各项所得的计税方法以及个人间收入结构的不同，横向不公平是难以避免的，如表 5 和表 6 所示。无论是用新税制倒算税前收入还是用旧税制倒算税前收入，新旧税制都在一定程度上显示出横向不公平，但横向公平指标的绝对值都接近于零，所以新旧税制对于横向公平的影响都十分小。

**表 5　2018 年个人所得税改革前后横向公平效应（以旧税制倒算税前收入）**

| 收入分配效应 | 旧税制 | 新税制（不含专项附加扣除） | 新税制（含专项附加扣除） |
|---|---|---|---|
| 以税前收入排序的税后收入集中系数 $C_2$ | 0.437 56 | 0.450 61 | 0.451 17 |
| 税后 Gini 系数 $G_2$ | 0.438 56 | 0.451 80 | 0.452 37 |
| 横向公平效应（$C_2-G_2$） | -0.001 00 | -0.001 19 | -0.001 20 |

表 6　2018 年个人所得税改革前后横向公平效应（以新税制倒算税前收入）

| 收入分配效应 | 旧税制 | 新税制（不含专项附加扣除） | 新税制（含专项附加扣除） |
|---|---|---|---|
| 以税前收入排序的税后收入集中系数 $C_2$ | 0.427 74 | 0.440 76 | 0.441 28 |
| 税后 Gini 系数 $G_2$ | 0.427 76 | 0.440 79 | 0.441 31 |
| 横向公平效应（$C_2 - G_2$） | −0.000 02 | 0.000 03 | −0.000 04 |

3. 纵向公平效应

如表 7 和表 8 所示，无论是用新税制倒算税前收入还是用旧税制倒算税前收入，新、旧税制的纵向公平效应都大于零，均有利于纵向公平。其中，旧税制的纵向公平效应最强，有专项附加扣除的新税制的纵向公平效应最弱。从纵向公平效应中的各指标分解中可以看出，新、旧税制的累进性相差不多，主要是新税制平均税率的下降导致了其纵向公平效应的下降。

表 7　2018 年个人所得税改革前后纵向公平效应（以旧税制倒算税前收入）

| 收入分配效应 | 旧税制 | 新税制（不含专项附加扣除） | 新税制（含专项附加扣除） |
|---|---|---|---|
| 平均税率 $t$ | 0.134 97 | 0.057 13 | 0.055 98 |
| 累进性 $K$ | 0.168 57 | 0.177 18 | 0.177 56 |
| 纵向公平效应 | 0.026 30 | 0.010 74 | 0.010 53 |

表 8　2018 年个人所得税改革前后纵向公平效应（以新税制倒算税前收入）

| 收入分配效应 | 旧税制 | 新税制（不含专项附加扣除） | 新税制（含专项附加扣除） |
|---|---|---|---|
| 平均税率 $t$ | 0.111 70 | 0.033 01 | 0.031 93 |
| 累进性 $K$ | 0.161 48 | 0.169 75 | 0.170 09 |
| 纵向公平效应 | 0.020 31 | 0.005 79 | 0.005 61 |

## 四、结论与建议

个人所得税是国家进行收入再分配的有力工具。为了让其税制适应收入增长变化，达到提高收入平等的目的，我国进行了多次个人所得税改革，最新一次改革在 2018 年，此次改革将分类征收模式改为综合征收模式、提高免征额、增加专项附加扣除，涉及多方面改变。本文发现，此次个人所得税改革没有提高其进行收入再分配的能力，特别是新增的专项附加扣除进一步降低了个人所得税进行收入再分配的能力，其主要原因是平均税率的下降。但与此同时，平均税率的下降也为减轻人民负担做出了贡献，符合国家推出的“减税降费”政策。

根据本文的研究结果提出以下三点建议：首先是依照实际情况调整税制，防止平均税率过高。我国作为发展中国家，主要依靠间接税来取得税收收入，个人所得税是较为典型的直接税，在推行时应更加注重其收入再分配效应。但在力求提高其收入再分配效应的同时，也应关注其税率是否为人民带来了负担。目前，我国正处于经济增长时期，物价与国民收入都在增长，当国民收入不断增长但货币购买力下降时，个人所得税的累进税率长时间不发生变动可能会导致实际税率提高，不利于对人们进行消费、投资、工作等行为的激励。因此，我们应关注通货膨胀所带来的平均税率提高，依照实际情况调整各项扣除额，甚至是各级累进税率和累进级次。其次是科学设计费用扣除标准。许多研究认为个人所得税的差别费用扣除能提高其进行收入分配的能力。但本文对部分专项附加扣除的模拟测算的结果显示，专项附加扣除削弱了个人所得税进行收入分配的能力，除去各方面的误差，产生这种结果的主要原因可能是费用扣除标准设置不当。考虑到我国人口基数大，收入水平、生活状况等相差较大，精准设计专项附加扣除标准的难度很大，未来的改革实践中，应在过去经验的指导下、在考察我国国情的基础上，更好地让专项附加扣除发挥其应有的效果。最后是提高征管水平，防止税源流失。发展中国家取得税收收入主要依靠间接税的原因之一是税收征管水平低。我国个人所得税征收对象主要为较高收入人群，这部分人群往往拥有较大的权力，容易通过各种途径逃避纳税。在税收征收的过程中，应重点关注高收入人群，提高税收征管水平，防止税源流失。

**参考文献：**

徐建炜，马光荣，李实. 个人所得税改善中国收入分配了吗：基于对1997—2011年微观数据的动态评估［J］. 中国社会科学，2013（6）：53-71，205.

何辉，李玲，张清. 个人所得税的收入再分配效应研究：基于1995—2011年中国城镇居民调查数据［J］. 财经论丛，2014（2）：36-43.

庞淑芬. 中国个人所得税的收入分配效应分析：基于北京市2008—2014年城镇居民的数据［J］. 云南社会科学，2016（6）：57-62.

岳希明，徐静. 我国个人所得税的居民收入分配效应［J］. 经济学动态，2012（6）：16-25.

张楠，邹甘娜. 个人所得税的累进性与再分配效应测算：基于微观数据的分析［J］. 税务研究，2018（1）：53-58.

孙玉栋，庞伟. 分类个人所得税对收入分配的影响效应［J］. 税务研究，2017（7）：47-53.

李波. 公平分配视角下的个人所得税模式选择［J］. 税务研究，2009（3）：35-39.

雷根强，郭玥. 差别费用扣除与个人所得税制改革：基于微观数据的评估［J］. 财政研究，2016（6）：28-41.

杨沫. 新一轮个税改革的减税与收入再分配效应［J］. 经济学动态，2019（7）：37-49.

王钰，田志伟，王再堂. 2018年个人所得税改革的收入再分配效应研究［J］. 财经论丛，2019（8）：31-38.

万莹，熊惠君.2018 年我国个人所得税改革的收入再分配效应［J］. 税务研究，2019（6）：52–56.

刘蓉，寇璇. 个人所得税专项附加扣除对劳动收入的再分配效应测算［J］. 财贸经济，2019，40（5）：39–51.

杨卫华，钟慧. 强化个人所得税对居民家庭收入的调节作用：以广州市城镇居民家庭收入为例［J］. 税务研究，2011（3）：36–40.

安福仁，沈向民. 个人所得税税制的模式比较与路径选择［J］. 生产力研究，2012（2）：80–82.

高亚军. 我国个人所得税调节居民收入分配的有效性研究［J］. 税务研究，2015（3）：72–78.

贾康，梁季. 我国个人所得税改革问题研究：兼论“起征点”问题合理解决的思路［J］. 财政研究，2010（4）：2–13.

田志伟，胡怡建，宫映华. 免征额与个人所得税的收入再分配效应［J］. 经济研究，2017，52（10）：113–127.

李光龙. 关于个人所得税免征额改革的思考［J］. 财政研究，2004（6）：6–7.

陈建东，吴茵茵，马骁，等. 影响工薪所得个人所得税费用扣除额的相关因素分析［J］. 税务研究，2012（8）：48–52.

王鑫，吴斌珍. 个人所得税起征点变化对居民消费的影响［J］. 世界经济，2011，34（8）：66–86.

刘怡，聂海峰，邢春冰. 个人所得税费用扣除调整的劳动供给效应［J］. 财贸经济，2010（6）：52–59.

岳树民，卢艺，岳希明. 免征额变动对个人所得税累进性的影响［J］. 财贸经济，2011（2）：18–24，61.

岳希明，徐静，刘谦，等. 2011 年个人所得税改革的收入再分配效应［J］. 经济研究，2012，47（9）：113–124.

万相昱. 个人所得税改革的灵敏度分析：基于微观模拟途径［J］. 世界经济，2011，34（1）：93–106.

胡芳. 我国个人所得税改革对其收入分配效应的影响分析［J］. 会计之友，2019（5）：65–69.

R A MUSGRAVE，TUN THIN. Income tax progression［J］. Journal of Political Economy，1948（56）：498–514.

SUITS，DANIEL B. Measurement of tax progressivity［J］. American Economic Review，1977（67）：747–752.

KAKWANI，NANOK C. Measurement of tax progressivity：An international comparison［J］. Economic Journal，1977（87）：71–80.

KAKWANI，NANOK C. On the measurement of tax progressivity and redistribution effect of taxes with applications to horizontal and vertical equity［J］. Advances in Econometrics，1984：149–168.

PFAHLER W. Redistributive effect of income taxation decomposing tax base and tax rates effects [J]. Bulletin of Economic Research, 1990: 121-129.

GERLINDE VERBIST. Redistributive effect and progressivity of taxes: An international companison across the EU using EUROMOD [J]. EUROMOD Working Paper, 2004 (5): 88-93.

ADAM WAGSTAFF, EDDY VAN DOORSLAER. What makes the personal income tax progressive? A comparative analysis for fifteen OECD countries [J]. International Tax and Public Finance, 2001 (8): 299-316.

WAGSTAFF, A&E V DOORSLAER. Redistributive effect, progressivity and differential tax treatment: Personal income taxes in twelve OECD countries [J]. Journal of Public Economics, 1999 (72): 73-98.

# 税收服务于构建更高水平开放型经济新体制的内在逻辑、现实约束与进路选择

四川省国际税收研究会课题组

**内容提要**：伴随我国转向高质量发展阶段，构建更高水平开放型经济新体制因其作为国家治理的重要部分而贯穿了顶层设计和执行落实的二元结构。税收在国家治理中的基础性、支柱性和保障性作用天然同构建更高水平开放型经济新体制密切关联、不可分割。本文拟在解析税收与构建更高水平开放型经济新体制之间内在逻辑的基础上，检视税收服务构建更高水平开放型经济新体制的现实约束，研究税收服务构建更高水平开放型经济新体制的优化进路选择。

**关键词**：内在逻辑；现实约束；进路选择；税收服务；构建更高水平开放型经济新体制

新中国成立以来，特别是改革开放以来，我国自上而下不断加深对“对外开放”这一基本国策和重要命题的理解认识，从顶层设计、理论研究和实践落实诸领域开展了一场循序渐进的探索。其主要表现为大力发展和不断加强对外经济技术交流、积极参与国际交换和国际竞争，推动我国经济结构由封闭型经济转变为开放型经济，进而实现国民经济健康快速发展的基本预期。2013 年《中共中央 关于全面深化改革若干重大问题的决定》提出要“构建开放型经济新体制”，2015 年《中共中央国务院关于构建开放型经济新体制的若干意见》以及党的十九届四中、五中全会均更进一步明确要“建设更高水平开放型经济新体制”。立足新发展阶段、贯彻新发展理念、构建更高水平开放型经济新体制无疑需要进一步发挥税收在国家治理中的基础性、支柱性和保障性作用。特别是在七国集团（G7）就全球税收改革方案达成初步共识、美国等发达国家“中国威胁论”主张有所抬头的政治经济局势新变化下，这一需要更为迫切。本文拟在解析税收与构建更高水平开放型经济新体制之间内在逻辑的基础上，检视税收服务构建更高水平开放型经

---

**作者简介**：课题组组长：罗元义；课题组副组长：柳华平；课题组成员：王勇群、张洁、何睿；课题执笔人：何睿。

济新体制的现实约束，研究税收服务构建更高水平开放型经济新体制的优化进路选择。

## 一、税收与构建更高水平开放型经济新体制的内在逻辑

我国开放型经济新体制是在改革开放特别是对外开放基本国策巩固落实后伴生出现的具体规划和路线要求，同国家治理中具有基础性、支柱性和保障性作用的税收不可分割、相互助力。

### （一）构建更高水平开放型经济新体制的意义

国内外政治经济领域对“开放”“对外开放”“开放型经济”等专有名词有诸多解释。毋庸置疑，开放与封闭相对，高水平区别于初级水平而属于较为发达阶段，新体制意味着不同于从前的体制机制。具体来说，更高水平开放就是开放的范围、开放的领域、开放的层次不同于以往，水平更高、目光更远，也就是“更大范围、更宽领域、更深层次”地开放。从范围上看，不仅在自贸区开放而且在全国开放；从领域上看，不仅在制造业开放而且在金融、法律、医疗等服务业甚至其他行业开放；从层次上看，不仅在具体做法上用力，而且在制度体制机制上创新，搭建机制新平台。

遵循上述逻辑，构建更高水平开放型经济新体制是我国构建国内国际双循环相互促进的新发展格局的必要条件和重要手段。在“十四五”规划纲要中，设立了专章对构建更高水平开放型经济新体制进行部署，明确提出全面提高对外开放水平，推进贸易和投资自由化、便利化，持续深化商品和要素流动型开放，稳步拓展规则、规制、管理、标准等制度型开放的基本内涵。有学者指出，“高水平开放”具有两个最重要的特点：一是认同和遵守国际通行的规则，坚持多边主义的全球化；二是通过开放中国市场，让国际合作的各方获得利益。本文认为，面对全球经济治理体系的变化，中国需要主动当好参与者、引领者，在国际经贸规则制定中争取应有的话语权，在更大范围、更广领域和更深层次上推动开放，探索符合我国国情、适应国际投资贸易规则、有利于合作共赢的对外开放新模式、新路径和新体制。

### （二）税收对构建更高水平开放型经济新体制的赋能性

在我国社会主义现代化特别是国家治理现代化的推进过程中，税收职能作用已从经济层面拓展到经济、政治、社会、文化、生态、外交等领域，更加深刻地介入国家治理的各个方面，真正成为治国理政的重要基础，从更深层次、更广范围服务于国家发展。就构建更高水平开放型经济新体制而言，税收本身是构建更高水平开放型经济新体制的题中应有之义，更重要的是其可以服务和维系构建体制及价值创造。尤其是基于税收政策的“工具箱”、税制改革的“突破口”、税收法治化的“保障力”、税收治理现代化的“驱动性”等特质，税收参与、服务和助力客观对象特别是经济社会并发挥实际效用，这在一定程度上可以认为其具有“赋能于彼”的重要价值，可为构建更高水平开放型经济新体制“授能”。从反向

维度来看，税收发挥消极负面作用则可为新体制构建提供“去能”，即增加税收制度成本、影响要素资源流动，进而阻止新体制构建，或增加新体制构建成本。

税收是构建更高水平开放型经济新体制的基础条件和重要支撑，如果税收工具运用得当、税收作用发挥正向，就能对构建更高水平开放型经济新体制提供强大动能；如果税收工具缺位滞后、税收作用发挥不力，就会对构建更高水平开放型经济新体制产生阻碍。税收是维护多边主义、全球化的重要抓手，税收的赋能性还表现在打造开放型经济新体制的同时，兼顾维护国家税收权益和增强我国国际影响力。

（三）税收对构建更高水平开放型经济新体制的作用机理

从我国对构建更高水平开放型经济新体制的认知要求来看，主要是从对内对外开放相互促进，引进来与走出去更好结合，国际国内要素有序自由流动、资源高效配置、市场深度融合等重要方面，逐步扩展更新为全面提高对外开放水平，推进贸易和投资自由化、便利化，持续深化商品和要素流动型开放，稳步拓展规则、规制、管理、标准等制度型开放。我国开放程度的日益提升，自由贸易试验区、自由贸易港的探索，“一带一路”建设、西部开发开放等重大战略举措，有利于形成陆海内外联动、东西双向互济的区域开放新格局。对这一变化，有学者认为，这是系统总结党的十八大以来我国对外开放所取得的历史性成就，面向未来15年，加快构建新发展格局，促进国内国际双循环的重大战略举措。由此可见，构建更高水平开放型经济新体制已经超出了一般意义上的经济领域和政治范畴，不断演进为更加综合性的需求共同体。

当前，税收基于可以参与、服务、助力构建更高水平开放型经济新体制的赋能性，以及对外开放同税收天然的逻辑依赖，必然作用于构建更高水平开放型经济新体制的需求共同体。税收本身已经超出单一经济行为或政治工具，而成为机制制度、政策规定、税务监管、税费服务和理论研究等多重向度共生的综合性客观实践。也就是说，这种需求共同体是否成熟定型取决于机制制度、政策规定、税务监管、税费服务和理论研究等多方面工作是否有效管用。更高水平开放型经济新体制既需要税收的良法善治，又是税收治理现代化的有力保障。而税收通过组织体系、政策规定、税务监管、税费服务和理论研究等全方位、多角度作用，无疑能更好地为构建更高水平开放型经济新体制赋能。

## 二、税收对构建更高水平开放型经济新体制的现实约束

开放条件下的税收竞争是一种必然，是有效参与国际税收竞争的重要条件。总体而言，我国税收是基本适应构建更高水平开放型经济新体制需求的，税收方面作出了制度性安排、建立了法治型框架、提供了常态化服务、形成了主动式效应，我国在世界营商环境排位不断上升就是其重要表现。与此同时，通过对标对表中共中央办公厅、国务院办公厅印发的《关于进一步深化税收征管改革的意见》要求，现行税收在精确执法、精细服务、精准监管、精诚共治等方面仍存在薄弱

环节，对构建更高水平开放型经济新体制还有诸多现实约束。

（一）在税费执法精确性方面

在税收法律层面，我国税收基本法缺位，实体法和程序法还不健全，中国税收法定还在路上，计划经济时代税制烙印较为明显，不利于实现精准执法目标。从构建更高水平开放型经济新体制方面看，税务服务停留于税种税率管理上，普遍性、普适性不足；税制结构不够优化，宏观税费负担较高。特别是除税收之外的社保、非税和基金收入构成复杂、容易叠加。税收协定执行、反避税实施、非居民税收监管、情报交换、国际税务合作等具体事项，以及"一带一路""走出去"相关政策规定更多通过规范性文件体现，在制度建设上倾向于突出国际税收的一些具体事项而非综合性、全方位、专业化的对外开放政策规定架构，效力层级不高、政策规定模糊、解释空间较大，提供更加规范稳定的政策环境不足。同时，在税收执法中尚存在执法不规范、执法标准不统一，在执行行政处罚法、行政强制、行政征收等法律时缺乏程序规范和程序控制等问题。

（二）在税费服务精细性方面

从一定意义上讲，改革开放的过程包括税收在内的营商环境优化完善的过程。以"一带一路"倡议提出为重要节点，我国通过完善跨境投资的税收政策、出台税收服务"一带一路"建设的各项措施，推进国际税收合作，积极为跨境纳税人减轻税收负担，避免双重征税、解决涉税争议，有效服务了我国"引进来"和"走出去"的对外开放战略。但静观开放型经济需求及供给，一方面，主要以"政策的洼地"吸引外资、支持外贸、服务开放，与之相关的税费服务工作仍碎片化地体现在税务部门和相关地方党政部门的具体安排和断续努力中，主要是便民办税春风行动、营商环境行动计划、"一带一路"倡议和服务"走出去"等具体文件中涉及的单项服务工作，如压缩出口退税时间、优化结税方式、便利发票领用等；另一方面，现阶段被动适应营商环境指标体系①，缺乏自主权和话语权。开放型经济体制及相关企业的便利服务主要集中于自贸区等特殊区域，覆盖面还不够宽，集成性还不够高，无法达到更高水平在范围上提出的新要求和新期待，匹配构建更高水平开放型经济新体制的稳定、公平、透明、可预期的法治化税收营商环境亟待优化。

（三）在税费监管精准性方面

国内税费监管、国际税费监管，两者相互关联、缺一不可。总体来看，我国通过签订税收协定、帮助企业解决国际税收争端、谈签预约定价安排（APA）、建立国别信息中心等措施，提升了国际税收征管能力，在积极促进对外开放和国际经济合作的同时有力地维护了我国的税收权益。实际上，现阶段的反避税工作、非居民税收管理、"走出去"税收服务与管理、国际税收征管协作机制，更多地停

① 2021年9月16日，世界银行（World Bank Group）表示停止发布有关国家投资环境的《全球营商环境报告》。

留于具体事项上的突破而非系统监管体系上的建构，而国内现代化税费监管体系同进一步完善税务监管体系目标定位仍有差距。非居民税收管理、“走出去”税收服务与管理、国际税收征管协作机制关注的是监管具体工作之外的基础性工作，主要停留于外侧；反避税工作、非居民税收管理关注的是组织收入和风险应对环节的，主要停留于后端；而处于对外开放税收监管领域前端预警、中端阻断环节，暂未有被纳入对外税收监管体系而受到相应重视，这直接导致税务监管以获得税收的具体数额为最高尺度，难免过于狭隘、刻板。

（四）在税费共治精诚性方面

我国税务机关是主要承担税收执法权和行政管理权的政府部门。2018 年，自深化国税、地税征管体制改革后，税务机关除了负责税收征管服务之外，还负责社会保险费和非税收入征管服务工作。在此情况下，各级税务部门根据实际情况均设有税务业务部门和政策管理部门，但部门之间、层级之间、单位之间在广义对外开放管理服务工作方面尚且存在职责不清、职能错位或推诿扯皮等情况。在税务体制外，税务部门同地方党委政府部门和社会组织之间沟通默契不足；在税务体制内，支持“引进来”的国际税收与支持“走出去”的国内税收政策征管服务衔接程度不高，干部队伍专业化程度不高、针对性作用不足等现象较为普遍，尤其缺乏完善健全的横跨税务部门内外、纵深税务部门上下的对外开放税收管理服务统筹协调工作机制，一定程度制约了税收执法精准度。同时，对外开放税收管理服务工作没有制定全国统一的工作规程、标准流程和保障制度。

另外，税收服务构建更高水平开放型经济新体制实践的绝对需求与理论研究相对短缺的矛盾十分突出。改革开放以来，我国围绕开放型经济展开税收理论研究的需求源于参与国际经济竞争的需要，国际税收管理服务理论研究的肇始、发展和成果基本同我国在全球经济体系中进位发展的过程同步。这也意味着，开放型经济相关税收理论研究自始至终都具有较强的工具性甚至功利性。在多年努力下，税收理论服务构建更高水平开放型经济新体制已提供较好平台资源。这又意味着，开放型经济相关税收理论研究自始至终都具有较强的政策性和政治性。在此情况下，我国开放型经济相关税收理论研究主要存在于税务机关、税务干部和极少数学者之间，且大多译介国外发达国家的国际税收管理服务经验，或零散关注一些对外开放税收管理服务的具体工作、具体问题和具体现象，个体发声多于群体共名、个别意见多于大众共识、个性关注多于持续跟进，碎片化取向较为突出。

## 三、税收服务构建更高水平开放型经济新体制的进路选择

税收服务构建更高水平开放型经济新体制，应着眼推进税收治理现代化建设，着力结合“十四五”规划纲要和中共中央办公厅、国务院办公厅《关于进一步深化税收征管改革的意见》的顶层设计，围绕精确执法、精细服务、精准监管、精诚共治目标取向，着重推进落实税收法定、完善税制结构、优化税费政策、提升税费监管服务能力、推动健全国际税收秩序，见图 1。

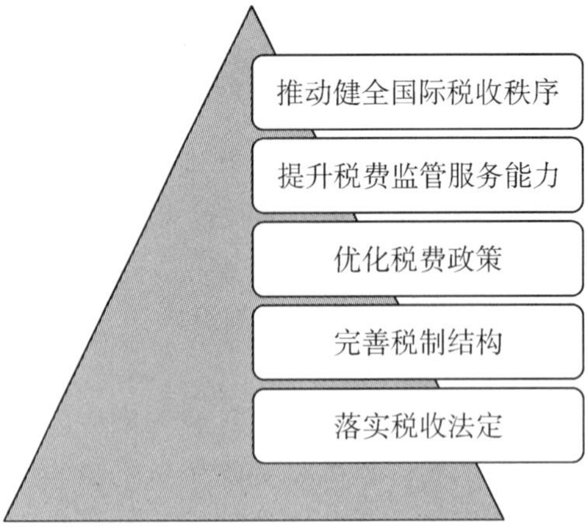


**图1 税收服务构建更高水平开放型经济新体制路径**

（一）落实税收法定

落实税收法定原则，按照税收法律政策和管理权限办事。适时加快我国现行税收法律法规修订完善进度，尽快制定我国税收基本法，健全完善税收实体法和程序法，进而实现真正意义上的中国税收法定。更加注重统筹利用国际国内两个市场、两种资源，强化贸易政策和产业政策协调，灵活、有效地运用税收政策工具，提高税收法律制度层级，在“两法合并”的原则下适度提高对外开放管理服务的主体性地位，借力构筑完善的税收法律制度体系、夯实开放型经济平稳运转的基础。着力弥补效力层级不高、政策规定模糊、解释空间较大的固有缺陷，全方位构建更加规范稳定的对外开放政策环境，护航参与国际竞争。同时，进一步强化税收法定保障，以法律的形式明确赋予纳税人与义务相对等的权利，设立专门的纳税人维权机构，探索税务行政复议“准司法化”，持之以恒推动税收法治思想、理念和观点深入人心。

（二）完善税制结构

推动以传统经济为主导的税制安排转向以传统经济和数字经济为核心的税制安排，进一步完善我国间接税与直接税双主体税制结构，确保税制适应新发展阶段需求。严肃推进现有税制的制定监测、完善建议、结果管理和质量把控，研究提升各税种税率的科学性、针对性和持续性，不断优化税收制度综合评价体系。打开税制结构学习借鉴的眼界和思路，因地制宜、科学合理援用国际通行的税收优惠政策，发挥“一带一路”的影响作用，扩大服务对象的受惠面、提高其满意度。提升中国作为大国税务的国际话语权，深度参与数字经济等领域的国际税收规则和标准制定，提高对税基侵蚀和利润转移（BEPS）行动计划以及《多边税收征管互助公约》修改制定的决策权，引领建立人类命运共同体下的世界税收组织，持续推动全球税收治理体系建设。

（三）优化税费政策

牢固树立“以人民为中心”的发展思想，注重税费政策的工具理性和价值理性，厘清税收的目的、目标、手段，防止手段目的化和政策执行中的教条主义、机械主义、形式主义。科学通盘考虑，合理调节纳税人的税费负担，特别是通过减少除税收之外的社保、非税和基金收入类别、数量等办法拉低宏观税负，有效降低税收成本、消除税收障碍，促进要素流动和资源配置，增强对外开放本土市场主体税收的竞争力，在提高行政效率的基础上帮助市场主体特别是开放型经济新体制关联市场主体无忧“引进来”、轻装“走出去”。推动税收政策从以税种税率管理为主、税收协定执行、反避税实施、非居民税收监管、情报交换、国际税务合作等具体事项为重向全方位发展，真正提升税费政策措施的系统性和完备性。持续用力扩大开放型经济体制及相关企业便利服务的适用范围，从主要集中于自贸区等特殊区域拓展至更为广泛的区域，创造稳定、公平、透明、可预期的法治化税收营商环境。在世界银行停止发布有关国家投资环境的《全球营商环境报告》的背景下，构建适合中国国情的税收营商环境指标体系，为系统优化税收营商环境提供指向。

（四）提升税费监管服务能力

主动应对经济社会变化对税费治理提出的挑战，以点带面、点面互补，将过往以反避税工作、非居民税收管理、“走出去”税收服务与管理、国际税收征管协作机制等为主的具体事项监管拓展建构为系统监管体系，通过具体事项监管的过程、效果和经验获取护航进一步优化对外开放管理服务领域税务执法方式，构建现代化中国税收治理体系。加快“数字税收”建设，实现从“以票管税”向“以数治税”分类精准监管转变。坚持纳税“诚信推定”，强化税收大数据及各部门数据沟通比对，通过全息数据分析挖掘纳税人的特征规律，实现收入预测、行业预警、假发票预警、偷逃税分析、执法风险防范等目标，真正将数据资源变为数据能力，构建以数据管理为重心的税收征管服务模式。确立审批服务简约易办、惠企政策精准易享、发展机会公平可及、要素获取便利快捷、法治保障健全完善方向路径，从以“政策的洼地”转向以“服务的高地”吸引外资、支持外贸、服务开放。全面延续并完善涵盖便民办税春风行动、营商环境行动计划、“一带一路”倡议和服务“走出去”等具体文件内容，积极推行个性化服务，实现从普惠式向定制式服务转变。

（五）推动健全国际税收秩序

不断完善“一带一路”税收征管合作机制，支持以我国为代表的发展中国家提高税收征管能力。尤其要全面评估税收数字化发展情况，有针对性地帮助发展中国家税务部门提高数字化水平。进一步整合资源，加大税收征管数字化培训援助力度。进一步发挥税收征管论坛、“一带一路”税收征管合作机制等多边税收平台的作用，更好地分享经验、共享信息，促进各国税收征管数字化水平的提高。进一步深入研究跨国数字经济的税收管理，严密设计税收征管流程、科学界定税收管辖权，提出科学有效的政策建议，力争形成国际共识。落实防止税基侵蚀和利润转移行动计划，严厉打击国际逃避税，保护外资企业合法权益，维护我国税收利益，一以贯之将税收政策的权威性转化为对外开放的实效性，最大限度地吸引外资、扩大生产，推出具有中国特色、中国气派、中国影响的占有主导权、话语权和影响力的国际化税收安排。进一步扩大和完善税收协定网络，加大跨境涉税争议案件协商力度，实施对所得避免双重征税的双边协定，全面、系统地掌握跨境税源的真实信息，保证税收协定的有效执行，持续加强对外开放的税收管理信息化、专业化和规范化建设，严明税收刚性、强化规范秩序，创造更高水平开放的生产、经营和投资环境。

## 四、结束语

基于税收服务构建更高水平开放型经济新体制实践的绝对需求与理论研究相对短缺的矛盾，构建更高水平开放型经济新体制的理论研究大有必要。本文坚持理论化与实践化并重的原则，突出税收理论研究服务构建更高水平开放型经济新体制的思想引领和实践检验作用，进一步明确税收应着眼推进税收治理现代化建设，着力结合“十四五”规划纲要和中共中央办公厅、国务院办公厅《关于进一步深化税收征管改革的意见》的顶层设计，围绕精确执法、精细服务、精准监管、精诚共治目标取向，着重推进落实税收法定、完善税制结构、优化税费政策、提升税费监管服务能力、推动健全国际税收秩序，在深入研究的基础上力求推进更高水平开放税收话语体系、学科体系、学术体系建设，持续获取、展现并增强我国“大国税务”的话语权。

**参考文献：**

海闻. 构建以规则为基础和以互利为原则的高水平对外开放新格局［J］. 中国经济评论，2021（4）.

王军. 发挥税收职能作用　服务经济发展新常态［J］. 求是，2015（7）.

王海峰. 构建开放型经济新体制是实行高水平对外开放的制度保证［J］. 中国发展观察，2021（6）.

陈斌. “一带一路”倡议下高水平对外开放的税收支持体系建设［J］. 地方财政研究，2020（7）.

黄诗睿. 服务对外开放战略提升国际税收征管能力［J］. 中国税务，2016（6）.

# 合伙企业架构下的跨境税收抵免问题研究

刘斌　文雅

**内容提要：**在企业"走出去"的过程中，合伙企业这种特殊的组织形式，对现行的跨境税收抵免制度产生了重要的影响。目前，对于涉及合伙企业的境外所得抵免，由于适用政策不够明确，各地的执行口径也不是十分统一。本文结合现行政策规定以及税收协定关于避免双重征税的原则，对相关的税收政策和业务处理提出具体建议。

**关键词：**合伙企业；跨境税收；抵免

合伙企业这种特殊的组织形式，对现行的跨境税收抵免制度有着重要的影响。税收抵免既在《中华人民共和国企业所得税法》和《中华人民共和国个人所得税法》中有明确规定，也是税收协定的重要组成内容。税收协定的规定对抵免的具体执行起着非常重要的作用，虽然《国家税务总局关于税收协定执行若干问题的公告》明确了境内合伙企业的境外居民合伙人和境外合伙企业及其合伙人享受税收协定的相关条件，但对享受税收协定的具体条款缺少明确规定，对抵免政策的落实产生了一定影响。

## 一、合伙企业组织的特点

合伙企业是两个或两个以上的合伙人订立合伙协议，共同出资、共同经营、共享收益、共担风险而组成的企业。作为一种特殊的企业组织形式，其纳税地位和课税方式在世界各国存在较大差异。大多数国家的税法和我国税法的规定类似，将合伙企业视为税收透明体，不作为独立的纳税实体看待，合伙企业的所得先分配到各合伙人的名下，再由各合伙人就他们各自分得的所得计算缴纳相应的企业所得税或者个人所得税，也就是我们通常所说的"先分后税"。然而，少数国家，如法国、荷兰、比利时等，却将合伙企业视为与具有企业法人资格的公司同样地位的独立纳税实体，对合伙企业的所得征收企业所得税，合伙人分得的所得则作为股息、红利性质的投资收益。正是各国对合伙企业的纳税地位和课税方式的差

**作者简介：**刘斌，国家税务总局成都市税务局国际税收管理处；文雅，成都锦城学院。

异，导致在判定合伙企业能否享受税收协定待遇以及如何享受税收协定时产生一系列问题，并因此引发合伙企业所得的国际重复征税或双重不征税问题。

## 二、合伙企业架构下的跨境税收抵免存在的问题

### （一）缺少明确的抵免操作规范和执行标准

1. 境外合伙企业及其合伙人的税收协定待遇问题

（1）境内合伙人通过成立境外合伙企业取得境外所得

企业基本架构如图 1 所示。

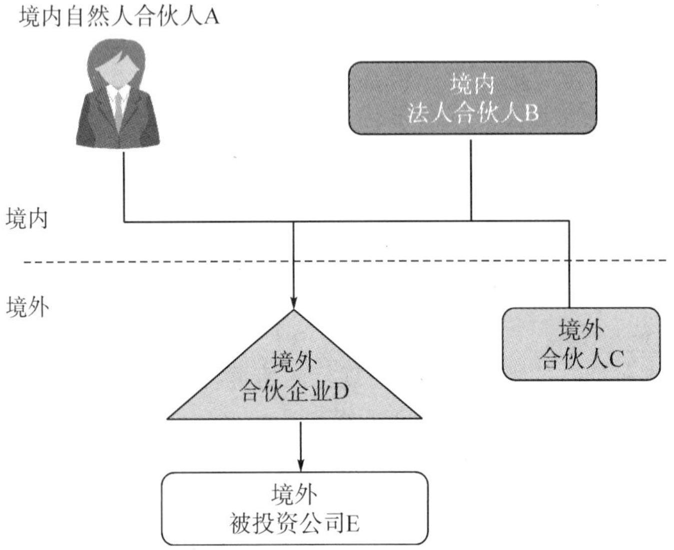


**图 1　境内合伙人成立境外合伙企业基本架构**

依照外国（地区）法律成立的合伙企业是我国企业所得税的非居民纳税人，适用《中华人民共和国企业所得税法》。按照《国家税务总局关于税收协定执行若干问题的公告》规定，在该合伙企业是缔约对方居民的情况下，其在中国负有纳税义务的所得可以享受税收协定待遇。

同时，如果税收协定规定，根据缔约国对方国内法，合伙企业取得的所得被视为合伙人取得的所得，则缔约国对方居民合伙人就其从合伙企业取得所得中分得的相应份额享受税收协定待遇（以下简称“穿透规则”），即在此情况下，境外居民合伙人可以享受税收协定待遇。对境内居民合伙人而言，境外合伙企业的所得和税收由其承担的部分，税收协定资格也由境外合伙企业流经至境内合伙人，由境内合伙人享受税收协定待遇。

一种较为复杂的情况是，境外（S 国）合伙企业从第三国（T 国）取得不属于其境内常设机构的所得（假定各国之间都缔结了税收协定）。当合伙企业的所在地 S 国将合伙企业视为纳税实体，不论 T 国将合伙企业视为纳税实体还是透明体，合伙企业从 T 国取得的所得享受 S 国与 T 国的税收协定待遇，对来源于 T 国所得进

行税收抵免，境内合伙人享受与S国的税收协定待遇；当合伙企业的所在地S国将合伙企业视为透明体，T国将合伙企业视为透明体，合伙人不能根据中国与T国的协定要求来对其所得税实施减免，同样合伙企业不是S国居民，也不考虑S国与T国的税收协定待遇。但是，如果T国不考虑税收协定限制对合伙人征税，S国也对合伙人从合伙企业取得的所得征税，那么就会产生法律上的双重征税。此时，境内合伙人就合伙企业分回股息性质的所得享受中国与S国的税收协定待遇，但同时应考虑根据T国与中国的税收协定对合伙人提供税收协定保护，从而避免双重征税。

当S国将合伙企业视为透明体，T国将境外合伙企业视为纳税实体，合伙企业在S国不是其税收居民，其中国境内合伙人也不是两国的居民，因此T国对S国合伙企业取得所得的课税，既不受S国与T国税收协定的约束，也不受T国与中国税收协定的限制，境内合伙人只就合伙企业分回股息性质的所得享受中国与S国的税收协定待遇，但这同样会带来双重征税问题。只有当合伙企业被视为合伙人设在其境内的常设机构时，由S国对合伙企业从T国取得的所得进行税收抵免才能消除双重征税的影响。

（2）境内合伙人通过境内合伙企业投资境外公司取得所得

企业基本架构如图2所示。

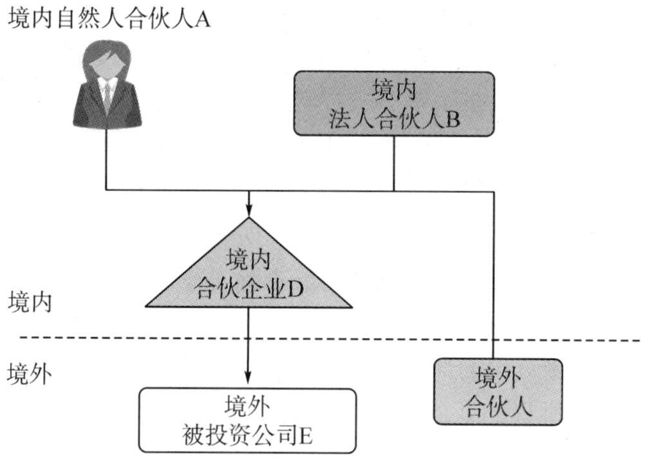


**图2　境内合伙人通过境内合伙企业投资境外公司的基本架构**

由于在中国境内设立的合伙企业本身不具有独立的纳税主体地位，也无法取得享受税收协定待遇所需的居民身份证明，原则上中国合伙企业不可能以中国的居民纳税人身份主张享受有关中外双边的税收协定待遇。

关于境内合伙企业的境外合伙人享受税收协定待遇问题，《国家税务总局关于税收协定执行若干问题的公告》明确规定：依照中国法律在中国境内成立的合伙企业，其合伙人为税收协定缔约对方居民的，该合伙人在中国负有纳税义务的所得被缔约对方视为其居民的所得的部分，可以在中国享受税收协定待遇。

当合伙人是中国居民时，只有当税收协定规定，缔约国任何一方的税法将其视为完全透明或部分透明的实体，其取得或通过其取得的所得应视为缔约国一方居民取得的所得时，中国境内合伙企业的合伙人才可享受相应的税收协定待遇，若税收协定无相关条款，中国居民合伙人将无法享受税收协定待遇。

关于境内合伙企业的协定待遇，仍存在一些有待明确的问题，如境外合伙人是否在我国构成常设机构？缔约国一方的居民纳税人在缔约国另一方设立合伙企业，不论其是有限合伙人还是无限合伙人，并不天然构成缔约国另一方的常设机构，而应按照协定关于常设机构的标准进行判定。另外，涉及税收协定中的持股比例认定问题，如股息条款适用范围是缔约一方居民公司支付给另一方居民的股息，股息的低档税率条款要求直接持有分配股息公司的资本达到一定比例。在经济合作与发展组织协定范本上股息条款的注释为，税收透明体取得的股息中被视为缔约一方居民合伙人取得的部分应被视为支付给该合伙人的，在计算持有资本比例时，也应认为该缔约一方居民合伙人通过合伙企业直接持有另一方公司相应比例的资本，采纳这一观点，可以较好地解决透明体涉及的持股问题。

2. 所得性质的判定

（1）所得性质判定的影响

所得性质的判定，不仅关系到税收协定具体执行的条款和享受的优惠待遇，还对税收抵免的计算有着重要的影响。结合税收协定和税收抵免的相关规定，所得的性质可以划分为营业利润、股息、利息、租金、特许权转让费、财产转让等投资性所得等。境外税收抵免主要分为直接抵免、间接抵免以及饶让抵免，其中饶让抵免主要针对来自与中国签订了饶让条款协定国家的所得，在此不作为主要研究对象。对于从未达到直接持股 20% 的境外子公司取得的股息所得以及取得的利息、租金、特许权使用费、转让财产所得，向所得来源国直接缴纳的预提所得税款按规定直接抵免，而符合持股条件的股息除了享受直接抵免外，还可就境外企业在分配股息前的利润缴纳的外国企业所得税额中由我国居民企业就该项分得的股息性质的所得间接负担的部分，在我国的应纳税额中间接抵免。因此，在合伙企业架构下，判定所得的性质是营业利润还是股息、红利等权益性投资收益，具有十分重要的意义，也是本文在税收抵免的具体计算时所要关注的主要内容。

居住国和来源国对跨境所得性质认定不一致，容易导致双重不征税问题，这主要由税基侵蚀和利润转移（BEPS）第 2 项行动计划“消除混合错配安排的影响”进行应对和解决。但同时也可能产生双重征税问题，这需要运用税收协定来解决其主要问题。

在所得性质的判定上，居住国应受来源国对所得定性的约束。根据经济合作与发展组织协定范本的规定，协定中的所得定性可与国内法相联系来确定，但具体是依据居住国的国内税法还是依据来源国的国内税法进行解释却存在争议。考虑税收协定的目的和宗旨，居住国接受来源国的定性结果的观点较为合理。

（2）我国对合伙人从合伙企业取得的所得性质的判定

关于个人合伙人从合伙企业取得的所得性质，现行国内税法有较为明确的规定。《关于个人独资企业和合伙企业投资者征收个人所得税的规定》指出，合伙企业以每一个合伙人为纳税义务人，合伙企业分配给合伙人的所得，作为投资者个人的生产经营所得，比照个人所得税法的“个体工商户的生产经营所得”应税项目计算征收个人所得税。《国家税务总局关于〈关于个人独资企业和合伙企业投资者征收个人所得税的法规〉执行口径的通知》规定，合伙企业对外投资分回的利息或者股息、红利，不并入企业的收入，而应单独作为投资者个人取得的利息、股息、红利所得。从以上规定可以看出，个人合伙人取得的所得性质与合伙企业取得的所得性质一致，也可以看作合伙企业取得的所得性质传导给了个人合伙人。

2006 年，我国对《中华人民共和国合伙企业法》进行了修订，明确法人可以参与合伙。然而，对于法人合伙人从合伙企业分回的投资所得性质如何界定，却缺少相关文件进行明确。《财政部 国家税务总局关于合伙企业合伙人所得税问题的通知》虽然明确了法人合伙人应当缴纳企业所得税以及合伙企业生产经营所得和其他所得采取“先分后税”的原则，但在具体应纳税所得额的计算上却只明确了自然人合伙人征收个人所得税以及税前扣除标准，对于法人合伙人的应纳税所得额的计算，尤其是对于企业合伙人取得的所得性质该如何判定存在明显缺失。

另外，在双层合伙企业架构下，下层合伙企业从标的项目取得的分红或者营业利润的性质是否可以传导至上层合伙企业的个人或法人合伙人，依然是个悬而未决的问题。有一种类似的情况，根据 2019 年 1 月 10 日发布的《财政部 国家发展和改革委员会 国家税务总局 中国证券监督管理委员会关于创业投资企业个人合伙人所得税政策问题的通知》规定，如果是一层创业投资基金，那么自然人合伙人取得的所得如果按照单一投资基金核算模式进行处理，其从该基金应分得的股权转让所得和股息红利所得，按照 20%的税率计算缴纳个人所得税。但是，如果自然人是通过两层创业投资基金，那么目前的主流观点认为，此时的自然人合伙人直接持有基金份额的顶层合伙企业已经不是取得原始的股权转让所得和股息红利所得，而是从底层合伙企业取得经营所得，此时应当按照 5%～35%的超额累进税率计算缴纳个人所得税。以此做类比，在双层合伙企业架构下，个人合伙人或企业合伙人分回的投资所得倾向于依照经营所得征收个人所得税或企业所得税。

（二）涉及合伙企业条款的协定谈签及修订滞后于发展要求

税收协定中是否包括关于税收透明体的相关规定决定着合伙企业及其合伙人是否能够享受税收协定待遇，合伙企业架构下境外税收能否进行抵免，从而对消除重复征税、促进我国企业“走出去”、增强国际竞争力起着十分重要的作用。

关于合伙企业的税收协定适用问题，最早由经济合作与发展组织研究并不断完善，相关内容已纳入 2017 年版经济合作与发展组织税收协定范本条款，为各国新签署或修订税收协定提供了参考。

我国谈签及修订的税收协定，自 2018 年开始遵循 2017 年版经济合作与发展组织税收协定范本。我国与刚果（布）、西班牙、阿根廷、意大利、新西兰都遵循了新的文本格式。该税收协定第一条第二款加入了关于税收透明体的论述，正式将合伙企业待遇问题进行了明确："对于按照缔约国任何一方的税法视为完全透明或部分透明的实体或安排，缔约国一方将该实体或安排取得或通过其取得的所得作为本国居民取得所得进行税务处理的部分，应视为由缔约国一方居民取得的所得，缔约国另一方应允许就该部分所得给予协定待遇。"但是，对于存量较大的老文本如何尽快修订和完善仍是一个亟待解决的问题。

（三）间接抵免中的层级计算不够明确

为更好地鼓励中国企业参与国际竞争，财政部、国家税务总局联合印发的《关于完善企业境外所得税收抵免政策问题的通知》规定，将间接抵免层级从三层扩大至五层。按照《中华人民共和国企业所得税法实施条例》第八十条的表述，间接控制是指居民企业以间接持股方式持有外国企业20%以上股份。从国内视角看，境外合伙企业是我国所得税法上的负有纳税义务的非居民纳税人，似应作为具有实体意义的一层计算；但由于合伙企业在大多数国家被认为是税收透明体，合伙企业本身可能没有产生可以抵免的税款，境内企业在计算税收抵免时，实际未享受到来自合伙企业税款的抵免。同时，考虑经济合作与发展组织将居民合伙人通过合伙企业持有另一方公司股份认为是直接持股，那么在境外税收抵免上，当境外企业采取合伙企业的架构时，合伙企业是否应作为境外税收抵免计算层级中的一层，在具体操作上一直存在争议。

## 三、完善合伙企业架构下的跨境税收抵免规则的建议

（一）明确所得性质的判定规则

法人合伙人从合伙企业取得的所得作为企业生产经营所得；法人合伙人通过合伙企业对其他居民企业投资，其从合伙企业取得的该项所得单独作为企业取得的股息、红利。

在合伙人取得境外合伙企业的所得时，区分境外合伙企业是税收实体还是税收透明体，前者按照企业分配股息、红利，后者与合伙人从国内合伙企业取得所得的性质判定方法基本一致。

（二）明确合伙企业架构下境外税收抵免的具体操作和执行标准

2010年7月，国家税务总局发布了《企业境外所得税收抵免操作指南》，这对税收抵免操作起着重要的指导作用，但其中缺少针对合伙企业架构下税收抵免应如何操作的相关内容，对于个人境外所得的税收抵免更是缺少规范的操作指南，因此有必要对境内合伙人通过成立境外合伙企业取得境外所得或者境内合伙人通过境内合伙企业投资境外公司取得所得的，结合税收协定是否包含关于透明体条款的内容，以及境外国家对合伙企业的纳税地位等，明确具体的计算方法，制定细致的操作规范，统一政策执行标准，为企业"走出去"提供更好的税收服务。

1. 境内合伙人通过成立境外合伙企业取得境外所得的税收抵免的具体操作

缔约国对方根据双边税收协定以及国内法的相关条款，确定境内合伙企业在当地的纳税义务。境内法人合伙人以及自然人合伙人在境外缴纳的所得性质的税款按照相关规定进行税收抵免。在计算税收抵免时，分为以下两种情况：

（1）境外合伙企业作为当地纳税实体时

当境外合伙企业作为当地纳税实体时，境内法人合伙人按分回的投资所得的比例作为股息红利计算直接抵免和间接抵免；境内自然人合伙人只能直接抵免从境外分回的股息性质的所得已纳税款，无间接抵免。

（2）境外合伙企业作为税收透明体时

当境外合伙企业作为税收透明体时，境外合伙企业的投资所得，分回给境内合伙人的部分按股息红利扣缴税款。境内法人合伙人按分回所得的投资的比例做直接抵免和间接抵免，境内自然人合伙人只能做直接抵免。

境外合伙企业的经营所得，分回给境内合伙人的部分，境内法人合伙人和自然人合伙人分别按经营所得的相关规定计算直接抵免。

2. 境内合伙人通过境内合伙企业投资境外公司取得所得的税收抵免的具体操作

（1）境内自然人合伙人的税收抵免

在税收协定没有穿透规则的情况下，境内自然人合伙人取得的合伙企业从境外分回的投资所得，只能作为来源于境内合伙企业的所得，依照个人所得税法无法进行抵免；在税收协定有穿透规则的情况下，境内自然人合伙人取得的该项所得可按照股息红利进行直接抵免。

（2）境内法人合伙人的税收抵免

在税收协定没有穿透规则的情况下，境内法人合伙人取得的合伙企业从境外分回的投资所得属于来源于境内合伙企业的所得，依照企业所得税法无法进行抵免；在税收协定有穿透规则的情况下，境内法人合伙人取得的该项所得作为股息红利可直接抵免，分回利润中境外企业已纳企业所得性质的税收进行间接抵免。

（三）加快税收协定的谈签及修订

支持企业“走出去”是税收协定谈签的一项重要原则，而税收协定中的关于税收透明体的条款能够对企业“走出去”起到积极的促进作用，因此有必要加快税收协定的谈签及对已有税收协定的修订。2017 年 6 月 7 日，包括中国在内的 67 个国家和地区在法国巴黎经济合作与发展组织（OECD）总部签署了《实施税收协定相关措施以防止税基侵蚀和利润转移的多边公约》，大量的税收协定随之进行修订，在税收协定的修订过程中对税收透明体的问题进行了明确。同时，优先开展与“一带一路”沿线国家的税收协定的谈签及修订，营造合作共赢的税收环境。

（四）分情况确定间接抵免的层数

企业“走出去”过程中多层级架构的设计，除了考虑税收因素外，还与海外并购中的融资需求紧密相关。根据中国银监会发布的《商业银行并购贷款风险管理指引》第二十一条的规定，并购交易价款中并购贷款所占比例不应高于 60%。通过层级的设置，可以有效降低每一层级贷款所占比例，降低触碰“红线”的风险。因此，在计算税收抵免时，通过合理确定合伙企业是否应作为税收抵免中的一层，能够更好支持企业“走出去”。

针对合伙企业在不同国家的纳税地位存在差异的现状，建议在间接抵免层级计算中明确：当境外合伙企业被所在国视为透明体时，由于合伙企业本身不产生可抵免的税款，不应将其作为税收抵免的一层计算；而当其作为纳税实体时，直接承担纳税义务，因此在税收抵免时，应将其作为税收抵免的一层计算。这样，不论境外合伙企业是作为税收透明体还是作为纳税实体，都可以保证境内企业真正享受到五层抵免的待遇。

**参考文献：**

曹琦欢，杨昌睿，周优. 个人境外所得的税收抵免规则与案例解析 [J]. 税务研究，2020 (5).

廖益新. 国际税收协定适用于合伙企业及其所得课税问题 [J]. 上海财经大学学报，2010 (4).

冯立增. 新中法税收协定解析 [J]. 国际税收，2014 (1).

邓睿. 合伙企业适用税收协定问题浅析 [J]. 国际税收，2018 (8).

黄素梅. 双边税收协定对合伙企业的适用研究 [M]. 北京：法律出版社，2017.

# 非税收入管理研究与探索
## ——基于部分非税项目划转税务部门的思考

国家税务总局成都市税务局非税收入课题组

**内容提要：**社保和非税收入征管职责划转税务部门，是党中央、国务院做出的重大决策部署，对于促进政府职能转变、加强政府系统廉政建设、完善现代公共财政体系等，具有重大而深远的现实意义。非税划转一年来，税务部门面临随之而来的诸多挑战和新的情况，需要厘清发展思路、破除发展“瓶颈”，以推动非税事业高质量发展。本文立足当前国内非税收入征管实际，借鉴国内外非税收入管理经验，透过法制建设、项目管理、征收管理、执法监管等视角深刻分析目前非税征管工作中存在的问题，围绕构建“四个体系”深入思考研究，并就如何深化非税收入征管改革、规范非税收入管理条分缕析、阐发见解，为推动政府职能转变、非税职责划转改革提供镜鉴和有益启示。

**关键词：**非税收入；管理；研究；探索

### 一、非税收入的概念及特征

#### （一）非税收入的概念

所谓非税收入，顾名思义，是相对于税收收入概念而言的，是指除税收以外，由政府相关部门依法利用国家权力、政府信誉等取得的各项收入。从财政收入组成来看，税收是财政收入的主要来源，而非税收入则是财政收入的重要补充形式。非税收入在2000年以前被称为预算外收入。2004年，财政部下发《关于加强政府非税收入管理的通知》，第一次从国家层面对非税收入进行了界定。随着我国宏观经济进入“三期叠加”新阶段，为推进供给侧结构性改革，财政部又于2016年3月颁布了《政府非税收入管理办法》（以下简称《办法》）。对其概念进行重新定义，明确非税收入是指除税收以外，由各级国家机关、事业单位、代行政府职能的社会团体及其他组织依法利用国家权力、政府信誉、国有资源（资产）所有者

**作者简介：**国家税务总局成都市税务局非税收入课题组组长：汪四清；课题组成员：黎隽、薛鑫泉、黎丹琳、张有发、沈言、李晓、刘欣、郭意达。

权益等取得的各项收入。《办法》将原来划分的10大类增加到12大类（新增了特许经营收入和中央银行收入），进一步细化了其来源和依据，这对进一步规范政府收支行为、健全公共财政职能起到了积极的促进作用。

（二）非税收入的特征

1. 强制性与自愿性兼有

与税收的完全强制性不同，有些政府非税收入具有强制征收的特征（如罚没收入），而有些政府非税收入则有一定的自愿性特征（如行政事业性收费、彩票公益金等），即推行自愿原则，不具任何强制性，体现“受益人缴费”的特点，且严禁强行摊派。综上所述，非税收入总体表现出强制性和自愿性兼而有之的特点。

2. 无偿性与有偿性并存

有些政府非税收入项目如政府性基金、罚没收入、以政府名义接受的非定向捐赠收入等，同税收类似，具有典型的无偿性特征；而有些政府非税收入项目，如国有资源（资产）有偿使用收入，因为被征收对象使用了国有资源，故具有明显的有偿性特征。

3. 项目用途凸显专用性

与税收收入截然不同的是，大多数政府非税收入具有专款专用的特点，其支出用途通常是与来源息息相关的。《办法》中明确的12类非税收入中，包括了按照收益和成本平衡原则收取的行政事业性收费，因支持某项事业或者项目发展而收取的政府性基金，为矫正经济社会发展负外部性而收取的罚没收入，凭借国家资源收取的国有资源（资产）有偿使用收入，以及为支持公益项目发展筹集的彩票公益金，通过垄断而获取的特许经营收入，以政府名义接受的非定向捐赠收入等。

4. 征收规模具有不确定性

部分非税项目是基于矫正经济社会发展负外部性而征收的，由于发生的偶然性，其收入存在不确定性。如四川省原由交通部门执收的公路路产损坏占用赔（补）偿费项目（2019年1月划转税务部门征收），因交通事故特有的偶然性因素以及本身属于“小概率事件”，其征收规模的大小、每一阶段发生的多寡均具有典型不确定性。

## 二、国内非税收入征管现状及存在的问题

（一）非税收入征管现状

非税收入作为财政收入的重要组成部分，随着社会经济的快速发展，全国各地的收入规模迅猛扩大，并呈现出日益明显的层级、地区差异。

1. 全国非税收入概况

图1中的数据显示，全国全口径非税收入在2012—2018年近七年来呈现逐年上升的趋势，即由2012年的55 670亿元上升到2018年的105 342亿元，年均增幅达11.22%，高于同期税收年均增幅（7.63%）3.59个百分点。此外，税收收入、非税收入、社保基金收入在财政总收入的占比也分别由2012年的53.8%、29.77%、

16.44%转化为2018年的45.9%、30.91%、23.19%，非税收入和社保基金收入规模迅猛扩大，税收收入占比的绝对优势有所弱化。其中，在非税收入的组成结构中，土地出让金收入由2012年的26 691.52亿元上升至2018年的62 910.55亿元，非税收入的占比也从2012年的47.95%上升到2018年的59.72%，“土地财政”特点尤为明显。从趋势分析看，近年来，随着非税收入、社保基金收入的强势增长，两者正在与税收收入一道成为拉动全国财政收入稳步增长的“三架马车”。

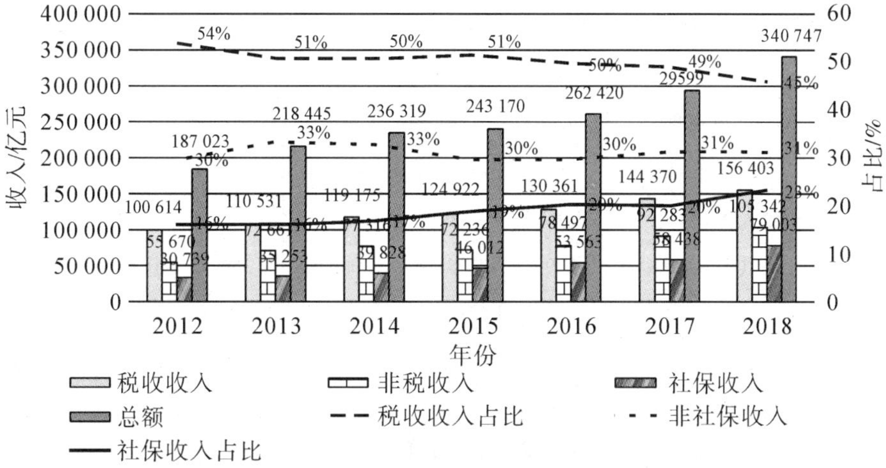


**图1 2012—2018年全国财政收入结构趋势**

备注：为完整反映财政收入组成结构，本图中的全国财政收入总额包括税收收入、非税收入、社保基金收入的财政收入（其中，非税收入为全口径非税收入，包括了一般预算管理中的非税收入、政府性基金收入、国有资本经营收入）。需要说明的是，当前国内预算管理实践中一般使用的财政收入概念主要还只是指一般预算收入，不包括政府性基金、国有资本经营收入和社保基金收入。

数据来源：2012—2016年数据来源于历年《中国财政年鉴》，2017—2018年数据来源于财政部官方门户网站相关年度财政决算报告。

2. 全国部分省（自治区、直辖市）非税收入规模

非税收入弥补了政府财政预算不足的现状，为各项基础建设提供了大量资金支持，促进了社会经济快速发展。随着社会经济不断发展，政府所承担的责任愈来愈重，所需财政资金不断增加，政府往往依靠非税收入来平衡收支，这导致非税收入在省级地方政府资金收入中的比例也越来越大。全国各省地方一般公共预算收入中的非税收入呈现出以下两个特点：一是地方非税收入规模扩大趋势快于全国。各省非税收入在地方一般公共预算收入的占比均提高了5~10个百分点，明显高于全国。二是经济欠发达地区的非税收入占比明显高于经济发达地区。以2017年非税收入占比为例，北京、上海、广东、江苏、浙江等经济发达的省市，非税收入占财政收入的占比在12%~22%波动；而四川、重庆、湖南、广西、河南等中西部经济欠发达地区的非税收入占比大大高于经济发达地区，在32%~35%波动。全国部分省（自治区、直辖市）地方一般公共预算收入情况见表1。

表 1 全国部分省（自治区、直辖市）地方一般公共预算收入情况

单位：亿元

| 地区 | 项目 | 2012 年 | 2013 年 | 2014 年 | 2015 年 | 2016 年 | 2017 年 |
|---|---|---|---|---|---|---|---|
| 北京 | 一般公共预算收入 | 3314. 93 | 3 661. 11 | 4 027. 16 | 4 723. 86 | 5 081. 26 | 5 430. 79 |
| | 其中：1. 税收收入 | 3 124. 75 | 3 514. 52 | 3 861. 29 | 4 263. 91 | 4 452. 97 | 4 676. 68 |
| | 2. 非税收入 | 190. 18 | 146. 59 | 165. 87 | 459. 95 | 628. 29 | 754. 11 |
| | 非税收入占比 | 5. 74% | 4. 00% | 4. 12% | 9. 74% | 12. 36% | 12% |
| 上海 | 一般公共预算收入 | 3 743. 71 | 4 109. 51 | 4 585. 55 | 5 519. 5 | 6 406. 13 | 6 642. 26 |
| | 其中：1. 税收收入 | 3 426. 79 | 3 797. 16 | 4 219. 05 | 4 858. 16 | 5 625. 9 | 5 865. 51 |
| | 2. 非税收入 | 316. 92 | 312. 35 | 366. 5 | 661. 34 | 780. 23 | 776. 75 |
| | 非税收入占比 | 8. 47% | 7. 60% | 7. 99% | 11. 98% | 12. 18% | 12% |
| 广东 | 一般公共预算收入 | 6 229. 18 | 7 081. 47 | 8 065. 08 | 9 366. 78 | 10 390. 35 | 11 320. 35 |
| | 其中：1. 税收收入 | 5 073. 88 | 5 767. 94 | 6 510. 47 | 7 377. 07 | 8 098. 63 | 8 871. 89 |
| | 2. 非税收入 | 1 155. 3 | 1 313. 53 | 1 554. 61 | 1 989. 71 | 2 291. 72 | 2 448. 46 |
| | 非税收入占比 | 18. 55% | 18. 55% | 19. 28% | 21. 24% | 22. 06% | 22% |
| 江苏 | 一般公共预算收入 | 5 860. 69 | 6 553. 9 | 7 233. 15 | 8 028. 59 | 8 121. 23 | 8 171. 53 |
| | 其中：1. 税收收入 | 4 782. 59 | 5 419. 49 | 6 006. 05 | 6 610. 12 | 6 531. 83 | 6 484. 33 |
| | 2. 非税收入 | 1 078. 1 | 1 134. 41 | 1 227. 1 | 1 418. 47 | 1 589. 4 | 1 687. 21 |
| | 非税收入占比 | 18. 40% | 17. 31% | 16. 96% | 17. 67% | 19. 57% | 21% |
| 浙江 | 一般公共预算收入 | 3 441. 23 | 3 796. 92 | 4 122. 02 | 4 809. 94 | 5 301. 97 | 5 804. 38 |
| | 其中：1. 税收收入 | 3 227. 77 | 3 545. 66 | 3 853. 96 | 4 168. 22 | 4 540. 08 | 4 940. 74 |
| | 2. 非税收入 | 213. 46 | 251. 26 | 268. 06 | 641. 72 | 761. 89 | 863. 64 |
| | 非税收入占比 | 6. 20% | 6. 62% | 6. 50% | 13. 34% | 14. 37% | 15% |
| 重庆 | 一般公共预算收入 | 1 703. 49 | 1 693. 25 | 1 922. 02 | 2 154. 83 | 2 227. 91 | 2 252. 38 |
| | 其中：1. 税收收入 | 970. 17 | 1 112. 62 | 1 281. 83 | 1 450. 93 | 1 438. 45 | 1 476. 33 |
| | 2. 非税收入 | 733. 32 | 580. 63 | 640. 19 | 703. 9 | 789. 46 | 776. 05 |
| | 非税收入占比 | 43. 05% | 34. 29% | 33. 31% | 32. 67% | 35. 44% | 34% |
| 四川 | 一般公共预算收入 | 2 421. 27 | 2 784. 1 | 3 061. 07 | 3 355. 44 | 3 388. 85 | 3 577. 99 |
| | 其中：1. 税收收入 | 1 827. 04 | 2 103. 51 | 2 312. 46 | 2 353. 51 | 2 329. 23 | 2 430. 32 |
| | 2. 非税收入 | 594. 23 | 680. 59 | 748. 61 | 1 001. 93 | 1 059. 62 | 1 147. 66 |
| | 非税收入占比 | 24. 54% | 24. 45% | 24. 46% | 29. 86% | 31. 27% | 32% |

表1(续)

| 地区 | 项目 | 2012 年 | 2013 年 | 2014 年 | 2015 年 | 2016 年 | 2017 年 |
|---|---|---|---|---|---|---|---|
| 湖南 | 一般公共预算收入 | 1 782.16 | 2 030.88 | 2 262.79 | 2 515.43 | 2 697.88 | 2 757.82 |
| | 其中：1. 税收收入 | 1 110.74 | 1 299.15 | 1 438.52 | 1 527.52 | 1 551.33 | 1 759.13 |
| | 2. 非税收入 | 671.42 | 731.73 | 824.27 | 987.91 | 1 146.55 | 998.69 |
| | 非税收入占比 | 38% | 36% | 36% | 39% | 42% | 36% |
| 广西 | 一般公共预算收入 | 1 166.06 | 1 317.6 | 1 422.28 | 1 515.16 | 1 556.27 | 1 615.13 |
| | 其中：1. 税收收入 | 762.46 | 875.74 | 978.07 | 1 031.65 | 1 036.22 | 1 057.69 |
| | 2. 非税收入 | 403.6 | 441.86 | 444.21 | 483.51 | 520.05 | 557.44 |
| | 非税收入占比 | 35% | 34% | 31% | 32% | 33% | 35% |
| 河南 | 一般公共预算收入 | 2 040.33 | 2 415.45 | 2 739.26 | 3 016.05 | 3 153.47 | 3 407.22 |
| | 其中：1. 税收收入 | 1 469.57 | 1 764.71 | 1 951.46 | 2 101.17 | 2 158.44 | 2 329.31 |
| | 2. 非税收入 | 570.77 | 650.74 | 787.8 | 914.88 | 955.03 | 1 077.91 |
| | 非税收入占比 | 28% | 27% | 29% | 30% | 30% | 32% |

数据来源：2012—2017 年《中国财政年鉴》。

注：受数据来源限制，本文在分析全国部分省（自治区、直辖市）的非税收入时，仅为地方一般公共预算收入下的非税收入，即小口径非税收入，不含政府性基金收入、国有资本经营收入。

3. 全国部分副省级城市非税收入规模

从表 2 中的数据可以看出，广州、深圳、宁波、大连、成都、南京、西安等 9 个副省级城市，其市级非税收入的增长趋势与各省（自治区、直辖市）的分布特点大体一致。总体呈现出沿海经济发达城市（如广州、深圳、宁波、大连）的非税收入占比较低，基本在 17%~20%波动；而内陆城市如成都、南京，其非税收入占比明显高于前面所提到的沿海发达地区，基本在 30%~35%波动。

**表 2　全国部分副省级城市地方一般公共预算收入情况**　　单位：万元

| 地区 | 项目 | 2012 年 | 2013 年 | 2014 年 | 2015 年 | 2016 年 | 2017 年 | 2018 年 |
|---|---|---|---|---|---|---|---|---|
| 大连 | 一般公共预算收入 | 750.11 | 850.17 | 780.67 | 579.91 | 611.9 | 657.73 | 704 |
| | 其中：1. 税收收入 | 598 | 677.83 | 615.34 | 473.1 | 486.62 | 515.2 | 538.7 |
| | 税收收入占比 | 79.72% | 79.73% | 78.82% | 81.58% | 79.53% | 78% | 77% |
| | 2. 非税收入(小口径) | 152.11 | 172.34 | 165.33 | 106.81 | 125.28 | 142.53 | 165.3 |
| | 非税收入占比 | 20.28% | 20.27% | 21.18% | 18.42% | 20.47% | 22% | 23% |

表2(续)

| 地区 | 项目 | 2012 年 | 2013 年 | 2014 年 | 2015 年 | 2016 年 | 2017 年 | 2018 年 |
|---|---|---|---|---|---|---|---|---|
| 宁波 | 一般公共预算收入 | 725. 5 | 792. 81 | 860. 61 | 1 006. 41 | 1 114. 54 | 1 245. 07 | 1 379. 66 |
| | 其中：1. 税收收入 | 667. 84 | 733. 72 | 795. 73 | 848. 16 | 924. 22 | 1 043. 74 | 1 178. 66 |
| | 税收收入占比 | 7. 95% | 7. 45% | 7. 54% | 15. 72% | 17. 08% | 84% | 85% |
| | 2. 非税收入(小口径) | 57. 66 | 59. 09 | 64. 88 | 158. 25 | 190. 32 | 201. 33 | 201 |
| | 非税收入占比 | 7. 95% | 7. 45% | 7. 54% | 15. 72% | 17. 08% | 16% | 15% |
| 厦门 | 一般公共预算收入 | 432. 28 | 500. 56 | 556. 21 | 606. 09 | 647. 93 | 696. 78 | 753. 94 |
| | 其中：1. 税收收入 | 362. 65 | 421. 68 | 469. 2 | 495. 36 | 527. 95 | 563. 43 | 622. 42 |
| | 税收收入占比 | 83. 89% | 84. 24% | 84. 36% | 81. 73% | 81. 48% | 81% | 83% |
| | 2. 非税收入(小口径) | 69. 63 | 78. 88 | 87. 01 | 110. 73 | 119. 98 | 133. 35 | 131. 52 |
| | 非税收入占比 | 16. 11% | 15. 76% | 15. 64% | 18. 27% | 18. 52% | 19% | 17% |
| 青岛 | 一般公共预算收入 | 670. 18 | 788. 93 | 895. 36 | 1 006. 33 | 1 100. 03 | 1 157. 1 | 1 231. 9 |
| | 其中：1. 税收收入 | 524. 56 | 650. 99 | 748. 76 | 777. 41 | 761. 37 | 823. 9 | 905. 9 |
| | 税收收入占比 | 78. 27% | 82. 52% | 83. 63% | 77. 25% | 69. 21% | 71% | 74% |
| | 2. 非税收入(小口径) | 145. 62 | 137. 94 | 146. 6 | 228. 92 | 338. 66 | 333. 2 | 326 |
| | 非税收入占比 | 21. 73% | 17. 48% | 16. 37% | 22. 75% | 30. 79% | 29% | 26% |
| 深圳 | 一般公共预算收入 | 1 482. 08 | 1 731. 26 | 2 082. 73 | 2 726. 85 | 3 136. 49 | 3 332. 13 | 3 538. 41 |
| | 其中：1. 税收收入 | 1 329. 98 | 1 498. 92 | 1 754. 84 | 2 272. 23 | 2 488. 88 | 2 654. 89 | 2 899. 6 |
| | 税收收入占比 | 89. 74% | 86. 58% | 84. 26% | 83. 33% | 79. 35% | 80% | 82% |
| | 2. 非税收入(小口径) | 152. 1 | 232. 34 | 327. 89 | 454. 62 | 647. 61 | 677. 24 | 638. 81 |
| | 非税收入占比 | 10. 26% | 13. 42% | 15. 74% | 16. 67% | 20. 65% | 20% | 18% |
| 广州 | 一般公共预算收入 | 1 102. 4 | 1 141. 8 | 1 241. 5 | 1 349. 1 | 1 371. 4 | 1 520 | 1 596 |
| | 其中：1. 税收收入 | 812. 96 | 905. 7 | 994. 9 | 1 056 | 1 055. 2 | 1 219. 8 | 1 313. 95 |
| | 税收收入占比 | 74% | 79% | 80% | 78% | 77% | 80% | 82% |
| | 2. 非税收入(小口径) | 289. 44 | 236. 1 | 246. 6 | 293. 1 | 316. 2 | 300. 2 | 282. 05 |
| | 非税收入占比 | 26% | 21% | 20% | 22% | 23% | 20% | 18% |
| 成都 | 一般公共预算收入 | 780. 9 | 898. 5 | 1 025. 2 | 1 154. 4 | 1 175 | 1 275. 5 | 1 424. 2 |
| | 其中：1. 税收收入 | 571. 6 | 665. 7 | 774. 9 | 798. 3 | 842. 12 | 900. 85 | 1 067. 8 |
| | 税收收入占比 | 73% | 74% | 76% | 69% | 72% | 71% | 75% |
| | 2. 非税收入(小口径) | 209. 3 | 232. 8 | 250. 3 | 356. 1 | 333. 29 | 374. 68 | 356. 36 |
| | 非税收入占比 | 27% | 26% | 24% | 31% | 28% | 29% | 25% |

表2(续)

| 地区 | 项目 | 2012 年 | 2013 年 | 2014 年 | 2015 年 | 2016 年 | 2017 年 | 2018 年 |
|---|---|---|---|---|---|---|---|---|
| 南京 | 一般公共预算收入 | 733 | 831. 31 | 903. 49 | 1 020. 03 | 1 142. 6 | 1 271. 9 | 1 470 |
| | 其中：1. 税收收入 | 602. 53 | 684. 47 | 757. 21 | 838. 67 | 956. 36 | 1 044. 6 | 1 242. 5 |
| | 税收收入占比 | 82. 20% | 82. 30% | 84% | 82% | 84% | 82% | 85% |
| | 2. 非税收入(小口径) | 130. 47 | 146. 84 | 146. 28 | 181. 36 | 186. 24 | 227. 3 | 227. 5 |
| | 非税收入占比 | 18% | 18% | 16% | 18% | 16% | 18% | 15% |
| 西安 | 一般公共预算收入 | 396. 96 | 501. 98 | 583. 79 | 650. 98 | 641. 07 | 654. 5 | 684. 70 |
| | 其中：1. 税收收入 | 322. 08 | 376. 09 | 423. 39 | 408. 69 | 370. 56 | 448. 99 | 556. 66 |
| | 税收收入占比 | 81% | 75% | 73% | 63% | 58% | 69% | 81% |
| | 2. 非税收入(小口径) | 74. 88 | 125. 89 | 160. 4 | 242. 29 | 270. 51 | 205. 51 | 128. 04 |
| | 非税收入占比 | 19% | 25% | 27% | 37% | 42% | 31% | 19% |

数据来源：2012—2017 年《中国财政年鉴》、相关副省级城市财政部门官网发布的相关财政决算报告。

注：受数据来源限制，本文在分析部分副省级城市的非税收入时，仅为地方一般公共预算收入下的非税收入，即小口径非税收入，不含政府性基金收入、国有资本经营收入。

4. 成都税务部门近年非税收入征管情况

（1）非税收入规模

成都市税务系统在 2012—2019 年，受“五路一桥费”“价调基金”等项目停征的影响，其非税收入除 2016 年有小幅波动外，总体呈现稳步增长的态势。从绝对规模看，其非税收入从 2012 年的 73. 52 亿元（含原国税、地税部门分别征收的非税收入项目）上升到了 2019 年 1~11 月的 170. 4 亿元，2019 年同期成都市非税收入占全省非税收入的比重为 61. 16%，较成都市税收收入占全省税收收入的比重增加了 9. 16 个百分点。税务机关征收的非税收入在税务系统组织收入的占比也由 2012 年的 4. 8%上升到了 2019 年 1~11 月的 5. 49%。

**图 2　2012—2019 年成都市税务系统组织非税收入情况**

数据来源：成都市税务系统收入规划核算部门会统报表。

（2）非税收入现有结构

成都市税务系统在2012—2019年就24个非税收入项目进行了征收，剔除“五路一桥费”“价调基金”等9个项目停征的影响，目前正常征收的项目有15个。其中，2018年成都国、地税机构合并前征收的原有非税项目8项（含工会经费），2019年1月1日起新划转非税项目7项。

原有8项非税项目分别是教育费附加、地方教育费附加、残疾人就业保障金、省级大中型水库库区基金、国家重大水利工程建设基金、文化事业建设费、废弃电器电子产品处理基金等，均属于地方政府非税收入项目大类中的“政府性基金”。

7项新划转项目分别是：第一，财政部驻川专员办划转的6个非税项目，即农网还贷资金、大中型水库移民后期扶持基金、跨省大中型水库库区基金、可再生能源发展基金、石油特别收益金、免税商品特许经营费。除免税商品特许经营费外，其余5项也均属于“政府性基金”。第二，地方划转（省政府交通厅划转）的公路路产损坏占用赔（补）偿费，该项目属于行政事业型收费。我们习惯上将其简称为“6+1”划转项目。

（3）采取的主要征管措施

一是强化大数据分析，夯实征管基础。以“金税三期”系统并库上线运行为契机，有效利用“互联网+”和“智慧税务”大数据分析平台，联合征管部门充分运用“金税三期”决策一包、二包等大数据推送，强化教育费附加、工会经费、残保金等非税收入项目的相关数据的跨税（费）种联动分析和税费种鉴定指标清理。二是规范政策管理，强化缴费辅导。全面系统梳理并汇总形成了《成都市税务系统非税收入项目政策汇编》和“非税收入项目政策一览表”，将非税收入各项目的征收程序以及工会经费征缴过程中涉及的申报、审核、征收、缴纳、清欠等环节纳入规范化管理体系。三是加强沟通协作，形成部门合力。加强与财政、金库、工会、残联等部门的协作配合，畅通信息渠道，建立起了长期有效的工作联系机制。四是探索联合培训，提升队伍素质。除加强对税务人员内部业务培训外，还积极创新联合培训模式，探索和外部门开展业务“联训”。2019年，成都市税务系统与市总工会联合举办“工会经费征管工作综合能力素质提升培训班”，拓宽了部门间的合作渠道，增进和加深了友谊，形成了共管共赢的良好局面。

### （二）非税收入管理存在的主要问题

1. 法制化建设进程相对缓慢

作为国家财政收入的重要组成部分，非税收入至今没有全国性、权威性、统一性的法律作为支撑依据，即缺乏一套完整的法律体系对其加以约束和规范。目前，非税收入全国性的规章制度，仅有2016年出台的《政府非税收入管理办法》，而该文件也仅停留在部门规章层面。部分省市（如湖南省、辽宁省、广州市）也曾根据自身的情况制定了相应的地方性法规或政府性规章，但是无论是从认识程度还是从权威性、及时性上都远远不够，这无疑在很大程度上制约了非税收入管理的法制化、规范化进程。

2. 操作流程上缺乏全国统一的非税收入征管工作规范

2019年自部分非税项目划转至税务部门征收后，操作层面缺乏全国统一的非税收入征管规范，征管流程、适用执法文书等缺乏统一规范。例如，在向缴费人发出催缴通知时，适用什么文书？在企业注销清税时，是否必须强制对非税项目缴纳情况进行清算？如何处理和简易注销的关系？又如，非税项目具体的退费流程及部门间职能职责如何划分？等等。由于缺乏一套完整的征管工作规范，税务机关在日常管理工作中还存在心有余而力不足的现象。

3. 票据管理尚没有全面统一规范

由于我国非税收入具有零星分散、项目众多、差异性大的特点，在征收上一般采用集中汇缴和直接缴款模式。票据是非税收入管理的源头，但目前依然存在两个方面的问题：一是其他非税收入执收部门（指除税务部门外的其他部门）征收的非税项目，票据使用和管理秩序有待进一步加强，如收费、罚没票据、财政收款收据混用等，核销和监控体系（尤其是针对医疗等特殊行业）不完善；二是税务部门征收的非税项目，在票据管理方面，也存在部门间的分歧。对于税务部门征收的非税项目，税务部门认为应使用统一的税收缴款书，可以规范、便捷地实现收缴非税收入款项实时入国库；而财政部门认为应使用财政部门出具的非税收入一般缴款书。

4. 执法监管权分散导致征管效率不高

按照《中华人民共和国预算法》《财政违法行为处罚处分条例》的相关规定，财政、审计等部门承担了政府非税收入执法监督职能，但还缺乏明确分工。此外，税务部门在非税收入执法工作中，还处在比较尴尬的境地。目前，相关法律法规已明确可以适用税收征管相关规定的非税收入有“两教”、废弃电器电子产品处理基金等三个项目。但除上述三个项目外，对于缴费人可能出现的不申报、申报不实等问题，税务机关尚不具有检查权、处罚权，以至于在执法、监管工作中存在困难。例如，残疾人就业保障金，其残疾人安置情况的审核权在残联，征收权在税务部门，催缴及处罚权在财政部门，税收减免退费的审批权也在财政部门。同一个项目执法权的分散，必然导致多部门的职责交叉，这在一定程度上会降低税收征管质效。

5. 新增划转项目和划转方向还有待进一步明确

2018年党中央、国务院决定将非税收入划转税务部门征收，按照“成熟一批、划转一批”的原则，划转工作应于2020年12月31日前全面完成。国家税务总局也在《关于国家重大水利工程建设基金等政府非税收入项目征管职责划转有关事项的公告》中，明确了11项非税项目的划转。但在2019年，国家因实施大规模减税降费，暂未做划转改革工作的后续部署，也无除上述11项以外的新增划转项目。

（三）各地创新做法

目前，尽管制约非税收入发展的问题不少且大多属于共性问题，但全国各地在非税收入管理方面积极探索创新，不遗余力，如前面提到的湖南、辽宁、厦门、广州等地。其共同点主要有：第一，探索非税项目规范管理，切实摸清家底；第二，实行财政票据清理简并，解缴核销向电子化迈进；第三，推进信息化建设向纵深发展，切实做到便民高效，不断优化税收营商环境。

1. 湖南

湖南省最早提出非税收入的概念，早在 2004 年湖南省就率先出台了地方性的非税收入管理条例，经过多年发展形成了全国闻名的“湖南模式”。一是全面清理非税收入项目。凡是不利于社会经济有序发展的收费一律取消，同时严格控制新增项目审批和收入基金会，减轻企业和社会负担。二是推动税费改革。三是建立规范的监督管理体系。湖南省建立了由财政、纪检监察、审计、物价等部门组成的多层次、多方位综合行政架构体系，同时设立了举报奖励制度，以扩大监管范围。

2. 辽宁

一是在全国率先编制非税收入目录。辽宁省政府通过编制非税项目目录，并在政府网站向社会公布，保证民众可以通过查询相关信息确认所缴费用的合法合规性，促进依法行政和依法追缴。二是建章立制加强法律体系建设。该省自 2007 年颁布非税收入管理办法后，先后制定了行政事业性收费、水利、国土、林业等数十个综合性或专项征收管理使用办法，不断完善法律体系建设。三是清理简并财政票据种类。该省将以前的数十种、百来个样式的财政票据进行全面清理，确定了 19 种、44 个样式的财政票据体系。

3. 厦门

近年来，厦门市持续探索、创新非税收入信息化建设，形成了非税收入改革的“厦门模式”。一是全年推进非税收入信息系统建设。二是在全国率先推行医疗票据电子核销。提高票据防伪水平，有效监控医疗收费行为，防止违规行为发生。三是创新多维度收缴方式。缴费人可以通过银联 POS 机刷卡和有线电视、网上银行、手机银行、财政非税自助缴款打票机、财政非税网等多渠道进行缴款，从而大大提升了办事效率。

4. 广州

一是强化队伍建设。广州市自 2005 年起成立了广州市财政局征管分局，专职负责非税收入的管理、指导和监督检查。二是强化资金入库管理。广州市建立了国库支付统一账户，强化系统监控；规范财政专户清理工作，所有资金纳入预算管理；积极稳妥推进清税减费政策，先后取消、停征 56 项行政事业性收费，对健康养老服务工程减免 13 项行政事业性收费，对所有小微企业免征 42 项行政事业性收费。三是强化票据管理。严格把关，强化票据专管员岗位责任意识，确保财政票据安全；教育收费票据全面实现电子核销。四是加强信息化建设。广州市建立起覆盖全市的非税收入征收管理系统；顺应互联网发展趋势，提供多项便捷缴费方式。五是强化监督检查。日常管理充分发挥经常性监督职能。定期对执收单位的数据资料进行分析，发现问题及时予以纠正；严格开展专项检查，逐年增加重点检查户数，扩大覆盖面，并将非税收入与票据管理、国有资产有偿使用和报批情况检查相结合，坚持以查促管、以查促收。

## 三、国外非税收入管理的现状以及经验借鉴

非税收入不仅仅是“中国造”，国际上对非税收入也有明确界定——国际货币基金组织（IMF）规定，财政收入包括税收收入、社会保险缴费、赠予和其他收入（包括政府的财产收入、商品和服务收入、罚没收入），其中赠予和其他收入被视为非税收入。世界银行认为，非税收入是政府为公共目的而取得的无须偿还的收入，如罚款、管理费、政府财产经营收入等，以及政府以外的单位自愿和无偿向政府支付的款项等。经济合作与发展组织认为，税收收入与非税收入的界限在于是否具有对应补偿性。

相较而言，非税收入存在的比重与市场发展程度相关，绝大多数经济发达国家的非税收入占财政收入的比重相对较低，而发展中国家的非税收入占比则较高。国际货币基金组织2015—2017年GFS数据库（统计年鉴）数据显示，高收入发达国家的非税收入占财政收入的比重一般在5%~10%，且呈现逐年下降趋势，如美国、加拿大、英国、法国、德国等国的非税收入在其财政收入中的占比分别由2014年的7.67%、8.31%、7.19%、6.53%、5.69%下降到了2017年的6.07%、7.92%、6.38%、6.29%、4.82%；中等收入国家的非税收入在其财政收入中的占比为15%~25%；低收入发展国家的非税收入在其财政收入中的占比为20%~40%（见表3）。

**表3 各相关国家中央政府财政收入**

| 项目 | 美国（2017年，亿美元） | 加拿大（2017年，亿加元） | 英国（2016年，亿英镑） | 法国（2016年，亿欧元） | 德国（2016年，亿欧元） | 澳大利亚（2016年，亿澳元） | 韩国（2016年，亿韩元） | 印度（2013年，亿卢比） | 伊朗（2009年，亿里亚尔） | 缅甸（2017年，亿缅元） |
|---|---|---|---|---|---|---|---|---|---|---|
| 财政总收入 | 38 706 | 3 739 | 6 954 | 9 959 | 8 935 | 4 129 | 4 533 000 | 141 790 | 10 423 000 | 149 656 |
| 一、税收 | 23 482 | 2 607 | 5 026 | 5 158 | 3 535 | 3 699 | 2 434 000 | 123 587 | 3 022 000 | 54 425 |
| （一）收入、利润和资本所得税 | 19 440 | 2 023 | 2 342 | 2 530 | 1 558 | 2 651 | 1 233 000 | 66 044 | 2 017 000 | 19 360 |
| 个人 | | | | | | 1 920 | | 24 090 | 340 720 | |
| 公司和其他企业 | | | | | | 710 | | 41 950 | 1 675 260 | |
| （二）工资税 | | | | 257 | | 7 | | | | |
| （三）财产税 | 2 719 | | 340 | 181 | | | 67 000 | 95 | 11 000 | 6 |
| （四）货物和服务税 | 938 | | 2 313 | 2 179 | 1 977 | 901 | 994 000 | 38 709 | 366 000 | 29 419 |
| 增加值、销售和交易税 | | | | | | | | | 310 150 | |
| 货物税 | | | | | | 220 | | 19 720 | 19 420 | |
| （五）国际贸易税 | 385 | 56 | | −1 | | 141 | 82 000 | 18 731 | 626 000 | 4 900 |
| （六）其他税 | | | 31 | 12 | | | 58 000 | | 3 000 | 750 |
| 二、社会缴款 | 12 875 | 836 | 1 484 | 4 175 | 4 969 | | 1 000 000 | 270 | 1 948 000 | 831 |
| （一）社会保障缴款 | 12 784 | | 1 218 | 3 674 | 4 877 | | 1 054 000 | | 1 948 000 | 831 |
| （二）其他社会缴款 | 92 | | 266 | 501 | 93 | | 123 000 | 270 | | |
| 三、捐赠收入 | 8 | 10 | 4 | 44 | 88 | 5 | 50 000 | 146 | | 6 511 |

表3（续）

| 项目 | 美国（2017年，亿美元） | 加拿大（2017年，亿加元） | 英国（2016年，亿英镑） | 法国（2016年，亿欧元） | 德国（2016年，亿欧元） | 澳大利亚（2016年，亿澳元） | 韩国（2016年，亿韩元） | 印度（2013年，亿卢比） | 伊朗（2009年，亿里亚尔） | 缅甸（2017年，亿缅元） |
|---|---|---|---|---|---|---|---|---|---|---|
| （一）来自外国政府捐赠收入 | 8 | | | | | | | 146 | | |
| （二）来自国际组织捐赠收入 | | | 2 | | 29 | | | | | 6 511 |
| （三）来自政府机构捐赠收入 | | | 2 | 44 | 59 | 5 | 50 000 | | | |
| 四、其他收入（政府的财产收入、商品和服务收入、罚没收入等） | 2 341 | 286 | 440 | 582 | 343 | 425 | 872 000 | 17 787 | 5 453 000 | 87 889 |

数据来源：国际货币基金组织 GFS 数据库，根据“IMF，Government Finance Statistics，Yearbook 2018”中的相关数据计算求得。

## （一）管理现状

### 1. 美国

美国政府财政收入总体上以税收为主，非税收入的比重较低。2017 年，美国的非税收入为 2 349 亿美元，在全美（联邦、州和地方）财政总收入中所占的比例为 6.07%。美国政府非税收入主要来源于捐赠、政府所有的企业和公共财产收入、公共设施使用费、行政性收费、罚款和没收资产收入。总体上讲，美国的非税收入受到严格规范的管理和控制，对于收费项目和数额的管理控制，与开征地方税收的管理基本上是一样的，都要由地方政府议会或社区的选民投票来决定。

美国的非税收入具有如下特点：一是立法明确非税收入管理。早在 1952 年，美国国会就通过了《独立办公室拨款法》（*the Independent Offices Appropriations Act*，IOAA），规定行政机构应依据该法要求设立非税收入项目。二是非税收入项目数量众多。2012 年美国联邦审计办公室年报显示，24 个主要行政机构的非税收入项目综合增加至 3 666 个，较 1996 年增加了 6 倍多。三是非税收入征收管理采取统一的电子化征收。目前，美国财政部注册的电子支付平台已经集成了大部分联邦政府机构的收费职能，实现了非税收入征收的电子化。四是监督管理体系严密。在非税收入监督上，美国采取机构自查和外部监督并举的方式。其中，外部监督主体由总统预算和管理办公室、联邦审计办公室和国会预算办公室组成，三个部门有明确的分工，各司其职，实施监督管理。

### 2. 加拿大

加拿大的非税收入主要包括货物和劳务销售收入、自然资源收入、证照收费、投资收入等。2017 年，加拿大非税收入为 296 亿加元，在财政总收入中所占的比例为 7.92%。联邦政府非税收入主要来源于国有资产经营收益，占本级财政收入的比重较低，只起补充作用；省级非税收入来源渠道比较广泛，成为省级政府的重要收入来源；地方非税收入主要来源于提供公共服务的收费收入。加拿大各级政府十分重视非税收入管理，通过立法建立了一整套比较完善的非税收入管理制度。一是法律规定，实行分级管理；二是收支公开透明，实行听证协商制度；三是政府集中统管收支，纳入财政预算管理；四是采取多种收缴方式，严格收缴管理程序，联邦非税收入主要由海关和收入总局负责征收；五是建立收支审查制度，加强公众监督。

3. 澳大利亚

澳大利亚的非税收入主要包括国有公司分红收入、公共物品和服务销售收入、利息收入等。2016 年，澳大利亚非税收入为 431 亿澳元，在财政总收入中所占的比例为 4.82%。澳大利亚的非税收入有如下特点：一是通过严格的法律程序确定政府收费项目；二是以“成本补偿”为原则确定收费标准；三是统一纳入预算管理，且受到严格的程序控制。

4. 新加坡

2016 年，新加坡的非税收入为 227 亿新元，在财政总收入中所占的比例为 27.88%。其非税收入主要包括：罚款收入。新加坡国土有限，为形成有效的秩序，新加坡政府“重典治国”，对违法者处以高额罚款，如在地铁里随地吐痰最高可处罚款 1 000 新元。收取交通通行证费。提高小汽车税捐和私人购买小汽车价款并开征汽车路税。在征收管理上有三种方式：一是由税务部门直接征收（如汽车路税等），二是由法庭组织征收（主要是罚金收入），三是由有关部门组织征收并上缴国库。

5. 法国

法国行政层级分为中央、大区、省和市镇四级。其非税收入主要包括国有企业的经营收入、国家贷款和垫款的利息收入、国家财产收入和国家行政部门的业务收入、罚款收入等。2016 年，法国的非税收入为 626 亿欧元，在财政总收入中所占比例为 6.29%。其非税收入受到严格管理：一是非税收入立项和审批需要经过一定的法定程序论证，收费项目和标准由《财政法案》提出，国民议会审议通过，中央政府审批；二是非税收入一般由财政部门直接负责，进入财政账户；三是非税收入全额由财政预算统一安排，与部门利益无直接关系；四是法国的议会负责监督检查政府预算支出能否反映市民意愿，审计机构全年进行定期或不定期的检查，提交审计报告，并向市民公开。

（二）可借鉴之处

1. 项目确立的法制化

西方发达国家在准备颁布实施某一项非税收入条款时，通常都会按照既有法定程序进行上位法的制定和议会投票表决，并在日常实施过程中严格按照非税法律条款内容进行收支管理，做到执行上有法可依、细则上有章可循。例如，澳大利亚政府的收费审批权集中在联邦和州两极，收费机构若要设立新的收费项目，就必须按照该机构的隶属关系，向其所属国库部提出申请，经其国会或州议会审议通过后，再以联邦法律或州法律形式颁布才可实施。

2. 项目定价的科学化

作为政府非税收入管理的重点之一，非税项目的定价始终被各国政府重视。目前，尽管各国政府对非税项目定价时所遵循的原则在称谓上有所区别，但多数发达国家基本上是以低于平均成本的边际成本为标准进行定价的，即力求其定价能够兼顾政府补偿成本的需要和社会公众的普遍承受能力。例如，美国法律明确规定所有项目的价格水平均不能超过政府提供服务或福利的成本，不能超过外溢损失的额度，其相关管理部门都要定期对政府所提供的公共服务和准公共服务成本进行严格精确测算，以增强项目定价的科学性和可控性。

3. 预算管理的规范化

政府非税收入作为财政收入的组成部分，同税收一样，必须纳入预算管理，这是国外政府非税收入管理的共同做法。例如，依据加拿大联邦《财政管理法》的规定，联邦政府和相关机构所收取的各项政府非税收入（主要指收费）都须存入“综合收入基金”账户中作为预算收入，由政府统一安排使用，不与征收部门的支出相挂钩。

4. 收缴方式的现代化

近年来，随着全球信息网络化水平的迅速提高，发达国家政府非税收入的征收工作开始广泛地借助先进、完善的计算机网络系统进行，这使得缴费方式更加灵活，收缴效率日益提高。例如，通过“消费者自动银行”予以自动划转、通过电话委托缴付以及通过邮寄付款等缴费方式已逐渐取代了传统的人工收缴方式。

5. 资金监管的透明化

在国外政府非税收入管理过程中，非税资金使用的透明化主要体现在两个方面：一是各级政府会通过多种方式定期向公众公布非税资金的征收和使用情况，接受其监督，如公众一般可以通过政府网站查询到近期政府非税收入的具体使用方向；二是实行非税收入全流程监督。从非税项目的设立、变更、预算和支出都有较为完善的审查监督机制，不仅有政府内部专项财政、审查机构的监督管理，还要受到议会的质询和媒体的舆论监督，国家年度非税专项预算和决算都会定期通过政府网站向民众公布和查询，从而实现对非税资金多方位、多层面的监管。

## 四、对深化非税收入管理改革的对策思考

### （一）改革目标

按照建立社会主义市场经济和公共财政体制框架的要求，结合行政管理体制改革和政府职能转变，厘清中央与地方政府之间的事权、财权范围，完善分税制财政体制，明确非税收入“国家所有、政府统筹、多部门执收、财政管理”的改革基调。建立统一的财政体系，将所有履行一定政府职能的非税项目纳入政府预算管理范畴，合理规范非税项目结构框架。构建非税收入法律体系，依法依规征收、按标准征收，约束地方政府行政干预，最大限度地保障国家行政管理效益和

公共财政社会经济效益协同发挥作用。建立统一、严格、全面、系统的非税项目审批设立、预算收支、管理处罚和监督检查制度机制，最终实现非税收入法制化、规范化、科学化、精细化、信息化“五化”管理目标。

（二）对策和措施

1. 建立完备的法律规章制度体系

相较于税收，非税收入征管的不足主要体现为立法层级较低，这无疑降低了非税收入征管的法律效力，增大了监管难度。因此，要推动“政府非税收入征收管理法”及其配套实施条例或细则以及各项目征管操作规范的出台，明确非税收入的概念、性质、范围、管理原则、征收管理的权利义务、法律责任等具体内容，就征管查罚具体流程与权限范围、各环节文书适用格式等内容做出明确规定，共同构建完备的非税收入法律规章制度体系，实为深化非税收入管理改革的核心要义。

构建非税收入法律规章制度体系，要做到“七个统筹”：一是要统筹法定性与科学性，既要依照法定的权限和程序制定合法的、具有约束力的法律规范，又要满足我国非税收入管理实际和财政需求；二是要统筹政策性与规范性，将党的路线、方针、政策具体化，同时科学、规范具体操作规程，明晰职责界限；三是要统筹原则性与灵活性，宏观上坚持法制要求和统一预算、统筹安排、收支分离目标，微观上灵活考量方式方法和实现时限的差异性，保证行政管理和财政收入的执行质量；四是要统筹普遍性和特定性，在明确非税收入征管普遍规定的前提下，完善针对特定管理对象、收取项目、支出范围方面的明细要求；五是要统筹针对性和可操作性，针对实际工作中突出的、必须由法律法规予以解决的问题，从符合法理、非税收入管理规律、财政收支大局的角度出发，将过去缺失、冲突、重复的条款及时加以修订完善；六是要统筹公平公正性和效益性，充分考虑中央与各级地方政府事权、财权划分，发挥好非税收入对税收的补充调节作用，清晰界定各主体间的权责界限，兼顾政府、缴费人各方利益，提高使用效益；七是要统筹稳定性和前瞻性，与现行行政管理体制、税收协同关系相适应，维持社会经济发展和财政管理的相对稳定，同时实时跟进社会政治、经济状况变化，予以更新和修改补充。

2. 建立规范合理的非税收入项目结构体系

一是停征部分不合理、不合法的项目，主要包括过去因政府职权不清，或特定阶段内为筹集资金而设立的非税收入项目；二是将政府借由市场取得的经营性、服务性收入转化为收费，明确其不体现政府职能、通过等价交换形成价格的特性；三是结合税制改革，将一些具有税收性质和功能的收费项目改为税收，该类项目征收范围广泛，受益范围窄，不具备明显的利益补偿性质，且已形成规范的征收模式，来源稳定且规模大，适宜纳入税收范畴进行征管；四是保留具有明确、合理征收依据的非税项目，主要包括使用费和登记费、办理证照手续费等行政规费。

3. 建立科学高效的非税收入管理保障体系

（1）深化非税票据管理改革

建议对税务部门负责征收的项目，统一规范使用税收通用缴款书，实行“税务开票、银行代收、实时入库”的征缴方式。由其他政府部门执收的项目也建议规范票据种类，统一使用非税收入一般缴款书，载明执收单位名称、收入项目明细，以及付款人名称、收款人名称、开户银行、行号、金额等内容，以强化对一些不规范行为的管理。在此基础上，进一步规范非税收入票据使用与核销的日常管理，构建基于互联网的非税收入票据综合管理电子信息系统，实现非税收入收缴、清分、退付以及电子票据开具、查询、报销入账等全流程电子化管理，与当前政务网上办理的发展趋势相匹配。

（2）加快推进非税收入征管机构建设

现阶段，我国非税收入征收管理部门过多过杂，缺乏统一的征收管理机制，造成参与非税收入征收管理支出全流程的众多政府部门，包括代行政府职能的组织，未能从根本上形成规范管理的意识。在“国家所有、政府统筹、多部门执收、财政管理”的权责分立体制中起管理作用的财政部门，更多的也是采取间接监管的形式。加之自 2018 年各省级财政部门进行机构改革以来，机构设置上专司非税收入管理的部门缺失，职能分散，如四川省财政厅目前的做法就是把原非税收入处业务分别划分到国库处、法规处，这在上下对接、管理力度方面都存在不足。

推进非税收入管理改革，加快推进非税收入征管机构建设是关键。要明确征管主体，设立专门机构统一政府非税收入的征收管理，改变长期以来政府非税收入“谁收、谁用、谁管”的传统做法，采取将政府非税收入与税收同征共管的征管模式，将征收管理权限相对集中于财政专门的政府非税收入征管机构，实现非税收入项目归口管理，改变分散现状，理顺征收关系，提高管理效率，在项目立项、收入管理、数据统计、资金支出等环节形成协调机制，减轻非税收入征缴成本及企业经营负担。

（3）加快非税项目划转改革工作进程

众所周知，税务部门是一国法定税收征收机构。在国外，它不仅收税，而且征收非税收入。正因为如此，许多国家的税务局不叫税务局，而是叫“收入局”。譬如，美国称之为“国内收入局”，加拿大称之为“收入局”，英国称之为“皇家收入与关税局”。

根据中共中央办公厅、国务院办公厅印发的《国税地税征管体制改革方案》，按照便民、高效的原则，合理确定非税收入征管职责划转到税务部门的范围，对依法保留、适宜划转的非税收入项目坚持成熟一批划转一批，逐步推进。

税务部门征收非税收入有着不可比拟的优势。一是税务部门有一支专业的征收队伍，包括税（费）源分析、评估和税务稽查等专业人员，这些人员都经过多年的培训，有丰富的实战经验，完全能胜任征收非税收入的工作。二是税务部门的征收手段先进，“金税工程”三期早已上线，税务与工商、公安、海关和社保等部门已经或即将联网，通过大数据、云计算等科技手段，可以大大提高非税收入的征管效率。三是税务部门与缴费单位常年打交道，在征缴过程中对这些单位的基本情况早已了如指掌，如社会保险费的缴费基数是职工工资总额，税务部门在征收企业所得税和个人所得税时都需要掌握这个数据，这样在征收社会保险费时就十分便利和精准。

更为重要的是，非税收入统一交由税务部门征收，可以清楚计算出企业实际缴纳的税收收入和非税收入，从而可以准确测算企业整体税费负担，为进一步调整税费率、优化财政收入结构等重要财政决策提供关键信息。可见，税务部门统一征收非税收入的改革举措将为研究完善非税收入缴费比率、提高非税收入征管统筹层次、加快非税收入法治化进程奠定基础，这能够从根本上深化“放管服”改革、优化营商环境，进一步激发市场主体活力。

综上，笔者认为，下一步应当交由税务部门征收的非税项目，主要可以考虑以下两种类型：一是征收明确、税费关联的涉企“类税”项目；二是有关资源（资产）的项目，即政府专门为了某项计划而强制征收，具备特定目的性质的项目。将其划转至税务部门，平衡税费关系，精准测算企业整体税费负担，有利于进一步调整税费率、优化财政收入结构。

（4）搭建非税收入信息化系统和共享平台

进一步完善非税收入缴拨信息管理系统，实现税费征管系统集成和优化整合，不断拓宽非税收入实体、网上、掌上、自助等多样化查询、申报缴费渠道。构建财政与金库、财政与执收执罚单位、财政内部横向纵向等各个关联单位之间的信息互联互通网络，全流程监控政府非税收入的收缴、拨付、核算，改进收入明细核算和对账办法，通过信息网络对非税收入来源、结构、规模等动态变化情况进行监管和分析，提高管理质效，确保非税收入征收管理的公开、安全和透明。

4. 建立“三位一体”的非税收入监管体系

建立税务部门与其他部门的联动综治费工作机制，推动预算、征收、监督三个方面互为一体、相互促进。非税收入应尽可能推行“税务收、财政管、部门支、审计查”的多部门共管模式。即先由税务部门征收非税收入，并纳入财政预算管理，再由相关部门或单位将这笔收入支付给用款单位或个人，整个非税收入的“收、支、管”全过程都要接受审计部门的监督。从这个意义上来说，税务征收有利于保障非税收入的安全性。

对非税收入实行统筹安排，提高预算管理科学程度。结合部门预算和国库集中支付改革，积极实行“收支脱钩”，通过统一编制预算，将执收执罚部门工作经费纳入预算管理并予以保障，切断部门组织收入与自身利益的关系。规范非税收入使用审批程序和审批权限，将财政专户返拨逐步转变为国库集中支付模式，由国库按非税收入支出计划执行进度安排调配核拨，真正做到缴拨分离。此外，还应从两个方面加大监督力度：一是加强内部监督机制，二是拓宽社会公众的监督渠道。建立和完善非税收入征收的举报、稽查、奖励处罚和责任追究等监督管理制度，强化痕迹化管理，将非税收入管理纳入绩效，定期或不定期就缴费人反映的相关问题组织开展专项检查，强化绩效考核。

**参考文献：**

李波，苗丹．从国家治理看税务部门统一征收非税收入［N］．中国税务报，2018-09-05．

朱青，胡静．论税务部门征收非税收入的重要意义［J］．税务研究，2018（8）．

高淑娟，乔木，刘普．美国联邦政府非税收入的范围及特点［J］．环球税收，2015（8）．

蒋熙辉．中国非税收入制度新探索［M］．北京：社会科学文献出版社，2012．

白宇飞．政府非税收入管理的国际经验及启示［J］．海南金融，2010（4）．

黄然．美国的非税收入和预算外资金［J］．经济研究参考，2004（18）．

张雪．红河州税务机关社会保险费和非税收入征管的优化研究［D］．昆明：云南财经大学，2019．

安徽省财政厅政府非税收入管理考察团．美国、加拿大政府非税收入管理考察报告［J］．财政研究，2007（11）．

蔡建明．政府非税收入研究［D］．大连：东北财经大学，2006．

齐守印，王朝才．非税收入规范化管理研究［M］．北京：经济科学出版社，2009．

王为民．关于完善我国非税收入管理问题的研究［M］．成都：西南交通大学出版社，2007．

于国安．非税收入管理探索与实践［M］．北京：经济科学出版社，2005．

安徽省非税收入征收管理局．安徽政府非税收入管理改革实践与探索［M］．北京：经济科学出版社，2011．

王乔．政府非税收入与经济增长关系研究［M］．北京：科学出版社，2012．

张美文，许思茂，段安林．非税收入管理改革研究与探索［M］．北京：经济科学出版社，2012．

U. S. GOVERMENT ACCOUNTABILITY OFFICE. Opportunities to reduce duplication, overlap and fragmentation, achieve savings, and enhance revenue［EB/OL］.（2012-02-28）［2015-04-03］. http:www.gao.gov/products/GAO-12-342SP.

# 基于税收信息来源的质量管理研究

何黎敏　廖茂坤

**内容提要：**本文以税收信息来源为出发点，结合税收理论和税收信息来源现状，对税收信息管理现状进行剖析，并结合实际得出目前税收信息管理中存在的问题：税收信息现代化水平还不高，税收信息质量管理还不强，第三方涉税信息共享渠道不畅，跨国税收信息获取壁垒重重。基于研究的结论，本文提出以下建议：构建高效统一的税收信息体系和国家综合治税体系，持续提升税收信息管理质效，拓展跨国税收信息获取维度。

**关键词：**税收信息来源；跨国税收信息；质量管理

## 一、税收信息的主要来源

### （一）纳税主体

一是税务登记。实施“五证合一”“一照一码”登记后，纳税人向市场监督管理部门申请办理营业执照，由其审核并核发载有一个注册号的营业执照后，营业执照登记信息会自动传递到税务部门“金税三期”税收管理系统，税务部门即取得纳税人的经营范围、国家标准行业、注册资金、注册地址、股权结构等基础信息。二是纳税申报。纳税人依法履行纳税义务向税务部门办理税费申报和财务报表申报，通过纳税人的申报信息，税务部门可以获取纳税人的经营规模、成本费用、资金状况等经营税收信息。三是涉税业务办理。纳税人根据自身生产经营需要，主动向税务部门申请办理涉税业务，包括备案管理、资格认定、税收优惠申请、发票领购等业务，通过业务办理，税务部门可以掌握纳税人具体的经营业务和税收政策的执行情况。

### （二）征税主体

一是税收法律规范。税收法律规范包括全国人大及其常委会制定的法律、国务院制定的法规、财政部和国家税务总局制定的部门规章以及县级以上税务机关的规范性文件，以上法律、法规、规章、规定共同构成税收法律规范。二是纳税

**作者简介：**何黎敏、廖茂坤，国家税务总局南充市税务局。

服务管理，主要包括税额确认、发票管理、日常管理等服务行为。另外，税务部门工作人员在实地走访、上门调查等日常管理过程中，会主动收集纳税人税收信息，并根据相关规定将这些信息录入税务部门的信息管理系统中，日积月累，税务部门就留存了纳税人的大量税收信息，为税收征管提供了有力的数据支撑。三是税务执法行为。税务执法行为真实反映了纳税人的税收遵从度，主要包括税务检查、税款追征、违法处置等。税务机关依法对税务违法行为进行打击，能够有效维护税法权威和税收公平。

（三）第三方涉税信息

一是政府及其职能部门。具有行政管理职能的政府部门同税务部门一样，负有对纳税人经济活动管理和服务的职能，同时也是税收管理活动的监督人和协助人，因职能的不同，掌握的纳税人的涉税信息各有侧重，其掌握的涉税信息质量高、可靠性强。二是社会经济组织。社会经济组织是指扣缴义务人、企业、行业协会等。社会经济活动中，经济组织是参与经济活动的主体，市场经济越活跃，经济组织的活动就越频繁，经济活动交易的双方相互掌握一定的涉税信息，特别是充当经济活动支付中介的金融机构和货物转移的物流公司，掌握的经济活动资金流和货物流最能还原经济活动的真实情况。三是其他个人。其他个人是指自然人，如非利益关联的个人对漏税、逃税信息的举报，基于委托、担保、转让财产等民事关系而掌握一定涉税信息的自然人。第三方涉税信息的获取除以上来源外，另一个主要来源是以互联网为载体的涉税信息，该涉税信息量大，使用时需要加以鉴别。

（四）跨国税收信息

一是世界各国税收政策。各主权国家在制定税收政策时，首要考虑的是本国税收利益，因国家意识形态、经济发展水平、国际竞争力等存在差异，故世界各国的税收政策纷繁复杂。各国行之有效的税收政策和制度，既是国际税收信息的重要来源，也是企业进行跨国贸易的前提，更是完善我国税收制度体系的有力借鉴。二是国际涉税信息披露。世界各国都不同程度规定了涉税信息的强制披露机制，其主要类别有国别报告、上市公司年报、关联交易、证券交易公告，一般强制披露事项的涉税信息准确性高，可以直接使用。各国的新闻媒体、报纸杂志、网络信息等也是国际税收信息的重要来源，该类涉税信息具有来源广、信息量大的特点，但不能直接用于税收征管，需要鉴别其真实性。三是税收情报交换。税收情报交换是指我国与相关税收协定缔约国家的主管当局为了正确执行税收协定及其所涉及税种的国内法而相互交换所需信息的行为。从内容来看，税收情报交换的类型包括专项情报交换、自动情报交换、自发情报交换以及同期税务检查、授权代表访问和行业范围情报交换等。截至 2020 年 10 月 26 日，中国已与 111 个国家和地区签订了税收协定，发布了 99 份国别税收指南，全面修订了《“走出去”税收指引》，为跨境投资贸易提供了便利。

## 二、税收信息管理存在的问题

从征纳双方来看，纳税人对税收政策、税务人员对企业的生产经营情况不能全面掌握，这种信息不对称的矛盾是税收信息质量管理面临的主要困难。税收信息不对称往往会引起纳税人逆向选择，即想方设法少缴或者逃避缴纳税款，而税务机关不得不设置“门槛”来堵塞纳税人的涉税风险。纳税人与税务人员围绕税收信息，处于永无休止的博弈之中，严重制约着征管质效的有效提升。

### （一）税收信息现代化水平还不高

一是核心征管平台有待优化。目前，核心征管平台为“金税三期”税收管理系统，实现了原国税、地税核心征管系统中的税收信息整合，但也存在有的时间较远的税收信息未迁移到系统中、有的子系统还处于开发建设阶段、有的模块结构不优或操作不便等问题。随着“互联网+税务”的深入推进，提供给纳税人网上办税的“电子税务局”服务平台已经不能满足纳税人的需要，服务功能和效率有待进一步提高。二是涉税信息管理系统多。目前，税务部门使用的税收信息管理系统有 100 多个。对税务部门来说，税收信息管理系统给工作带来了便利；对纳税人来说，办理一项涉税事项可能要在多个系统进行操作，在一定程度上增加了纳税人的办税成本和办税时间，同时过多的税收信息管理系统在一定程度上增加了运行和维护成本。三是税收信息壁垒问题凸显。目前，全国性的税收信息网络系统还未形成，跨区域的涉税信息共享还不畅通，这在一定程度上影响了对纳税人涉税信息的全面掌握。就信息化建设而言，各部门立足于自身工作需求，在开发信息管理系统时，没有更多注重系统间的关联，致使各系统独立运行、互不兼容，在一定程度上降低了税收信息交换的效率，已不能满足大数据时代下海量数据的处理需求。

### （二）税收信息质量管理还不强

一是纳税人申报信息质量不高。纳税人作为理性人在经济活动中追求个人利益最大化，在涉及税费时力图少交税费，因此申报时提供虚假信息的情况时有发生，直接影响了纳税人申报信息的准确性。从企业规模来看，国有企业、上市公司和其他集团公司的申报信息相对准确；其他纳税人的税收遵从度还有待提升。二是税收信息采集工作还有待加强。根据分类分级管理办法，各税源管理单位、业务科室和信息中心因自身业务需要，都可以进行税收信息的采集录入工作。因税务人员自身素质、岗位等不同，故对“元数据”的采集口径和尺度把控不一，造成了同一事项的税务信息差别较大。同时，税收信息还存在数据冗杂、更新不及时等问题亟待解决。三是税收信息的使用效率还有待提高。目前，税收信息的使用还面临诸多困境，如大数据平台的数据下发有限、有的基层税务局缺乏专业化的税收信息管理人才、税收信息自动识别推送机制还不完善等，这些困境在一定程度上降低了税收信息的使用效率。

（三）第三方涉税信息共享渠道不畅

一是第三方涉税信息交换机制不健全。目前，第三方涉税信息交换机制不完善，主动推送涉税信息的意识薄弱，国家税收共治体系尚未形成是当前第三方涉税信息交换面临的主要困境。在构建税收信息管税格局之中，税务部门所需要的税收信息主要来源于公安、工商、房产、银行等部门，因缺乏信息交换强有力的机制保障，信息交换还停留在协商层次，有的部门因自身利益，怠于提供涉税信息，或者提供的涉税信息要素不全。二是纳税人信息分割。拥有纳税人信息的部门较多，各部门都根据各自管理的需要采集相关信息，这导致纳税人相关信息被人为分割，税务部门很难全面了解纳税人的涉税信息。同时，各部门数据采集的项目和标准不一致，相互交换数据后难以以一个标准来归集，整理后的数据往往与实际相差较大。可以说，构建“以数治税”的最大障碍就是税收信息来源多元化的部门壁垒。三是纳税人涉税信息共享与隐私冲突。纳税人的涉税个人信息，主要包括财产信息和账户信息。税收征管信息化是世界各国税收征管的必然选择，而纳税人的隐私权又属于公民权利的范畴，税务机关要获得纳税人的涉税信息就无法保证不侵害纳税人的隐私权，若纳税人滥用自身的权利也会影响税收征管信息化的推进。在工作中，有的税务人员存在擅自披露纳税人信息、不当使用纳税人信息、过度收集纳税人信息等行为，这在一定程度上影响了第三方涉税信息的交换。

（四）跨国税收信息获取壁垒重重

一是跨国税收信息获取难度大。从国内来看，税务部门直接从事跨国税务业务的人员不多，日常管理力度还有待加大。对一般的跨国经济活动而言，“走出去”企业没有主动向税务机关报告的义务，税务部门对纳税人的跨国经济活动往往知晓不多。此外，税法规定满足一定条件的纳税人，应当向税务部门进行跨国关联交易申报，但因纳税人自身利益驱使，一般情况下，“走出去”企业的关联申报信息质量不高，税务机关进行信息核实又困难重重。从国际社会来看，当今国际避税行为盛行，避税地往往为了自身的税收利益，对于他国的跨国税收信息获取需求配合不力。就共同申报准则（CRS）而言，目前还有很大一部分国家和地区没有加入该共同申报准则、实现金融账户涉税信息的自动交换。二是跨国税收情报交换机制不全。从法律层级来看，税收情报交换的法律层级较低。目前，最高层级法律规范为2006年国家税务总局制定的《国际税收情报交换工作规程》，该规程为国务院部门规章，税收情报交换工作还缺乏高层级实体法和程序法的支撑。三是税收情报交换效率较低。从国际社会来看，国际税收情报交换严格限定了交换国家、区域、税种和纳税人的范围，交换的税收情报十分有限，同时跨国税收情报交换还存在时间的滞后性。从税务部门来看，税收情报交换管理机制还存在程序烦琐、主动交换意识薄弱等问题亟待解决。

## 三、提升税收信息管理质量的建议

### （一）构建高效统一的税收信息体系

一是持续优化核心征管平台。完善核心征管信息系统的数据整合，确保核心征管系统纳税人信息的完整性和准确性，加快部分子系统的开发建设，优化部分模块的结构设计，提供更加便捷的操作管理。加快推进“电子税务局”建设，为纳税人提供高效便捷的自助办税平台。二是整合涉税信息管理系统。依托“金税三期”税收管理系统，将行之有效的涉税信息管理系统整合到“金税三期”征管业务、行政管理、外部信息、决策支持四大子系统中，逐步实现税收信息在国家税务总局和省级机构集中处理，形成覆盖所有税费种、所有工作环节，并与外部联网数据共享的税收管理信息系统。三是强化税收信息集中管理。探索跨区域涉税共享机制，逐步打破税收信息区域壁垒。强化税收信息标准化建设顶层设计，规范税收信息管理系统建设，对核心的统计指标名称、内容、口径和计算方法等进行统一规范管理，以便于各个信息管理系统数据的交换共享。

### （二）持续提升税收信息管理质效

一是加快推进纳税人诚信体系建设。纳税人诚信体系建设是推动社会信用体系建设的重要内容，税务机关要进一步深化纳税人社会信用等级评定工作，持续加大诚信纳税宣传力度，建立诚信褒奖、失信惩戒制度，给予诚信纳税人更多的税收优惠和便利，增加失信纳税人的违信成本，以此带动税收遵从度的持续提升。二是持续规范税收信息采集。建立统一规范的税收信息采集、管理技术标准，加大税务人员税收信息采集培训力度，细化税收信息采集口径和尺度，实施税收信息录入审核层层把关，不断提高税收信息的准确性。逐一核实清理纳税人基础信息，强化税务巡查日常管理，及时更新纳税人生产经营税收信息，提高纳税人信息的实效性。三是提升税收信息的使用效率。加快推进大数据平台建设，确保数据种类齐全、完整准确。加快推进基层数据管理人才队伍建设，努力提升数据的使用效率。健全自动识别、自动推送、自动反馈的税收信息预警体系，持续增强大数据治税的能力。

### （三）构建国家综合治税体系

一是建立涉税信息自动交换机制。加强税收信息交换立法，以法律为保障将社会经济的各个方面纳入涉税信息自动交换平台。实施经济业务数据化管理，将整个经济活动的业务环节纳入网络信息管理，使税务机关通过查询交易记录，就能掌握包括货物品目、单价、数量等详细的业务信息。畅通银行账户、物流信息及公安涉税信息的自动交换渠道，确保涉税违法行为无处遁形。二是构建涉税信息标准化管理体系。建立以社会信用代码为标识的涉税信息采集、汇总、交换等一体化管理体系，明确涉税信息交换职责，确定涉税信息的交换范围，统一各部门涉税信息管理标准，规范涉税信息采集流程，严格涉税信息交换质量管理，逐步打通涉税信息交换的部门壁垒。三是确立纳税人隐私保护与涉税信息共享机制。

明确纳税人提供涉税信息的协助义务，确定纳税人提供涉税信息的范围，防止过度收集纳税人信息。完善纳税人隐私保护机制，规范纳税人信息保护流程，明确纳税人信息使用规则，严惩税务人员擅自披露、使用纳税人信息的行为。

（四）拓展跨国税收信息获取维度

一是深度挖掘跨境税收信息。同外汇管理局、海关、银行等涉外部门建立信息共享机制，及时共享企业跨境经济活动信息。加快推进税务部门国际税收人才队伍建设，强化“走出去”和“引进来”企业的税收日常管理，及时掌握纳税人跨境经济业务，辅导纳税人如实填写关联申报信息，完善同期资料的报送。进一步深化CRS领域的税收信息交换合作，实施跨境逃税行为精准打击。二是健全跨国税收信息交换机制。加快国内税收情报交换立法进程，适当提高情报交换立法层级，修订完善《中华人民共和国税收征收管理法》，明晰开展情报交换工作的程序和步骤，制定国际税收情报交换实施细则，提高国际税收情报交换的针对性。三是持续提升税收情报交换效率。深化国际税收合作，拓展税收情报交换范围，畅通跨国税收信息交换渠道，确保跨国税收信息及时、高效交换。优化税务部门情报交换流程，健全税收情报交换保密机制，增强税务人员的保密意识，自觉维护纳税人的合法权益。

**参考文献：**

崔晓静. 国际税收透明度同行评议及中国的应对［J］. 法学研究，2012（4）.

洪燮林. 政府征税权与纳税人权利的冲突与协调［J］. 财税法论丛，2007，9.

孙平. 政府巨型数据库时代的公民隐私权保护［J］. 法学，2007（7）.

邵朱励. 金融隐私权与税收征管权的冲突与平衡［J］. 现代经济探讨，2013（5）.

高阳. 中国税收情报交换工作的发展、成绩与挑战［J］. 国际税收，2014（2）.

汤洁茵. 税务机关保密义务与纳税人的隐私权保护［J］. 涉外税务，2012（11）.

王向东. 以第四方信息推进“信息管税”的思考［J］. 税务与经济，2013（4）.

张怡，王婷婷. 中美纳税人信息隐私权保护制度的比较与借鉴［J］. 国际税收，2015（5）.

李刚. 税收情报交换涵义初探［J］. 国际税收，2014（2）.

邓力平，王智烜. 银行涉税信息与税收征管：分析框架与经验佐证［J］. 税务研究，2014（6）.

王向东，王文汇，王再堂，等. 大数据时代下我国税收征管模式转型的机遇与挑战［J］. 当代经济研究，2014（8）.

黄素华，高阳. 国际税收情报交换制度进入快速发展期［J］. 国际税收，2014（2）.

魏琼. 论纳税人税务信息保护的法理路径［J］. 税务与经济，2012（4）.

姜蕊. 纳税人的隐私权保护研究［D］. 长春：吉林财经大学，2011.

张伦伦. 全面解读《多边税收征管互助公约》［J］. 国际税收，2014（2）.

赵伟琳. 国际税收情报交换制度的立法问题研究［D］. 长春：吉林大学，2012.

张媛媛. 论我国纳税人隐私权的税法保护［D］. 北京：中国政法大学，2013.

# 大数据背景下四川省税务系统税收风险管理中的问题及对策研究

张洁

**内容提要：** 随着分布式系统、云计算平台、区块链等技术的发展，全球大数据运用已经进入高速发展期。大数据正在改变我们的生活以及理解世界的方式，同时也带来深刻的思维转变，即从样本思维转向总体思维、从精确思维转向容错思维、从因果思维转向相关思维。当前，税务部门正处在由经验管理向大数据管理转变的关键时期，税收大数据已成为税务风险管理中最核心和关键的征管资源。如何利用税收大数据，通过数据模型、统计分析和可视化工具等大数据技术，挖掘数据背后的信息价值，对数据进行全方位、多维度分析，识别税收风险，推进税收风险管理提质增效，从而推动税收治理现代化已成为当前税收管理必须直面的课题。本文首先全面分析了四川税务系统运用大数据进行税收风险管理存在的问题，然后通过学习和借鉴国外的先进经验，拟提出如何运用大数据技术提升税收风险管理质效的建议。

**关键词：** 税收风险；大数据；税收征管；四川

## 一、引言

随着分布式系统、云计算平台、区块链等技术的发展，全球大数据运用已经进入高速发展期。大数据正在改变我们的生活以及理解世界的方式，同时也带来深刻的思维转变，即从样本思维转向总体思维、从精确思维转向容错思维、从因果思维转向相关思维。当前，税务部门正处在由经验管理向大数据管理转变的关键时期，税收大数据已成为税务风险管理中最核心和关键的征管资源。如何使用大数据技术实现数据的采集、存储、分析、使用，建立集成、统一的大数据资源库，建立以行业和税种全覆盖为目标的风险识别库，搭建全功能覆盖、全流程支持、全过程监控的风险管理平台，从而提升税收风险管理质效，已成为当前税收

**作者简介：** 张洁，国家税务总局四川省税务局。

机关亟待研究和解决的重大课题。

当前，税务部门在数据平台建设、数据资源汇集、数据分析利用等方面的基础比较薄弱，用数据思考、数据说话、数据行动的能力有限，无法运用新工具、新方法进行大数据分析，从准确采集、实时汇聚、分类归集、按需供应、精准分析到可视化展示的税收数据“高速公路”尚未建成，与智能分析、智慧决策的工作需求和发展要求存在较大差距。本文正是想通过分析大数据在四川税务系统税收风险管理中存在的问题，同时通过学习和借鉴国外的先进经验，提出在大数据时代四川税务部门如何充分运用大数据的理念和技术，打破信息传输壁垒、孤岛限制，推动跨界融合、信息共享，强化数据集成应用，并通过涉税数据智慧化分析，有效解决“无数可用、有数不能用、有数不会用”的问题，从而增强四川税务部门对税收大数据的资源掌控能力、技术支撑能力和价值挖掘能力，推动全省税务系统数智化转型，实现税收风险管理效能最优化。

## 二、大数据背景下四川税务系统风险管理存在的问题

大数据时代的到来，在为税收风险管理带来挑战的同时，也带来了巨大的机遇。一方面，它为税务机关提供了可供挖掘、分析、应用的海量数据，解决了税收征管和纳税信息不对称等问题；另一方面，它对传统的税收风险管理方法、数据信息共享、应用质效和人才供给等提出了更高要求。为能在税收风险管理中积极主动把握“制数权”，推动税收征管模式走向智能化、高效化，四川税务部门做了多方面的有益尝试，如初步建立了“两库一池”（税收情报库、动态风险监控库和共享案源池）、初步构建了网格化税收风险格局、积极拓展税费业务“网上办”事项、积极建立信息共享与交换机制等，但仍存在一些亟待解决的问题，主要体现在以下几个方面：

### （一）现有数据资源及技术无法为大数据税收风险管理提供足够支撑

#### 1. 制度性壁垒导致“数据孤岛”现象

虽然《中华人民共和国税收征收管理法》及实施细则规定政府相关部门和单位应当支持、协助税务机关依法履行职责，但对应采取的方式和程序、违反规定应如何追究和处罚等，均没有具体规定。2018 年新修订的个人所得税法，在外部信息获取方面取得了实质性突破，但目前在具体法规制度和操作办法的具体支撑方面还不完善。2018 年出台的《中华人民共和国电子商务法》第二十八条规定：“电子商务平台经营者应当依照税收征收管理法律、行政法规的规定，向税务部门报送平台内经营者的身份信息和与纳税有关的信息”，但目前尚未与税收征管法相衔接。目前，尽管我省获得了《四川省税收数据交换与共享保证措施》的支持，但由于各地政府在软件设计、开发需求、开发构架和数据标准上的不同，在形成局部涉税信息共享的基础上，影响了全省、全国涉税信息的交换与共享。因为保密要求等因素的考虑，不少政府部门不清楚哪些数据可以跨部门共享，也有很多政府部门抱着“情况不明，就地扎营”的心态，对数据共享态度消极，限制了涉

税数据的应用范围，无法形成大数据分析的规模效应。面对海量的三方涉税数据，由于未能打通获取渠道，业务人员往往只能“望数兴叹”。另外，税收数据分布在税务系统各类应用软件当中，分别由不同的部门管理，造成了数据割据的局面，在缺乏统一、协调的数据分析应用机制的情况下，各部门的数据管理基本上都是各自为政，没有形成一个全流程的闭环管理机制。

2. 数据应用平台建设滞后于税收风险管理业务需求

目前，我省没有一个集成了所有数据的税收风险分析系统。现阶段，我省信息系统的整合只做到了单点登录和应用集成，后台系统仍是多套独立运行，没有将历史数据整合。受制于信息系统建设规范不统一、框架不统一、数据格式不统一、数据标准不统一等因素，存储在不同系统中的数据无法直接汇聚使用，且存在业务相同但各个模块查询出来的数据不一致的问题，这使得分析人员在使用时陷入判断相似数据准确性的困惑中，没有充分发挥出这些数据在风险分析中的价值，影响了数据的深度分析及使用质量。2021 年，省局依托现有大数据平台和汇聚库对 49 个涉税系统开展统一数据归集工作，但由于大数据平台自身支撑能力有限等原因，目前税务自有数据仍未完全实现统一集中管理。

3. 税收大数据采集质量不高且存在一定的滞后性

目前，税收大数据采集存在内外两方面的问题：一是内部数据采集的准确性和体量都无法满足数据治税的要求。一方面，税收风险管理中所使用的数据主要是由纳税人自主提供，数据的真实性无法保证；另一方面，在“放管服”的大背景下，原来很多需要提交税务机关的备案类资料都改为让纳税人留存备查，这样在风险分析阶段，税务机关就无法获取这些信息资料了。而纳税申报的数据项主要是为方便纳税人计算、申报、缴纳税款所设计，对于许多风险分析需要的信息数据项并没有体现在报表中。二是第三方获取的权威信息比较残缺，可用数据不多，实际效用不大。一方面，不仅各部门对数据搜集的口径要求、处理方式存在差异，各纳税主体上报的相关数据也存在口径、质量的不同，这导致数据需求与供给出现错配，数据交流产生障碍。数据池中虽拥有海量数据，但相当部分数据无法直接使用，分析意义不大，挖掘效果不佳，不能形成有效的分析基础。另一方面，第三方信息获取具有一定的滞后性。例如，2019 年在全省税务系统办理资源综合利用即征即退优惠政策的 483 户企业中，有 17 户企业受到环保处罚（单次超过 1 万元），本不满足优惠条件，但因获取第三方信息不及时，这些企业享受了即征即退优惠 1.4 亿元，在随后的风险核查中才查出此风险点并进行了整改。

4. 数据工具使用和服务能力不足

一是数据工具使用不足。一方面，大数据技术和工具缺乏。目前，省局数据分析主要基于传统数据分析要求，其他大数据技术中不可或缺的可视化分析、算法平台、知识图谱、人工智能等工具和技术尚未引入，存在非结构化数据分析能力缺失的风险。数据分析处理仍只能通过编写脚本代码的方式，普适性低，导致大量业务人员难以直接触摸数据。另一方面，数据工具应用推广不足。现有工具主要为征管科技、经济分析和数据风险等部门日常数据分析工作使用，其他业务部门应用较少。二是数据供应形式单一。目前，提供给省局相关处室的绝大部分数据是通过 Excel 文档拷贝的方式进行供应，数据接口服务、数据上下载服务、数据搜索服务等数据供应形式未能得到有效利用。三是数据服务范围过窄。受服务能力限制，目前数据服务仅面向省局各业务部门开放，对各市州数据服务支撑较少，在完成对全省税务系统实施数据赋能的目标上还存在较大差距。

5. 大数据税收风险管理存在数据泄露的风险

大数据的智能化与信息化在带来一系列好处的同时，也不可避免地产生了一些副作用，如对大数据的安全性不够重视。一是随着管理数据量的增加，企业的经营情况、财务状况和并购事项等商业敏感信息被暴露的风险也随之增加，但目前各地税务机关尚未建立与之配套的数据安全防范机制。二是目前尚未建立相应的内控制度，如授权管理、匿名化管理，具体权责不明确。三是购买信息技术公司服务时存在泄漏数据的风险。围绕税收大数据的深度挖掘应用，仅依靠税务系统的专门人才还远远不够，还需要借助金税服务、电子税务局等的运维，需要引进或委托专业服务机构的人才来从事相关专业工作。参与税收大数据应用开发运维的社会人才往往具有流动性大、忠诚度低等特点，对他们的管理相对薄弱，容易产生税收数据泄露的风险。在大数据时代，数据安全的危害性和破坏性也越大，需要加大对纳税人商业秘密和隐私的保护力度。

（二）大数据税收风险管理体系不完善

1. 税收风险精准管理缺乏智能算法做支撑

目前，风险等级排序工作不够科学，较为依赖分析人员的主观经验判断，并没有一套科学有效的智能算法来做支撑，这导致在后续应对环节可能出现应对资源的错配。以 2019 年度四川省完成的风险应对任务为例，风险命中率（风险任务核实有问题的比例）仅为 50.55%，略高于重庆的 43.04%和陕西的 42.28%。从任务类型看，中高风险的入户评估类任务风险命中率为 83.89%，但低风险提示提醒类任务风险命中率仅为 47.89%，较低的风险命中率既浪费了宝贵的征管资源，也影响了无风险纳税人的正常经营。

2. 风险管理模型构建未结合动态指标

纳税遵从风险的产生和发展都是一个不断变化的过程。而当前的风险分析模式，是运用预先设定的风险识别指标对过去一定时期内纳税人税收遵从风险进行评价，评价的时间段是历史中静态的一段时间。而社会经济的不断发展，以及近年来税收政策的巨大变化，导致之前有效的一些指标模型变为无效，继续用这些指标来开展分析，会造成误伤合法守规企业、浪费征管资源的结果。近年来，国家税务总局出台了异常凭证管理、风险管理等一系列制度、办法，开展增值税发票风险快速反应专项工作，较好地防控了虚开增值税专用发票的风险。但由于增值税普通发票未纳入快速反应、异常凭证管理和全链条管控，不法分子转而大肆虚开普通发票。据统计，2019 年，全省 9 200 余户纳税人从非正常户取得普通发票

3.5万余份、金额11.7亿元。

3. “条块状”风险分析的弊端日益凸显

各业务部门在开展风险管理时，只考虑自身业务范围内的事情，本也无可厚非，但涉税风险的涉及面往往不是指向单一的税种，甚至有些纳税人还进行了专业的恶意纳税筹划，“条块状”风险分析模式的弊端日益凸显。而且不同业务部门开展风险分析的时间点不同，就可能出现对同一纳税人的多次核查，增加了征纳双方的负担。省局通过对2019年新购非住宅商品房契税数据和房土两税数据进行比对发现，单位纳税人新购入非住宅商品房后未申报缴纳房产税、城镇土地使用税疑点数据25 111笔。在对酒类企业进行风险核查时，也应实现增值税和消费税的联动核查。一般情况下，存在大型企业白酒产品众多（如五粮液的白酒产品近2 000个）、酒厂和销售公司对同一产品开票品名不尽一致、销售公司未开票收入和销售折扣等因素，如果主管税务机关仅通过增值税发票数据很难分析和掌握企业全部符合核价条件的白酒产品信息，从而导致对符合条件的白酒产品未及时全部向主管税务机关申请核定消费税最低计税价格，进而导致少缴消费税。

（三）税务系统现有人员配置无法满足大数据税收风险管理工作的需要

1. 缺乏通晓原国税、地税专业知识的人才

自国税和地税合并以来，虽然四川省税务系统举办了形式多样的税种专业知识培训，然而国税和地税分设20多年所形成的业务知识鸿沟并非一朝一夕可以弥补的。目前，普遍的现象依然是原国税人员对增值税、消费税等税种较为熟悉，而对土地增值税、环境保护税等税种较为陌生，而原地税人员则相反。

2. 缺乏兼具大数据技术和税收专业知识的人才

随着“放管服”改革的不断推进，充分还权还责于纳税人，将大量之前通过事前审批备案实现的征管功能交给风险管理来实现，而风险管理的核心是风险分析。这些新的形势都给风险分析工作的精准性带来了更高的要求，在风险应对人力资源有限的情况下，如果风险分析的结果指向不明确、精准度不高，则无法达成风险管理预定目标。而要开展便捷高效的风险分析工作，除了具备较为深厚的税收专业知识理论功底之外，还需要掌握一些分析必备的计算机相关知识。目前，省局数据风险局仅有2名数据专业管理人员，省局数据服务团队人员大多为市州短期抽调人员。据统计，全省各级税收风险管理机构人员中，拥有税务师、注册会计师、律师和软件工程师等专业资格证书的人员占比仅为11%。很多分析人员对Excel的各类函数不能熟练掌握应用，能够运用SPSS、Python以及R语言开展分析工作的人员更少。这导致在给定的分析任务目标下，不能迅速找出对应的报表数据项，并建立模型筛选出疑点企业，工作效率低下。

3. 缺乏贯通数据分析和风险应对的人才

目前，除了在市州层面有部分业务骨干同时在承担风险分析和风险应对工作之外，很多风险分析人员还没有从事过实际的风险应对工作，对企业实际生产经营业务、账务处理缺乏感性认识，这导致不同程度存在“闭门造车”的现象，部

分分析结论脱离实际。

## 三、国外运用大数据进行税收风险管理的经验借鉴

### （一）注重大数据战略的顶层设计

为了用好涉税大数据，一些国家注重对大数据应用的顶层设计，通过实施专门项目或设立专业机构等方式，从国家层面解决数据获取、共享、分析、应用等难题，其取得的经验值得借鉴。

美国国税局（IRS）把提高纳税人的自觉遵从作为其主要目标，从 1962 年开始实施纳税人遵从评估项目（简称“TCMP”）的研究。TCMP 实行期间重点解决衡量整体的税收遵从度、建立纳税评估和计算机选案的模型、确定税务机关需要应对的影响税收遵从的因素、提高多部门合作征管效率这几个问题。[①] 从 2001 年开始，IRS 开始实施与 TCMP 相似的国家研究项目（national research program，NRP）。与 TCMP 相比，NRP 主要有以下几点优势[②]：第一，固定税收遵从的衡量标准。IRS 通过将已知申报者（使用 IRS 记录）与预期申报者（使用人口普查局的人口调查数据）进行比较来衡量遵从性。NRP 通过分析 IRS 主体文件来衡量是否及时支付税款。第二，重视创新技术应用方法。NRP 专注于通过创新的科学技术，以最具成本效益的方式获取可靠数据，同时保护纳税人的隐私权。将从研究中获取的数据存放在合规数据仓库（compliance data warehouse，CDW）中，以便 IRS 和外部研究人员分析数据。此数据有助于生成税收流失和判别函数（discriminant function，DIF）公式。第三，运用第三方信息验证信息的准确性。IRS 通过搜集个人和不同类型商业纳税人的审计数据来衡量报告合规性。同时，尽可能使用多方数据，包括 IRS 内部数据和与每个纳税申报表相关的公开数据，以确定是否准确申报。

日本税务部门在 2018 年发布了《税务行政的未来愿景——向智能化迈进》，力争在未来 10 年内迈向高度智能化的税收征管时代。其中，和大数据技术密切相关的部分，提出了三项实现高度智能化的税收征收管理措施：一是实现申报纳税自动审核。以个人或企业税号为标识，将国税系统保存的资料信息与网上申报内容自动比对，快速、有效地审核纳税人是否有漏报所得或财产的情况，是否对税法适用的理解有误。针对有疑点的申报内容，通过“个人接口”或电子税务局自动通知纳税人加以纠正。运用人工智能技术，自动收集互联网上的土地交易等有关信息，自动分析。二是实行低风险事项线下处理。除了运用信息化系统对申报纳税的轻微错误自动审核之外，国税厅还将通过线下税务行政指导担当部门——大区国税局设置的电话集中催缴中心、所得代扣代缴事务集中处理中心，对未能按时在法定期限内申报的纳税人、欠税者，以电话自动催缴或通过电子邮件发送

---

① 韩兆柱，张丹丹. 整体性治理理论研究：历程、现状及发展趋势［J］. 燕山大学学报，2017（1）.

② 4. 22 National Research Program（NRP），https://www.irs.gov/irm/part4/irm_04-022-001.

催缴通知书等方式加以催促和督导。三是运用人工智能技术开展税收的征收和调查。在调查大宗、恶意逃避税案件方面，国税部门将在系统审查过去资料信息的基础上，运用数理统计分析手法，对纳税人是否需要调查以及调查的深度和广度作出判断，确定必要的调查事项、最适合的调查方法。对于调查结果，运用人工智能（AI）技术做成相应文书，通过电子税务局通知纳税人。在欠税追缴的执行方面，在运用大数据、人工智能技术对纳税人税款支付能力进行判断的基础上，参考过去欠税、滞纳处分等情况，解决欠税和滞纳问题。

意大利全部逃避纳税者分析计划（ET）是一个数据处理系统，该系统经意大利税务局顶层设计，以风险指标为基础（1~16项），揭示纳税人的可疑行为。ET使得税务机关有机会发现从独立服务或商业活动中获取收入且完全逃避了税收的人。ET的数据来源非常广泛，包括内部或外部渠道，如商会、供电等数据。

（二）以法律保障涉税信息的获取

《美国国内收入法典》“信息与纳税申报”（information and tax declaration）一章中，共用了56个条款约63 000余字，具体规定了详细的申报流程和申报规则。就申报实体而言，其几乎涵盖了所有的社会存在的实体部门。具体来说，包括五大类信息申报来源：一是遵守特殊规定的主体信息，二是与雇员特别是新增雇员相关的主体信息，三是体现养老保险的主体信息，四是个人或机构所得税申报主体的信息，五是其他相关的主体信息。此外，第75章又规定了对于拒不申报或延迟申报相关信息的纳税人所必须承担的民事责任和相应的刑事责任。该法律规定的第三方报告义务为税务机关进行准确的纳税评估奠定了坚实的基础，同时客观上也促进了纳税人纳税遵从度的提高。

澳大利亚税收法案授权税务局有权获取金融机构、当地的票据交换所和股份转让公司信息以进行数据比对。澳大利亚税务局还分配一小部分行政预算费用用来从一些商业数据供应商处购买第三方数据；要求建筑施工企业每年将其对拥有澳大利亚商号的承包商的所有付款进行报告，其他政府部门向税务局提供数据也受法律的约束。

法国税法赋予税务机关一系列获取信息的权力。《法国民事执行程序法》从第L81条至第L102AA条对该项权力做了详细规定，使获得信息权成为一项可以广泛使用并适用于全部税种的权力。一方面，该项权力可以适用于所有的税种；另一方面，这些资料既可以向纳税人索取，也可以要求第三人提供。

《俄罗斯联邦税收法典》第85条规定，政府登记部门的范围包括公证、律师、自然人出生和死亡、房地产等不动产，以及交通工具等登记部门，这些登记部门都要向税务机关提供反映他们登记情况的信息申报表。

（三）拥有科学而多渠道的数据采集方式

就数据搜集这一环节来说，美国使用了基于源头可追溯的数据搜集技术。具体来说，就是指导每个美国人都应向社会福利保险局申请社会保障卡，并收到与这个卡片一一对应的个人社会安全码，该代码就像是一生中随身携带的身份识别号码一样。当某人进行任何一项具体的社会经济活动，如开设银行账号等行为时，都需要提供上述安全码，所有个人税收信息都将记录在个人社会安全码中，税务部门可以通过税收信息系统调取每个人的所有涉税信息，以达到监管的目的，防止税款流失。

澳大利亚涉税信息的采集主要通过纳税人税号的唯一性来保障。其具体体现在：每个纳税人只有一个号码，这个号码与日常生活和各类业务密切联系。而在经营时，无论是交易付款还是贷款融资等行为，都需要输入唯一的税码。税务机关以税号为媒介，通过税收数据管理系统对纳税人的涉税事项进行实时监管并对纳税人的涉税信息进行保密。此外，政府也通过立法保障税务机关从外部获取数据。只要税务机关认为有需要，就可以向其他政府部门、银行及其他企业索要，数据拥有方必须给予配合。

（四）充分利用大数据分析工具进行风险分析和识别

美国 IRS 积极研发大数据分析工具系统（Selection and Workload Classification，SWC），该系统针对具体的税收问题（事项）进行风险识别和评分，为了能够处理每种不同的风险，其提出了三个方面不同的组件，并在一些选定的领域予以检验和运用。风险管理系统因为要处理大量的信息和复杂的事实，都基于高度的自动化支持。

英国税务及海关总署（HMRC）研发了 CONNECT 软件，进行纳税人数据匹配和风险分析。CONNECT 软件从 59 个数据源获取数据并将数据进行关联，建立“网络”，把 HMRC 所掌握的纳税人信息与第三方信息进行比对，找出实体（个人、组织、地址等）之间的潜在关系。通过挖掘纳税人（个人、公司）数据的规律，找出其申报信息中的异常之处。

澳大利亚税务局（AOT）税收监管系统可以自动与商业银行、保险公司以及海关等其他机构实现交换信息，并在该系统内进行信息验证和风险的识别、过滤器等流程。一旦风险中心消除了风险标的，这些风险税收征管者将进入案例选择流程，该流程将由专家进行审查，并使用他们的专业知识来预测风险。对于涉税的相关数据和信息的生产与运营，建立基于 Madoop 等分布式产品的数据库，并开发先进的数据管理技术，其中最为广泛应用的就是如云技术之类的工具。

（五）建立多源融合的大数据管理平台

美国国税局根据不同的数据组合，建立了 2 个国家数据中心和 10 个区域数据交换节点，形成了税收“征、管、查”一体化的税收信息化系统。该平台可以处理纳税申报表及海量的相关数据，其智能程度非常高，可以识别超过 80%的在线税收收入，并可以使用研究材料仔细验证税收数据，以实现对风险的提示和预警。

德国税收数据信息系统建设覆盖面广，税收信息管理具备了非常高效的集成度，特别是在每一个州都已建立一个专业化的数据中心，州政府和各级机构都建立了可共享的数据中心，负责发布和交换税收信息。目前，德国已将管理纳税人的基本业务全部纳入信息技术集成处理范围中；借助互联网，纳税人可以轻松、高效地处理税收问题，税务部门也可以进行税源控制、税款征管。

E-TAX 系统是澳大利亚目前正在全国范围内使用的税收管理系统。与其他正在增加数据驱动的国家一样，其目标是简化税收制度并增加涉税信息收集和管理的价值。澳大利亚充分利用信息技术，在全国范围内只建立了 2 个税收数据处理中心，而所有办税场所则是复制式地在全国各地联网设立，从而确立起扁平、简明、高效的征管体制。

（六）设立专门的数据管理机构

美国 IRS 已建立独立的研发部门和统计部门（RAS），其主要任务是对数据系统化搜集、专业化汇总和标准化分析。该服务在税务管理主管的指导下，直接向其提交报告。其职能包括对联邦税收管理部门进行战略审核、指导数据库的规划、管理和动态优化。其组织结构是完整的，从分析、研究到风险评估已经形成一套标准的制度化的流程。其中，税务员占 67.3%，国际税务专员占 11%，金融产品专家占 4.5%，经济学家占 3.7%，技术顾问占 2.6%，计算机技术专家占 1.2%，其他专家占 2.1%，一个由多学科专家组成的专家团队可以确保纳税申报单的深度和准确性。

HRMC 承担了专门研究和应用税收信息的工作职责。根据发展的需要，该机构还建立了一个特别的数据分析部门——教育经济委员会（AKI）进行特殊领域的税收研究。另外，该机构还建立了数据实验室、数字化服务和大数据分析中心，这些部门面向全球招聘了多位具有世界一流数字化工作经历的客户研究专家、交互设计师、技术架构师、软件开发师及产品经理，并选拔多位业务专家充实其中。2018 年以来，英国税务及海关总署对内部数字和互联网技术（IT）部门进行整合重组，引入一个新的数据治理委员会，数据、数字和技术技能不断增强。通过检查行业顶级纳税人的数据来促进社会进步，并最终创建了一种通过数据说话的新型数据管理和经济决策系统。

## 四、运用大数据提升税收风险管理质效的建议

（一）推动顶层设计，构建全功能税收大数据集成应用平台

参考国际上大部分税务信息化水平较高的国家的情况，其几乎都建立了统一的、集成的、全覆盖的税收征管信息系统，而且其从源头上获得涉税数据的质量较高。为解决信息碎片化、条块分裂和信息孤岛的问题，实现数据多方融合、开放共享，促进税收管理向数据化、智能化转变，可以从全省层面强化顶层设计，统筹全省税收信息化建设，集成优化全省税务系统信息化基础资源和应用系统，构建省局主建、省市县三级共用、一体化运营的大数据集成应用体系。建议采用“三层处理、两个保障”的总体架构，构建“四中心”支撑应用、“三大类”业务应用和“两端”渠道应用，形成科学规范、结构合理、功能完备的信息化总体架构体系（见图 1）。

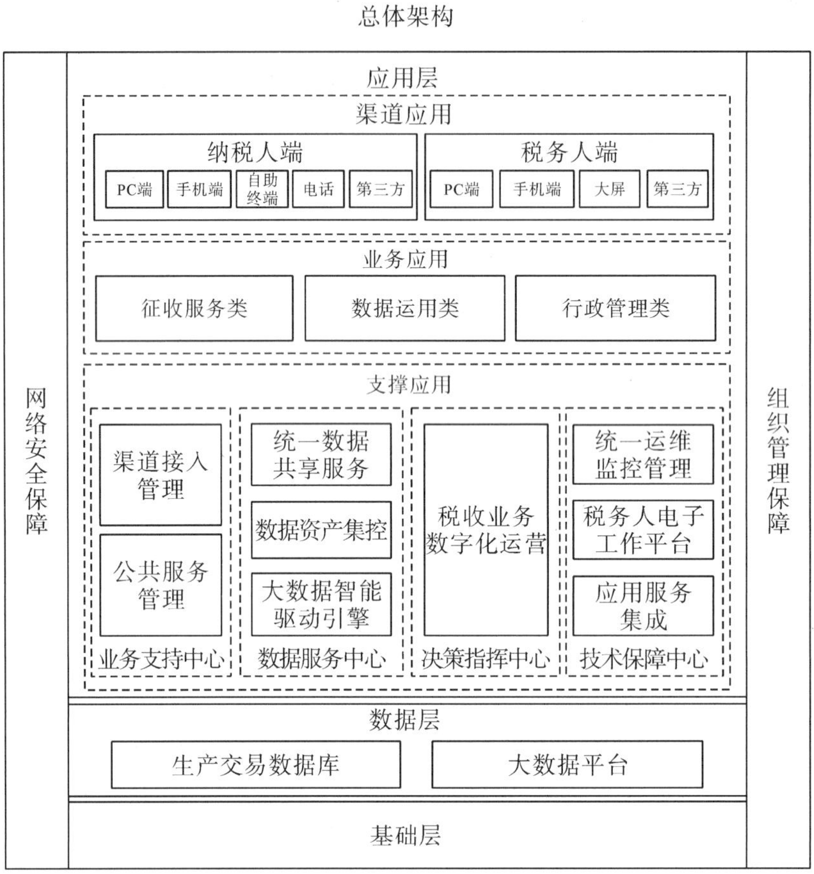


**图 1　四川省税收大数据集成应用体系总体架构**

1. 三层处理

（1）基础层：整合计算、存储、网络、安全等方面的基础资源，构建统一的基础资源配置、监控、管理、灾备体系。

（2）数据层：数据层分为生产库和分析库，生产库存储和管理各类应用系统产生和记录的生产数据，包括核心征管、电子税务局等系统数据；分析库是基于大数据平台，整合加工各类涉税数据，包括生产数据、与总局或外单位共享交换的数据、互联网采集的数据等。

（3）应用层：应用层分为支撑应用、业务应用和渠道应用。

2. 三个应用

（1）支撑应用：支撑应用是以为业务应用提供直接支持的 9 个平台型应用为主的四个功能服务中心，分别是业务支持中心、数据服务中心、决策指挥中心和技术保障中心。业务支持中心、技术保障中心主要是在现有基础上的巩固和完善，而数据服务中心和决策指挥中心则需要花大力气、下大功夫新建，其代表着未来税收信息化建设的方向和建设的重点。数据服务中心类似于一个“数据超市”，其重点在于按照个性化需求，为全省税务系统提供更加友好便捷、及时稳定、标准可靠的“点餐式”“淘宝式”数据服务产品，包括数据查询、统计、分析等，以解决“无数可用、有数不能用、有数不会用”的问题；决策指挥中心类似于一个“控制中枢”，其重点在于资源调度，通过对税收大数据进行分析研判，为各级领导提供可视决策、风险预警、远程调度、应急指挥、过程控制等功能，以改变“凭经验、凭感觉、拍脑袋决策”的现象。

（2）业务应用：业务应用是服务税收主业运行和发展的核心应用，分为征收服务类应用、数据运用类应用和行政管理类应用三大类。

征收服务类应用包括“金税三期”核心征管、税库银、电子底账 2.0 等总局统推应用和电子税务局、自助办税终端、“12366”热线应用、征纳互动应用、二手房评估等省局特色应用。

数据运用类应用包括税源管理、风险管理、查询统计、收入与经济分析、税收知识服务、征收服务数据等应用。

行政管理类应用包括办公系统、财务管理、绩效管理、数字人事等总局统推应用和行管系统、省局网站、后勤管理、视频会议等省局应用。

（3）渠道应用：纳税人端渠道和税务人端渠道是“三大类”业务应用的接入通道。其中，纳税人端渠道包括 PC 端、手机端、自助终端、电话及第三方渠道，税务人端渠道包括 PC 端、手机端、大屏和第三方渠道。各渠道之间通过数据层实现业务互通、无缝切换和多端协同。

3. 两个保障

网络安全保障：包括安全态势感知、安全组件和安全基础设施，主要目标是搭建网络安全态势感知平台，配置身份鉴别、内外网数据安全交互、数据审计、数据脱敏等安全服务组件，强化安全基础设施，构建一体化的安全防护体系。

组织管理保障：在省局税收网络安全和信息化领导小组办公室统一管控下，由征管和科技发展处、大数据和风险管理局、信息中心和纳税服务处分类牵头实施，相关业务部门大力参与。

### （二）加强数据治理，提升税收大数据服务风险管理能力

1. 规范数据采集，拓宽数据来源

基础数据质量决定了税收风险识别的准确性以及风险防范的及时性、有效性。所以，应从数据源头抓起，全面搜集整合涉税大数据，注重加强数据质量管理。一是标准化采集。严把数据入口关，在纳税人报送资料、税务机关信息录入、第三方数据交换等环节，设定数据勾稽关系，从采集源头就对数据一致性、完整性进行校验。定制数据采集模板，将数据从原有格式转化为税务机关数据库的存储格式。尽量将审核关口前移，改事后筛查为事前系统监控提示，防止事后审核发现数据错误后造成大量人员忙于数据的修正和补录，增加了数据质量的管理成本。二是不断拓展数据来源范围。依托跨系统、跨领域税收合作，借力于部门间信息交换，多渠道共享工商、银行、海关、医药、烟草、外贸、社保、电力等部门的

第三方经济数据，保证信息的互通和及时性，可以借鉴美国、澳大利亚的经验，通过建立统一的纳税人识别号，利用计算机进行信息归集、处理、交换，进一步确保信息的真实可用。

2. 整合数据资源，优化数据管理

一是整合数据资源，实现数据集中管理。打破各个应用系统之间的数据孤岛，建立纳税人信息数据库，在省级层面大数据平台中，集成包括“金税三期”系统外部应用、行政管理、征管业务、管理决策四大系统在内的众多子系统、本地化税务特色软件系统、外部电子政务系统、互联网数据及市州级税务机关采集的涉税数据。二是对采集的数据进行分类管理。实现纳税人基础数据、申报纳税和生产经营数据、第三方和互联网涉税（费）数据、跨境税源涉税数据、国际税收情报交换数据等的分类分级、获取、搜集和集中维护。建立数据管理与数据应用相互促进机制，通过数据管理提高数据应用水平，通过数据应用倒逼数据质量提升。

3. 运用大数据技术，提升大数据服务能力

一是用好专业分析工具。借鉴如美国的 SWC 系统、德国的类神经网络分析体系（RMS）、荷兰 XENON 的网络爬虫技术等，建立覆盖包括风险审查、信用评分、风险应对等领域在内的从宏观、中观到微观的分析模型，研制统一规范、动态可扩展数据分析工具。例如，通过使用视觉研究工具成功监视风险，视觉技术以图形、图像、表格等形式分解了大量的税收数据，通过可视化区域分析、空间分析、多要素综合分析等，能够快速、直观地发现数据特征及各属性之间的关系，进一步聚焦形成关联信息的意境模型，辅助风险分析与识别，强化趋势预测和规划能力。二是立足四川税务实际，升级省局现有数据搜索系统“税搜”功能，完善数据权限体系，强化数据分析运营，让税务干部能随时随地找到所需数据，实现海量税收数据能够“看得见、摸得着、用得上”。三是建立从数据上传到数据集市等多元化用途清晰的数据输送功能、通道和服务标准，保障各部门数据应用分析系统建设所需的数据供应，实现税收数据在各级各部门之间的联通共用。四是依托规则引擎和算法库，收集各业务部门数据模块化加工需求，集中开发一批数据自动处理规则和基于深度学习的数据分析模型。充分发挥税收大数据平台并行计算和分布式处理的技术优势，从数据查询、数据匹配、数据展示等多维度探索数据技术融合的可能性，创新数据应用，为税收风险管理提供快速通道。

4. 利用大数据完善安全管理机制

建立智能安全大数据库，充分利用大数据架构的海量、实时数据处理能力抵御内、外部的威胁。对“内”防御敏感纳税人账户管理疏忽导致的数据泄露，使用安全加密的保险库来存储和轮换敏感账户，确保敏感账户安全；建立敏感账户活动的完整审计报告制度，掌握访问关键系统的具体人员，确保使用合规。对“外”守护复杂数据库环境中的关键数据，建立可扩展的数据服务架构，通过统一合规的数据服务接口建立安全可控的数据应用通道，实现所有主要数据库数据活动的完整可视，帮助发现围绕敏感数据的异常活动；实时预警可疑活动，防止未

经授权的数据访问；动态阻止访问或隔离用户身份标识号（ID），防范内部和外部的威胁，同时帮助简化和自动执行合规的数据访问流程。

（三）加强指标模型建设，提升税收风险分析与防范效率

1. 提升大数据条件下风险识别分析建模能力

运用大数据建立税收风险识别分析模型是大数据环境下的基本要求。风险识别建模的过程就是在复杂多变的大数据条件下总结归纳税收风险特征，评价风险大小的过程。要综合运用多种知识和方法建立模型，对经济活动的现象、本质、原因、发展进行描述、分析、判断、预测。遵循指标—模型—指标的“闭环原理”，使数据、模型、反馈等维持在一个平衡点上，经过指标（变量）到模型再到指标（变量）的循环积累过程，促进模型的精度不断提高，提升模型的解释能力。以经典方法做指导、以前沿方法为核心、以传统方法为佐证，不断提高风险识别分析结果的有用性和精确性。一是完善全省税费风险情报库，建立点、线、面清晰的风险动态防控网络，构建科学规范、标准统一、场景丰富、层次清晰的基础数据模型，在基础数据模型上，构建成熟完备、响应及时的“网状”联动分析指标及模型集，提炼税种、行业等关键风险数据要素，整合日常税收管理经验，结合税收风险情报信息，建立不同层次、不同阶段、不同维度税收风险点之间的关系矩阵，逐步从税（费）种风险穿透至行业风险、项目风险甚至具体经济行为风险，从税收风险事后集中管理向事前、事中实时分布式响应与防控延伸，提高税收精细化管理水平。二是依托海量税收大数据以及其他外部数据，引入全国视角下的纳税人关系云图，开展纳税人关系网络分析，选取风险种子，依据其投资关联关系、交易关联关系建立风险关联和基于风险事件传播的预测模型，防范和处理各种税收风险，以及开展集中分析案件及时找出规律加强预警、进行个案分析等多种应用。

2. 建立风险动态监控及分类应对管理机制

一是使用标签工厂技术对已聚合分类的各风险识别对象纳税人的申报、登记、财务、发票和第三方数据进行扫描，提取各风险识别对象纳税人的静态风险特征进行全息风险画像。二是使用生命周期动态分析技术，将纳税人不同时间维度上的风险画像扫描结果拆分不可比因素，计算已分群纳税人的模型各变量的动态参照系。将分析主体数据与加载拆分因素的参照系数据进行比较运算，在风险画像结果的基础上输出风险画像。生命周期动态分析引擎将各风险识别对象纳税人不同演进时间维度上的有关因素进行拆分量化，建立动态参照系，分别将纳税人个体数据与参照系进行比较运算，对风险画像阶段的结果进行修正，去除干扰因素，进一步提升识别的精准性。三是使用语义分析技术和计算机辅助审计技术，使用预置的高风险事项定位规则对各风险识别对象的财务账套（记账凭证）数据进行扫描，结合风险画像结果或经生命周期动态分析修正的风险画像结果，输出定位的风险事项。四是建立风险分类处理机制。利用风险排序方法，根据风险重要程度将风险事项和风险点进行分类，并根据不同等级的风险采取不同的应对措施。

对经大数据分析发现的风险高发领域企业、风险高发事项在纳税人办理涉税事项前主动向纳税人定向推送税收政策，提醒纳税人防范税收风险。纳税人开展涉税活动触发风险指标，根据风险指标严重程度向税务机关和纳税人预警，由系统自动提醒纳税人核实更正，督促纳税人及时发现和消除风险疑点。对更正后仍不符合规定或触发关键税收风险疑点的涉税事项，系统自动对纳税人下一步涉税事项办理实施阻断，由税务机关依法处置后解除阻断，恢复正常办税。

（四）明晰各部门职责分工，为“数据治税”提供组织保障

进一步理顺各级风险管理部门与税费管理、征管科技、大企业管理、稽查等部门的风险管理职责，完善“风险管理由风险管理部门统筹、风险办其他成员单位分工合作”的部门协作机制。以省级税收风险管理体系为例，大数据和风险管理局负责全省风险管理需求统筹、业务规划和业务规范管理，研究各税种的风险特征和发生规律，建立税种风险分析指标体系和模型，形成体现税种特点的风险任务，并为开展综合性的统一应对提供专业支撑。大企业管理部门负责在风险管理部门的统筹安排下，规划年度税收风险分析识别工作，开展税务总局千户集团、省局列名大企业的风险分析识别工作。省级税费种管理部门负责具体税费种的风险分析等风险工作管理。稽查部门负责承接风险管理部门推送的高风险线索，重点稽查，并反馈查处结果。对于高风险应对任务中反映出的行业性、地域性或特定类型纳税人的共性税收风险特征，稽查部门应及时提交给风险管理部门，将其补充到风险分析识别指标体系及模型库中，促进风险分析识别模型的优化和完善。系统风险评估分析和综合管理机构的风险评估和改善结果质量应提交税务管理局，在日常征税中确定的风险指标应迅速向风险管理部门进行一般监管和应对，并收集在风险评估中发现的过剩方法。征管科技部门在日常税收征管中发现的风险线索要及时提交风险管理部门统筹安排应对，风险管理部门在风险管理中发现的征管漏洞要及时向征管科技部门提出加强征管及完善制度的建议。纳税服务部门可针对纳税人实名认证、申领发票、委托代开发票等环节发现的风险疑点，进行风险提示，承担风险管理部门推送的集中性风险的提示提醒、辅导培训、政策咨询等工作任务，对高风险纳税人的特点风险实施阻断措施。各市（州）、区（县）级风险管理部门负责风险应对任务扎口管理，强化纳税评估、税务审计、反避税调查、税务稽查等应对方式协同开展，进一步规范税务检查。

（五）完善大数据法律体系，为税收风险管理提供制度保障

1. 健全大数据环境下的基础性法律体系

在《中华人民共和国税收征收管理法》《中华人民共和国税收征收管理法实施细则》等相关税收基础性法律中，对税收相关电子数据获取的权力来源、界限、责任追究等方面进行明确界定，对电子系统、电子记录、电子数据等非纸质化数据的认定、适用及使用规则进行具体详细的规定，进而形成适应现代化税收治理的税收大数据法律体系。

2. 尽快出台大数据治理的专门法律

借鉴美国、澳大利亚、法国等国经验，在第三方机构信息报告义务、行政机关的协助义务等方面建立明确的法律标准和执行要求。税务机关可利用这些信息验证纳税人是否如实报税，同时对于实行预填报制度的国家，第三方信息也可以帮助税务部门预先填好纳税申报表。第三方信息报告制度可以有效地提高纳税人的纳税遵从度。

3. 以法律保障税收数据的安全与使用

进一步明确税务部门对企业和个人数据信息的获取和使用规范，完善税务机关对隐私信息的保密条例和例外条例，使法律设置上既能保障企业和个人的隐私权，又能充分保障信息数据的合理合法使用。

（六）培育大数据分析专业团队，为税收风险管理提供人才保障

1. 以专业化思维建设税收风险分析与防范队伍

税收风险分析与防范需要掌握税收政策、大企业税收管理、国际税收管理、数据信息整合、统计管理、机器深度学习、风险识别研究、风险响应等跨学科、多内容的知识。可借鉴美国 RAS、英国 KAI、爱尔兰 RAG 等部门和团队的运行经验，以国内、国际税务专家为主体，广泛吸收金融专家、经济学家、技术顾问、计算机技术专家等专门人才，建立多领域、跨专业的专家团队，负责对全国税务系统数据的搜集、汇总、统计、分析和研究，为税收风险管理和决策提供服务。

2. 完善相关税务工作人员激励机制

发挥绩效考核在促进风险管控人员认真履行职责、提高工作技能和效率、激发组织活力等方面的激励作用。在岗位设置和岗责考核方面，应设置合理的评价指标和评价标准，公正评价相关岗位人员绩效。通过适当的精神和物质的奖励，拓展风险管控人才的职业发展空间，鼓励风险管控人员在大数据环境下提升自身的职业素养，不断增强自身的风险分析能力。

3. 积极推动产、学、研合作

大数据人才的培养离不开产、学、研合作，即需要不断地把最新科技领域的技术变成学校人才培养方案去培养产业所需要的人才。一方面，要推动学校加强大数据人才高、中、普通多个层面的人才培育，以适应不同的大数据人才需求；另一方面，借助高校在线智慧学习平台，助力大数据技术应用人才的后续教育，借鉴互联网公司大数据实验室运行机制，安排税务干部开展岗位实训，以学习最新技术和丰富实践经验。

**参考文献：**

张靖笙. 大数据革命 [M]. 北京：中国友谊出版社，2019.
吴军. 智能时代 [M]. 北京：中信出版社，2016.
张克平，陈曙东. 大数据与智慧社会 [M]. 北京：人民邮电出版社，2017.
贾绍华，李为人. 税务管理新论 [M]. 北京：中国财政经济出版社，2016.

罗索蒂. 绝处逢生：美国前国税局长工作笔记［M］. 康蓉，吴越，译. 北京：商务印书馆，2007.

维克托·迈尔·舍恩伯格. 大数据时代［M］. 周涛，译. 杭州：浙江人民出版社，2012.

涂子沛. 大数据［M］. 南宁：广西师范大学出版社，2012.

窦中达. 智慧城市重要层面：智慧税收：从信息化、大数据视角看税收体系建设［J］. 海峡科技与产业，2013（12）：75-78.

彭骥鸣，曹永旭. 大数据时代税源专业化管理面临的机遇与挑战［J］. 税收经济研究，2013（6）：21-24.

王向东，王文汇，王再堂，等. 大数据征时代下我国税收征管模式转型的机遇与挑战［J］. 当代经济研究，2014（8）.

刘京娟. 大数据时代下的税收风险控制［J］. 湖南税务高等专科学校学报，2014（139）.

孙开，沈昱池. 大数据：构建现代税收征管体系的推进器［J］. 税务研究，2015（1）.

刘磊，钟山. 试析大数据时代的税收管理［J］. 税务研究，2015（1）：89-92.

谢波峰. "互联网+"的税收风险管理［J］. 中国税务，2015（8）.

刘尚希，孙静. 大数据思维在税收风险管理中的应用［J］. 经济研究参考，2016（9）.

李志军，张宁，杜孝森. 立足大数据 提升税收治理：风险导向型税收征管信息平台的构建［J］. 国家治理，2016（12）.

陈耀华. 基于大数据的税收风险管理研究［D］. 北京：首都经贸大学，2017.

姜敏. 大数据背景下的税收管理创新［J］. 税收经济研究，2017（2）.

张建，张瑞琰，李玲. 运用"画像"思维促进税收征管方式转变［J］. 税务研究，2017（12）.

刘璇. 大数据视角下上饶市税收风险管理的思考［D］. 南昌：江西财经大学，2018.

肖玉峰. 大数据在税收风险管理中的实践探析［J］. 税务研究，2018（5）.

孙存一. 大数据视角下的税收风险管理［J］. 税务研究，2019（7）.

王文清，姚巧燕. 大数据技术对税收风险管理的影响与国际借鉴［J］. 国际税收，2019（9）.

常晓素. 大数据在税收风险管理中的应用探析［J］. 税务研究，2019（6）.

董蕾，先潇潇，王向东. 机构改革背景下税收征管模式转型［J］. 税务与经济，2019（3）.

龙承成. "互联网 + 税收大数据"背景下征税风险管理探究［J］. 中国管理信息化，2019（2）.

C KENNETH. The rise of big data［J］. Foreign Affairs，2013（92）.

C L CHEN，C Y ZHANG. Data-intensive applications，challenges，techniques and technologies：A survey on big data inform［J］. Sci，2014，275：314-347.

J BOURQUARD，C KIRSCH. Big data= big Benefits：States are using large amounts of data to improve efficiency，fight fraud and identify savings［J］. State Legislatures，2014，40：32-34.

SOON AE CHUN，LUIS F LUNA REYES. Social media in government［J］. Government Information Quarterly，2012（29）：441-445.

LALLY，ZIJL. Capital gains tax and the capital asset price mode［J］. Accounting and Finance，2003，43（2）：187-210.

WILLIAM H I. Building the datahouse warehouse6［M］. America：Wiley Publishing，Inc，2005.

INTERNAL REVENUE SERVICE. Private debt collection [Z]. http://www.irs.gov/businesses/small-businesses-self-employed/private- debt-collection, 2018.

ROUNG W, HUIYING LIN. Using data mining technique to enhance tax evasion detection performance [J]. Expert Systems with Applications, 2012, 39 (10): 8769-8777.

S MAGUIRE. State taxation of internet transactions [J]. Congressional Research Service Reports, 2014 (6).

REUVEN S. AVI-YONAH. International tax as international law [J]. International Review of the Red Cross, 2005 (2).

# 印度增值税改革的效应及启示

四川省国际税收研究会课题组

**内容提要**：2017 年 7 月 1 日，印度正式实施自 1947 年独立建国以来规模和力度前所未有的税制改革——货物和劳务税（goods and services tax，GST）改革。以在全国范围内征收统一的货劳税取代了过去中央和各邦分别征收多种间接税的征管模式，从根本上结束了印度市场分割、程序烦琐、效率低下的税收管理局面，进一步统一了印度市场、推动了经济增长、重塑了税收收入格局。本文通过梳理印度 GST 税改的概况和特点，深入分析了税改对宏观经济、物价变动、财政收入、营商环境等方面的影响，归纳总结了目前改革阶段还存在的诸多问题，并立足我国税制和征管特点，对在新时代税收治理现代化进程中如何借鉴印度 GST 税改，从税收立法、电子发票、税收信息化和税制改革等方面提出了意见和建议。

**关键词**：GST；税制改革；印度；效应；启示

## 一、印度税改的基本概况和主要特点

### （一）印度税改的基本概况

2017 年 7 月 1 日印度正式执行全国统一新税制货物和劳务税（good and service tax，GST）。改革前，印度实行中央、邦和地方三级课税制度，中央级税种 7 个，邦级税种 8 个，针对不同商品还设立了若干税种，税种数目合计达 500 个，市场分割严重，纳税程序烦琐，征管效率低下，加之大部分税种无法抵扣，重复征税问题显著，纳税人税收负担重、合规成本高，各邦之间同一产业的税负不具有可比性，区域间不良竞争等增加了印度的经济成本。因此，印度税收制度通常被视为对投资者不友好、不可预测、不透明的税制。改革后，GST 在全国实行统一税率，扩大了税收抵扣范围，提高了中央政府在国民经济运行中的调控能力，解决了全国市场分割和税种碎片化问题，增强了企业产品成本优势，加速了印度经济复苏。据印度媒体报道，商品和服务适用税率的下调使每年减税规模达近万亿卢比，释

作者简介：课题组组长：罗元义；课题组成员：王勇群、徐鸿、张洁、刘子涵、李骞、夏兰、唐一林、周政平。

放了大量改革政策红利。同时，在全国范围内建立的征管信息系统（GSTN）和电子发票的局部推行，为企业纳税效率的提升、经商便利化以及税务机关信息化和数字化管理奠定了良好的基础。

（二）印度税改的主要特点

1. 立法先行，以立法推动税改顺利进行

印度 GST 改革推动工作虽然难度很大，但仍然坚持法定程序，通过相应的税收立法来推动改革，将改革的分歧和矛盾都放在立法的平台上博弈和协调。GST 改革牵涉修改宪法，各方耗费 6 年时间反复讨论，但是只用了 2 个月时间就得到了中央议会和 16 个邦的批准。用 16 种语言写成的 5 部法律（《CGST 法》《SGST 法》《IGST 法》《UTGST 法》《GST（对各邦补偿）法》），得到了中央议会和 31 个邦级立法机构的批准，其中还涉及 200 项授权立法。印度 GST 制度完全符合普遍认同的税收法定原则，即税种法定、税收要素法定和程序法定。

2. 组织保障，以专门机构确保税改良性运转

2016 年 9 月 8 日，印度总统慕克吉签署的以 GST 改革为目的的《第 101 次宪法修正法》（以下简称《修正法》）正式生效。根据《修正法》的规定，2016 年 9 月 15 日，由中央财政部部长任主席、所有邦及中央直辖区财政部部长或指派的其他部长任特色机制员的 GST 委员会正式成立。GST 委员会是首个被赋予全方位决策权、由中央政府和各邦共同组成的机构，也是 GST 改革的最高决策机构，全权负责制定 GST 改革的具体实施方案，包括 GST 替代哪些现行税种、哪些货物和劳务纳入 GST 征税范围以及税率调整等重大事项。为了确保纳税人和各行业有适当的机会发表意见并进行反馈，印度成立了 18 个行业小组，每个小组都有中央政府和各邦政府的高级官员参加。此外，为了关注具体实施过程中的各个方面，GST 委员会成立了法律委员会、信息技术委员会、一站式委员会、适配委员会、宣传和外联委员会、能力建设和促进委员会、资金结算委员会、指导性文件委员会 8 个常务委员会，从不同角度为改革提出建议。针对各个行业对 GST 改革方案的反应和诉求，GST 委员会通过采取调整税率、完善征管、严控价格等措施，保证 GST 改革平稳运行。

3. 简化税制、统一税率，推进市场碎片化向一体化转变

GST 是一种只针对消费环节征税的间接税，只实施联邦 GST 和邦 GST，取代了之前 17 个不同的间接税税种，取消了 13 种附加税，实行 5%、12%、18%、28% 四档税率。相较于原税制，此次货物和劳务税改革实现了大规模简化（见表 1）。保证间接税的税率和结构在全国范围内统一，消除了邦与邦之间的税负差异，实现了“同一个国家，同一种税收”，形成了真正的统一大市场，提高了商业经营便利性和税收确定性，对印度社会经济发展起到有力的助推作用。统一税率、简化税制是现行 GST 税制区别于改革前印度税制的重要特点。

表 1　印度税改前后税种对照

| | 中央税种 | 邦政府税种 |
|---|---|---|
| 税改前 | 中央消费税、附加消费税、服务税、附加关税以及特殊附加关税 | 邦增值税、销售税、筵席税、中央销售税（由中央管理并由邦征收）、入市税、入境税、购买税、奢侈品税以及博彩税 |
| 税改后 | 中央商品服务税 | 邦商品服务税 |

4. 变通的"双轨制"设计，减少邦政府改革阻力

为了减少邦政府的改革阻力，此次税改并不是由中央政府在全国范围内对所有货物和劳务征收统一的货劳税，而是在基本保障邦政府征税权和财政收入的前提下，实行变通的"双轨制"货劳税，这也是印度现阶段税制不同于多数国家"单一制"间接税税制的特点。其主要内容包括：对于邦内货物和劳务供应，由中央政府和邦政府分别征收中央货劳税（CGST）和邦货劳税（SGST）；对中央直辖区内的货物和劳务供应，由中央政府和中央直辖区政府分别征收中央货劳税和中央直辖区货劳税；对跨邦/跨直辖区交易，由中央政府征收综合货劳税（IGST）。综合货劳税由中央政府和各邦政府共同管理，随后在各级政府之间分配。税额抵扣时，需按照税的类型进行进项税额抵扣，同一类 GST 优先抵扣，不够抵扣时才能用 GST 税额进行抵扣，进项税额抵扣顺序见图 1。

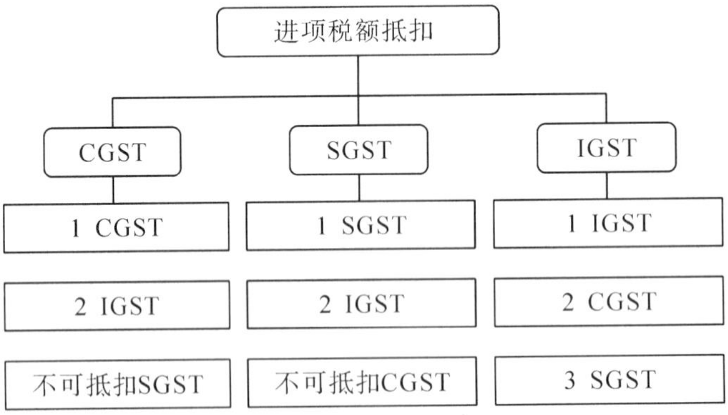


图 1　印度 GST 进项税额抵扣顺序①

5. 实施利益补偿机制，平衡中央与邦的税收收入

GST 改革利益补偿机制，是指因 GST 改革造成的邦政府收入损失 5 年内由中央政府补偿的制度。这是由于 GST 改革前，印度各邦政府对邦内交易拥有独立的征税权，而且据此开征的邦销售税（自 2005 年以后主要税目改征邦增值税）是邦政府收入的主要来源（约占邦税收收入的 60%）。因此，GST 改革将直接影响邦政府的收入，为保障邦政府收入、减少 GST 改革的阻力，印度在 GST 改革方案的设

① 李万甫，黄立新. 印度增值税改革［M］. 北京：中国税务出版社，2018.

计过程中，通过《第 101 次宪法修正法》和《GST（对各邦补偿）法》，建立了 GST 改革利益补偿机制。为此，设立“GST 补偿基金”，并由中央政府临时开征“补偿税”作为基金的资金来源。利益补偿机制极具印度特色，对于消除各邦政府对收入损失的担忧顾虑产生了积极有效的影响，是帮助改革扫清障碍的有效手段。

6. 实施逆向征税机制，有效防范逃税

通常来讲，GST 税款由已注册的商品或服务提供商向政府缴纳。而在逆向征收消费税的机制中，服务或商品的提供商收取的货款中不包含 GST 税额，而由购买方按逆向征税机制（reverse charge mechanism，RCM）的规定，自行开具发票并缴纳税款，这种征税方法既简化了征管又降低了征税成本。在逆向征税机制下，购买方有义务支付 GST，但如果购买方位于未开征该税的地区，则税款由货物或劳务的提供商缴纳。逆向征税机制与传统征税机制对比见图 2。

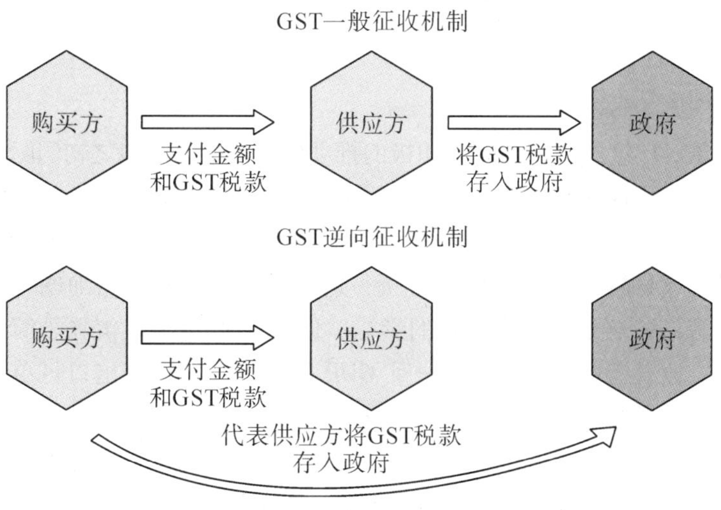


**图 2　GST 一般征收机制和逆向征收机制对比**

7. 运用电子发票，有效防范和遏制 GST 的偷骗税

目前，印度的电子发票具有四个特点：一是标准化。通过 GST 网络系统和印度注册会计师协会（ICAI）合作设计电子发票的标准格式，实现电子发票语言和格式标准化；同时通过采用轻度数据交换格式，实现发票文档格式标准化，保证兼容性，使纳税人能够通过网站、应用程序接口（API）、短信服务（SMS）、移动应用程序、离线工具等方式访问发票登记门户网站。二是唯一性。供货方将发票数据上传到发票注册门户网站后，系统将生成哈希以进行验证，随后使用发票门户网站（IRP）的私钥对其进行数字签名，再生成唯一的发票参考号，数字签名和 IRP 构成了电子发票唯一性从而为发票防伪提供了保障，可有效预防和减少逃骗税行为。三是便利性。发票登记门户网站生成的二维码中包含电子发票唯一参考号、数字签名以及一些重要参数和有关发票的特定信息。纳税人可以通过二维码在 GST 系统中查验发票的正确性和真实性。政府部门也可以通过扫描二维码，离线检查

发票。电子发票中强制附带的二维码方便了信息的查验，可跟踪货物移动，并在货物运输过程中核实发票上的相关信息。四是实时性。目前，电子发票信息在 IRP 中只保存 24 小时。实时性要求如需修改或取消电子发票，须在发票开具后 24 小时内完成。由于增加了发票修改的难度，客观上有助于提高电子发票的出票率和稳定性。

电子发票的高度标准化和互操作性、自动将发票明细填入 GST 申报表、自动生成电子通行单等优势，有助于企业降低合规性成本、减少交易争议等，从而提高整体业务效益。对税务局而言，通过启用电子发票，可以更方便地追踪和监控涉税交易，电子发票的唯一性特征保障了发票的防伪性，有助于有效地防范和遏制 GST 的偷骗税。

## 二、印度税改效应与问题分析

### （一）效应分析

1. 对宏观经济的影响

GST 改革对印度经济增长起着积极的推动作用。GST 实施之初国际组织预测印度国内生产总值（GDP）中期增速将达到 8%左右，但 2016—2019 年印度 GDP 增速分别为 8.26%、7.04%、6.12%、5.02%（见图 3），未达预期，且增速放缓。根据印度财政部《印度经济报告》的分析，这是受国际贸易摩擦加剧、保护主义抬头、全球经济增长乏力等综合因素的影响。但 GST 通过统一市场、简化税制、提高税法遵从、改善营商环境正面促进了 GDP 的增长。印度进出口订单量近年保持稳定，呈持续增长趋势（见图 4），很大程度上受益于 GST 改革。GST 委员会一直致力于加快出口退税和物流通关速度，从而降低出口商的相关成本。2017—2019 年，印度 GDP 总量在世界十大经济体中依次排名为第 5 位、第 7 位、第 5 位，印度 GDP 增速高于世界平均水平，在金砖五国（BRICS）中表现突出（见图 5），是世界增长最快的新兴经济体。

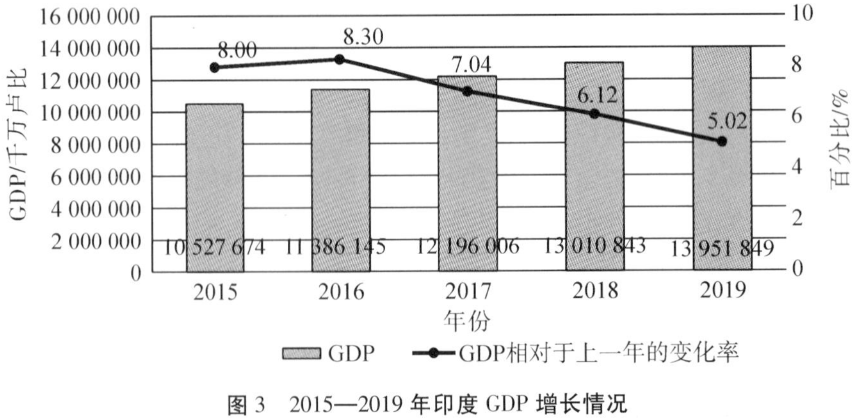


图 3 2015—2019 年印度 GDP 增长情况

资料来源：https://www.kylc.com/stats/global/yearly_per_country/g_gdp_growth/chn-ind.html.

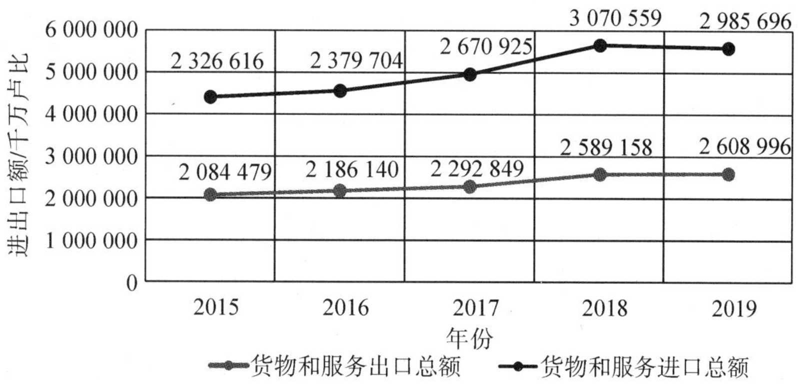


**图 4　2015—2019 年印度进出口额趋势**

资料来源：世界银行数据库 https://databank.shihang.org/reports.aspx? source=2&country=IND#.

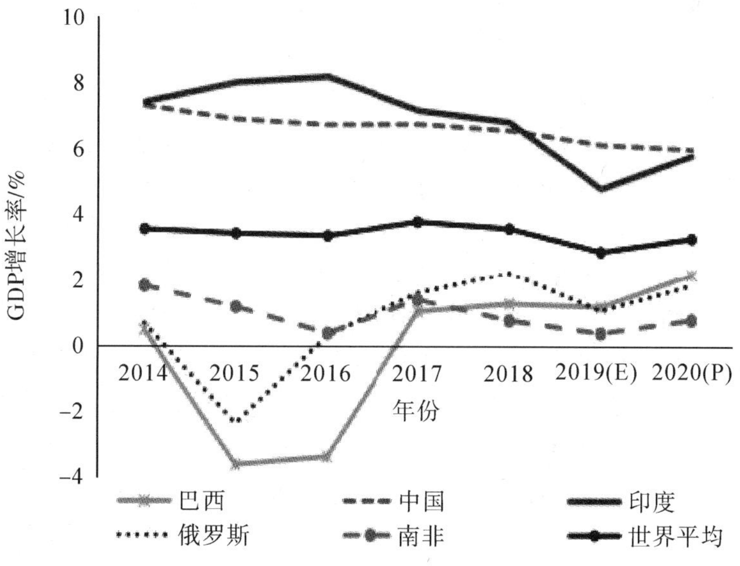


**图 5　2014—2020 年金砖五国 GDP 增长情况**

资料来源：世界经济展望，2019 年 10 月、2020 年 1 月数据。

2. 对物价变动的影响

GST 改革对印度消费者物价指数（CPI）和通货膨胀率的上涨都有明显的影响，对国民经济的直接影响则是消费疲软。印度统计局的相关数据显示，2017 年 12 月，基于 CPI 的全印度通货膨胀率高达 5. 21%，而在税改之前的 2017 年 4 月其通货膨胀率仅为 2. 99%（见图 6）。同时，印度 2017 年 12 月的 CPI 在与税改之前相比均有所上涨，除豆类产品和香料类（通货膨胀率分别为-23. 47%和-2. 21%）外。直到 2019 年年初，印度通货膨胀率才有所下降，与税改前较为接近。

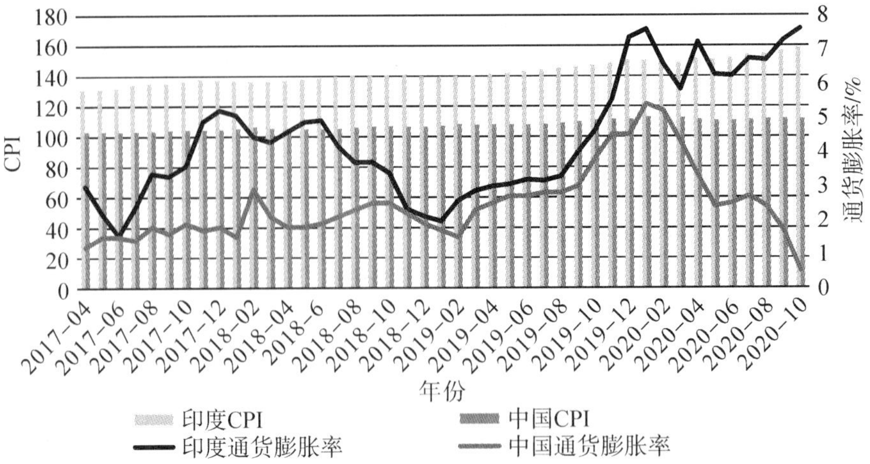


**图6 2017年4月—2020年10月中印两国CPI和通货膨胀率对比**

资料来源：印度国家统计局、中国国家统计局。

3. 促进统一市场的形成

GST改革在印度全国范围内统一了税制和税率，从而促进了国内统一市场的形成。虽然GST开征对印度税制统一的推动作用还未达到中国增值税制度高度一体化的程度，尤其是印度为保证各邦（中央直辖区）的利益，采用了世界罕见的"双轨制"GST，与中国规范的单一制相比还有差距。但GST让印度的税收制度加入了增值税制度国家的阵营，获得了增值税固有的优点，如避免重复征税、税收中性、税收公平、促进出口等，将改革前印度中央与各邦之间碎片化的税收模式实现了一体化。在世界大国竞争中，印度的人口红利充足，市场渗透率低，软件服务、信息技术、金融证券等行业迅速发展，经济增长已经进入快速发展轨道，发展潜力巨大。如果将印度看作一个木桶，统一市场的缺失犹如印度的一块短板，GST改革让印度的统一市场从无到有，在印度引入了"同一个国家，同一种税收"的体制，给木桶补上了短板。

4. 保障印度财政收入的稳定增长

GST改革保障了政府财政收入来源稳定。GST收入连年同比增加的同时，其占税收总收入的比率也呈逐年上升趋势。GST收入占税收总收入的比重，2017—2018财年为23.06%，2018—2019财年为28.64%，2019—2020财年为26.95%。2019财年相较于2016财年的12.8%其提升了14个百分点，一跃成为印度第二大税收收入来源（仅次于企业所得税31%的比重）。近年GST收入整体稳中有增。2017年7月—2018年3月，GST月均收入为8 989亿卢比；2018年4月—2019年3月，GST月均收入为9 811亿卢比，同比增长9.2%；2019年4月—2020年3月，GST月均收入为10 185亿卢比，同比增长10.38%。

5. 促进营商环境持续优化

GST显著改善了印度国内经营和投资环境，增加了印度在全球经济事务中的影响力，提高了印度在全球商务便利中的排名。世界银行营商报告的数据显示，2017—2020年，印度营商环境排名持续上升，总指标排名由2017年的130名上升到2020年的63名，提升了67位；纳税指标排名从2017年的172名上升到2020年的115名，提升了57位（见表2），可以认为“缴税”方面的显著进步对印度整体的营商环境有较大的贡献。其主要原因是作为GST税改的配套系统GSTN是提供交互式界面的涉税事项应用和处理平台，依托系统平台统一集成的信息化管理模式降低了纳税人税收遵从的制度成本，使企业注册和业务发展更加便利化。例如，在办税次数这一指标中，通过电子网络办理各项涉税事项无论多少次都只按一次来计算，因而，印度在这一指标上的得分大幅提高。另外，印度还大力推行电子发票系统，该系统支持将电子发票的详细信息预填到申报表中，引入的社保（ESIC）和养老基金（EPFO）的在线强制缴付机制，降低了企业所得税税率以及雇主缴纳的员工公积金，这些措施都极大地减轻了企业的税费负担。以上政策使得印度在办税次数和总税费率指标上的得分有了大幅提升，继而显著地改善了营商环境。但是，印度大部分小企业没有连入互联网，也缺乏使用GSTN的基本技能，大量纳税人在按期申报方面遇到了困难。由于GST税改仓促上马，没有经过地区试点，GSTN系统本身故障频发，网络负荷较重，纳税人需要尝试多次才能登录网站进行申报，印度在办税时间指标上的得分有较大幅度的波动。

**表2 2017—2020年中印两国营商环境总体指标及纳税指标得分对比①**

| 年份 | | 2017年营商环境报告 | | 2018年营商环境报告 | | 2019年营商环境报告 | | 2020年营商环境报告 | |
|---|---|---|---|---|---|---|---|---|---|
| 国家 | | 印度 | 中国 | 印度 | 中国 | 印度 | 中国 | 印度 | 中国 |
| 总体指标 | 得分 | 55.27 | 64.28 | 60.76 | 65.29 | 67.23 | 73.64 | 71 | 77.9 |
| | 排名 | 130 | 78 | 100 | 78 | 77 | 46 | 63 | 31 |
| 纳税指标 | 得分 | 46.58 | 60.46 | 66.06 | 62.9 | 65.36 | 67.53 | 67.6 | 70.1 |
| | 排名 | 172 | 131 | 119 | 130 | 121 | 114 | 115 | 105 |
| | 办税次数/(次·年$^{-1}$) | 25 | 9 | 13 | 9 | 11.9 | 7 | 11 | 7 |
| | 办税时间/(小时·年$^{-1}$) | 241 | 259 | 214 | 207 | 275.4 | 142 | 252 | 138 |
| | 总税费率/% | 60.6 | 68 | 55.3 | 67.3 | 52.1 | 64.9 | 49.7 | 59.2 |
| | 申报后流程指数（0~100） | 4.27 | 48.62 | 49.31 | 49.08 | 49.31 | 50.0 | 49.3 | 50.0 |

资料来源：世界银行数据库。

① 印度2017年7月才开始实行GST税改，营商环境报告一般统计的是前一年度的数据，故印度在《2017年营商环境报告》申报后流程指数这一指标上的得分异常偏低，与其他年度不具有可比性。

（三）存在的问题

1. 税率档次较多，征管难度偏大

印度货物与劳务税的基本税率有 4 档，即 5%、12%、18%和 28%（每档税率为 CGST 和 SGST 的合计税率，即两者各征 50%），对于家庭普通日常消费实行 5%的税率，大多数商品服务实行 12%和 18%两档标准税率，对于汽车、家电、碳酸饮料、烟草等实行 28%的税率。一部分特定货物与服务适用免税，另一部分特定货物如汽车、煤、烟草、汽水等商品额外征收补偿税。此外，还设有 0.25%和 3%两档适用钻石、未经加工的宝石以及金、银等少量货物的税率。因此，如果不包括对出口实行的零税率，印度 GST 实际上有 6 档税率，税率结构之复杂，令广大企业对适用几档税率、如何申报以及需要提供哪些资料无所适从。再加上“双轨制”模式下形成的进项税额抵扣制度也较为烦琐，加重了纳税人的核算和税务机关的审核负担。

2. 税率调整频繁，增加了适应难度

印度 GST 改革过程中，税收政策调整频繁，特别是税率。截至 2020 年 12 月，GST 委员会已召开 43 次会议，几乎每次会议都涉及税率调整。过度频繁调整税率有损政府公信力，影响改革的严肃性和征纳双方对政策的适应性。由于 GST 仓促上马，税制设计较为复杂，税务部门对内对外的培训不到位，部分税率与纳税人预期不相符，加之 GSTN 问题频发，造成纳税人对 GST 的实施颇有微词。GST 委员会不得不对纳税人反映强烈的问题进行处理，对频繁发生的状况进行善后，由此造成了 GST 相关政策一改再改、税率一调再调，增加了 GST 实施的不确定性。此外，频繁变动的税率不仅是行业的负担，还可能对经济造成不利影响，因为税率的每一次变革都会使需求和供给发生变化，并最终影响价格，这使纳税人产生了观望情绪。

3. 电子发票使用门槛较高，未能充分发挥电子发票的优势

在 2019 年 9 月 20 日召开的 GST 委员会第 37 次会议上，GST 委员会建议在 GST 中分阶段引入电子发票。2020 年 10 月 1 日，印度正式推行使用电子发票。因电子发票处于试点阶段，仍存在两个问题：一是使用门槛较高，只有年流转额达到 50 亿卢比的纳税人才能使用。二是目前只有企业与企业之间（B2B）的交易可以开具电子发票。经济特区单位、保险、银行、非银行金融机构、货物公路运输机构、客运服务、多元化电影院门票不需要开具电子发票。企业对政府（B2G）的供货交易、企业对终端消费者（B2C）的交易还没有推广电子发票。电子发票使用范围较窄，导致未能充分发挥其对提升征管效能的优势。

4. GSTN 的技术短板，导致办税时间增加

GSTN 系统虽比设计之初有改善，但仍存在一些问题。一是一般纳税人需填写的申报表较多。企业每月至少要进行 3 次网上申报，每年需要填报 37 次纳税申报表。这些报表都需要通过 GSTN 网站进行申报，其中一些报表还需附上发票详细信息和报告。令人困惑的税率、过多的证明资料以及对能否正确报税的担忧，无疑加重了纳税人的负担。二是 GSTN 对纳税人的信息化要求也很高。

## 三、印度 GST 改革带来的启示和政策建议

### （一）印度 GST 改革带来的启示

1. 税收法定和立法先行是税制改革的强力保障

印度 GST 改革贯彻的是立法先行的原则。通过协商在立法前解决中央与州的分歧和矛盾，再通过相应的税收立法来推动改革。印度首先是修改宪法，通过了《第 101 次宪法修正法》，奠定了 GST 立法基础；其次是出台和通过中央和各邦的 GST 法。印度 GST 制度的税收法定属性，为印度统一间接税制，在中央和地方两个层面扫清了法律障碍。同时，GST 立法所确立的原则和措施，如 GST 委员会、GSTN 的职责和功能等，又为推进和深化改革提供了组织和技术保障。

反观我国增值税，由于法律地位不高，与其主体税种的地位严重不符。目前，增值税的法律依据仍然是国务院颁发的暂行条例和财政部、国家税务总局颁布的实施细则等规章以及其他规范性文件。目前，虽然中国正在加速推进增值税的立法进程，但税收法制化还未完善，仍然任重道远。

2. 税制改革和税收征管改革同步是深化和完善改革的必然选择

印度自从 1999 年正式提出要实施 GST 改革以后，积极创造条件为改革实施提供法律、财政等各项准备。在此过程中，政府也在考虑同步推出征管改革，以适应和支持税制 GST 改革的需要。税收征管改革主要包括两个方面：

（1）创建 GSTN，实现对 GST 的有效征管。早在 2015 年，印度就开始筹建 GSTN。从设计、构建到运作，GSTN 集合了多方智慧，全面满足纳税人的办税和税务局日常税务管理的需求。GSTN 系统实现多系统进入模式，让纳税人可以足不出户，通过互联网端口或手机 APP、会计软件等方式与 GSTN 互联，减少了纳税人办税次数（从税改前的年均 23 次减少到目前的 11 次），提高了办税效率，帮助印度有效改善了营商环境。GSTN 的全领域信息集成、共享、处理和分析能力以及安全高效和易用快捷的特性，为 GST 改革的顺利实施提供了强力保障。

（2）适时推出电子发票，推进和完善 GST 改革。2021 年 10 月 1 日实施电子发票是印度政府为规范市场行为，推进数字化经济以及深化 GST 改革，遏制偷逃税的一大举措。首先，印度电子信息技术部下的国家信息中心负责电子发票的登记、验证、数字签名和生成发票参考号等管理工作。这说明，印度政府从顶层设计就站在信息统筹和归口管理的角度，将电子发票纳入政府统一管理，摒弃了“谁使用谁管理”的传统做法。政府统筹信息管理，改部门之间的信息共享为政府、社会、纳税人之间的信息分享，为促进数字经济健康发展创造良好条件。其次，电子发票具有标准化、唯一性和便利性。对纳税人来讲，一方面，降低了开票难度，使电子发票更易于使用和推行；另一方面，发票系统提供的同时分别自动预填供货、购货双方纳税申报表中的销售额和销项税额、进项税额，大大提高了办税的准确性和效率。对税务局来讲，自动填入申报表功能，建立起了购买双方勾稽关联关系，为防止虚假交易、有效遏制 GST 进项税额偷骗税提供了可靠的保证。最

后，印度的电子发票改革也是从“信息管税”向“以票管税”的回归和融合。印度从 GST 税改初始的任何法定支付凭证都可以作为 GST 进项税额抵扣的依据，发展到目前实施需要登记认证数字签名和生成发票参考号即具有增值税专用发票属性的电子发票，既是 GST 税制改革的要求，也是税收征管的需要。目前，中国增值税正在实行发票电子化，同样是契合了全球应用电子发票的发展趋势，可谓与时俱进，殊途同归。

3. 协调解决中央与地方的利益和矛盾是实施改革的前提

GST 改革初期，首要矛盾是地方税制分割与经济发展要求形成统一市场、统一税制之间的矛盾。明确损失补偿机制是有效消除矛盾、完成统一税制改革的重要前提和必要手段。为此，政府以开征 5 年期 GST 28%的高税率补偿税的方式筹集资金，补偿邦政府由于税改蒙受的税收损失。设置高档税率使 GST 具有消费税性质，虽然与 GST 低税率设计理念相悖，也为日后优化 GST 埋下隐患，但以此为代价换取 GST 改革的启动，也是中央政府的明智之举。GST 兼具调节分配和“补偿”职能是中央和邦政府协商和博弈的结果，也是 GST 税改的一大特点。

（二）政策建议

1. 加速推进和规范我国的税收立法工作

首先是立法进度需加快。历经 40 多年改革发展，中国已经建立起与国际接轨并具有鲜明中国特色的现代增值税制度。党的十八届三中全会确定 2020 年基本建立现代财政制度的目标，在深化税制改革上的重要体现就是税收法治。因此，在当前推进国家治理体系和治理能力现代化的进程中，加快增值税立法是当前中国经济生活和法治建设中的一件大事。充分遵循增值税中性、公平和效率原则，将征税范围、税基、税率、减免税政策等税收要素以法律形式固定下来，维护税收法律的稳定性和权威性，其历史意义不言而喻。其次是立法原则要科学。增值税立法应按照既满足当前经济社会发展的法律需求，又具有一定前瞻性的思路，聚焦构建更加科学公平的增值税制度。中国立法机构既要高屋建瓴又要集思广益。增值税立法超过了税务局的层级，但与税务局的职能天然相关、密不可分，这意味着税务部门应在增值税立法过程中发挥较大的作用。因此，税务部应总结近年来增值税改革的成果，在简并税种、降低税率档次、清理完善税收优惠以及实行彻底的退税机制等方面，理顺整合各种税制要素，为增值税立法做出积极贡献。

2. 将电子发票的先进理念和做法融入我国税收实践

通过观察印度电子发票的实施情况，我们认为，我国税收征管也应该博采众长，借鉴国际经验，将电子发票的先进经验融入我国的税收征管改革中。首先，在电子发票的管理和数据信息的共享方面，要注重顶层设计，立足更高的站位，从制度上摒弃政府部门间信息割据和碎片化的现象。目前，我国政府部门信息孤岛现象非常严重，在信息管理方面仍是各自为政。比如省一级部门，税务局完全不能从商务厅完整地获取企业投资经营的相关信息。虽然省级政府积极主导和推行信息共享机制，但收效甚微。借鉴印度经验，我们应跳出条块管理思维，由国家信息部门主导和参与信息管理，实现政府、税务局和纳税人三方信息资源共享。其次，在我国推行增值税专用发票电子化的过程中，要借鉴印度以及世界上实施电子发票的先进理念和做法。比如，我们的改革试点，还停留在增值税专用发票的电子化上，增值税专用发票使用和管理流程维持不变，必须要经过单独的开票系统来完成开票，原来存在的增值税专用发票虚开的问题并未得到解决。而印度的电子发票，完全是一套全新的既符合国际惯例又适合本土化需求的管理系统，特别是发票数据自动填入购买双方纳税申报表的功能，将便捷和防伪有机融合。目前，我国增值税发票电子化已实现“一表集成”功能，也能自动搜集和填写发票数据。最后，印度的电子发票，可以由企业通过集成了定制功能的自己的会计软件自主生成后，再传送到政府进行登记验证和加密。而我国的增值税专用发票即便实现了电子化，也存在发票统一核发、传送和领用这一环节，需要专用设备确保发票安全。虽然按照纳税人的信用和风险等级对电子发票最高开票金额进行限制，降低了发票虚开风险，但同时，在发票核发领用环节占用了征纳双方大量的资源，增加了纳税人的奉行成本。因此，有必要对我国电子发票的结构和流程设计进行反思和优化。

3. 推进和完善我国的税收信息化改革

按照金税四期规划，要实现所有税种“一平台受理”，全国范围内税务管理征收业务的“一站式”通办，构建功能更强大的现代化税收征管系统。结合金税三期存在的问题，我们认为应关注以下四个方面：一是要高度重视金税工程运营模式的设计、运营方式和合作对象的选择问题。目前，金税工程项目召标外包模式虽然符合现行规定，但外包经营的确存在诸多弊端，如在合同到期后合同期间数据的迁移和维护，几届承包商软件系统和数据库的协调与升级等方面出现业务断层、衔接不畅、短期效应等一系列问题。印度 GSTN 的经验能否借鉴，值得我们深思。二是在项目的设计上，应集思广益，充分参考纳税人、税务中介等多方的意见。在满足税收征管需要的同时，为税收专项管理和分析提供数据支撑，避免出现以往的设计很完美、操作难到位的现象。三是在功能拓展方面，要考虑集成国际税收管理、出口退税等专业性较强的税收业务管理和分析功能。目前，很多专业性较强的业务，还在使用系统外的专用管理软件或平台，如国际税收部门在总局和省局分别有两个系统外的管理平台，这在某种程度上造成了重复工作、资源的浪费和税收信息的碎片化。金税四期应该在目前集成化的基础上，完善相关功能，发挥核心软件智能办税、智慧管理的作用。四是提高金税四期的易用性和交互使用性。例如为纳税人和缴费人预留接口，允许符合安全规范和技术标准的企业会计软件与税务部门进行对接，自动提取财务数据，自动预填纳税申报表，简化纳税申报，提高申报的准确性，进一步优化营商环境。

4. 持续完善我国的税制改革

根据税制设计“简税制、宽税基、低税率”的指导原则，我们应继续从以下几个方面推进税制改革：一是归并一些已不适应现代经济社会发展的税种。例如车辆购置税，其前身是1985年为筹集公路建设专项资金而开征的车辆购置附加费。当时的征税对象主要针对进口交通工具。现在随着社会经济发展特别是收费高速公路的兴起，该税已完成筹集公路建设资金的历史使命。因此，应考虑取消此税或将其并入消费税。二是适当降低部分税率。印度对农牧渔家禽和农作物实行免税或按5%的低税率征税。建议对影响我国国计民生的基本生活食品，如粮油蔬菜等日用食品，将增值税适用税率从9%降至6%。这部分产品扣除额较低，税负相对较重，降税后更有利于减轻农民或从业者的税收负担，促进农业生产发展。三是完善增值税抵扣链条，探索实施逆向征税机制。印度对5种货物和8种服务的交易（如销售方是农民或小商贩），由购买方按照逆向征税机制的规定，自行开具发票并缴纳税款，既堵塞了逃税漏洞，又保持了增值税抵扣链条的完整性。我国也同样存在类似问题，如纳税人向自然人购买农产品、废旧物资等存在开票和缴税难的问题，建议对我国实施逆向征税机制的可行性和可适用范围进行研究，择机开展试点。

**参考文献：**

李万甫，黄立新. 印度增值税改革［M］. 北京：中国税务出版社，2018.

李平，谢波峰，孙岩岩. 专家探讨：电子发票的现状与未来［EB/N］.［2020-08-12］. 中国税务报，http://www.ctaxnews.com.cn/2020-08/12/content_969754.html.

万甫，孙红梅. 印度GST改革：边推进边完善［EB/N］.［2018-06-12］. 中国税务报，http://www.ctaxnews.com.cn/2018-06/12/content_334434.html.

陈琍. 中印增值税改革比较［J］. 税务研究，2018（5）：86-90.

于健. 优化税收营商环境的比较研究：基于《2020年营商环境报告》的分析［J］. 国际税收，2020（10）.

印度税改一个月，核心在于加强中央财政汲取能力［EB/OL］.［2017-08-01］. http://www.cquc.net:83/DRCNet.Mirror.Documents.Web/DocSummary.aspx? docid=4786263&leafid=22594.

周广仁. 增值税制度：与国际接轨并具有鲜明中国特色［EB/N］.［2018-11-21］. 中国税务报，http://www.ctaxnews.com.cn/2018-11/27/content_946778.html.

王建平. 增值税立法：更好体现公平税负和税收法定原则［EB/N］.［2019-12-18］. 中国税务报，https://www.shui5.cn/article/be/133847.html.

# 税制结构与地方政府治理：一个文献综述

叶大港　郝晓薇

**内容提要：**《中共中央关于制定国民经济和社会发展第十四个五年规划和二〇三五年远景目标的建议》中把"提高国家治理效能"作为"十四五"时期经济社会发展六大"新"目标之一。地方政府是中央政府决策的落地执行者，是国家治理的重要推动力量，而地方政府治理属于国家治理不可缺少的一部分。同时，税收在现代国家治理体系中承担了基础性、支柱性和保障性角色，税制结构的优化无疑会对地方政府治理产生重要影响。国内外学者也纷纷对税制结构和地方治理进行了全方位、多角度的研究，本文经过对100多篇国内外文献的梳理后发现，国内外学者在税制结构的经济效应、改革优化以及国家治理、地方治理等方面都取得了丰硕成果，但是专门深入研究税制结构与地方政府治理关系、地方政府衡量指标的相对较少，因此未来还有很大的研究空间。

**关键词：**税制结构；税制改革；国家治理；地方政府治理

## 一、引言

当前，虽然我国已经逐步走出新冠肺炎疫情以及全球经济低迷的影响，经济长期向好、社会比较安定，但是我国发展仍还存在一些问题，即不仅面临经济下行的压力，且在国家治理、政府治理、社会治理等方面还存在弱项。

我国于2020年10月通过的《中共中央关于制定国民经济和社会发展第十四个五年规划和二〇三五年远景目标的建议》，把"提高国家治理效能"作为"十四五"时期经济社会发展六大"新"目标之一。地方政府由于是中央政府各项决策的直接执行者，是国家治理的重要推动力量，其治理水平的高低将对国家治理水平产生重要的影响。

财政是一国之基，如果根基有问题，那么国家的治理将会动摇（刘尚希，2015）。财政的主要部分就是税收，所以税制结构的优化程度将会影响财政体制的

---

**作者简介：**叶大港，西南财经大学财税学院税务硕士研究生；郝晓薇，西南财经大学财税学院副教授。

健全程度，进而影响国家治理和政府治理的效果。所以，税收涉及很多方面的问题，如经济、政治等，同时它还对健全国家治理体系、提高国家治理能力发挥重要的作用（柳华平、张景华、郝晓薇，2016）。然而，当前税制结构并没有十分完善，与目前我国的经济发展不太匹配。虽然我国目前实行直接税和间接税并重的双主体税制结构，但是实际上直接税的比例和地位有待提升。

综上所述，税制结构是否科学合理会关乎地方政府治理效果和治理能力能否提高。因此，研究税制结构的优化以及推动地方政府治理水平提升就显得十分必要。本文分别对地方政府治理、税制结构以及两者之间的关系做了全面的文献综述，可以帮助学者拓展思路，也可能会对税制结构与地方政府治理的实践提供帮助。

## 二、地方政府治理相关研究

### （一）治理

1.“治理”的兴起

（1）治理是什么

“治理”是个综合性概念，它的内涵和定义不同于“管理”“统治”等。

首先有必要辨析一下“管理”和“治理”。“治理”概念源自古希腊语“引领导航”一词，意指“为了达成一致行动使多元化趋同于一致化”。而“管理”则常常用于指具体事务本身的运行。因此“治理”比“管理”的含义要更加多元性。但是后来治理的含义伴随公共治理的发展变得更加综合、广泛，如“治理被定义为一种行使方式，去管理国家经济和社会发展”。因此，很难将“治理”概括成一个普适性的通用概念。

其次需要对“治理”和“统治”进行辨析。作为西方治理理论创始人之一的Rosenau（1995）是西方治理理论的创始人之一，他认为“治理与政府统治不同，而且区别很大。”他在其《没有政府的治理》一书中明确指出：治理是涉及很多领域的一个总称，即使某些方面未能得到充分明确的正式授权，也会有效地发挥保障社会秩序、促进社会进步的正向作用。随后Rhodes（1997）提出，治理理论可用于多个学科和领域，包括新公共管理、社会控制系统、善治、公司治理等方面。由此可见，治理并未强调重点依靠国家强制手段实现治理目标。

因此，治理的内涵更具高度性、多元性、概括性、全面性。治理在过去的研究成果中呈现出不同的研究领域与研究路径，因而获得多种多样的定义。这是因为治理是不同于管理的一种综合关系，它不仅涉及经济学、管理学，还会结合政治学、社会学等领域。

（2）治理从何而来

“治理”伴随着西方“福利国家”危机这一社会问题而来并被作为“医治良药”来认定，其首先流行于企业界，随后进入公共管理领域，最后被世界银行、国际货币基金组织等国际机构推而广之而走向国际社会。近年来，在学术讨论和实践研究中，治理的概念被广泛地运用到各个领域。这说明，尽管“治理”一词早已出现，但是西方世界在二战后经历了国际社会的各种危机和变化，对其进行了延伸和拓展。最终在各个国家以及国际组织的广泛参与下，全球治理理念发生了管理方式的转换（安亚卓，2020）。

2.“治理”的发展

进入21世纪后，西方学者对于治理的研究进入了新的层次，学者们不再拘泥于过去对“治理”的争执，而是从其他各个方面对治理理论做了拓展与丰富。

有的学者从治理民主的维度去探索治理理论的今后发展方向，如Harry和Boyte（2008）将民主治理置于研究前沿，认为治理是从民主形式不断完善而来的，若治理得好，民主程度也必然将会提高。还有的学者肯定了治理网络模式对维护良好社会秩序的重要作用，如Lovett（2014）认为，网络参与式的治理是一种完善组织问责机制、提高工作效率及加强权威的重要方式。在国际视角下，也有外国学者发现了治理全球化的新方式。Puhlman. Molly（2013）发现，在全球化治理的模式下，如果想要取得满意的治理结果，那么就应考虑如何能受到参与权力运行的正式组织的支持，因为他发现这些正式组织的执行效果比那些非正式组织更为合理有效。O'Dell、Roni和Kay Marie（2014）通过对比联合国开发计划署与世界银行的全球治理理念后发现，虽然各社会组织的全球治理实现方式因全球化而各不相同，但是其在全球范围内的治理目标却趋同。

而我国学术界对治理的关注和治理实践的发展在时间上紧密契合。我国于20世纪五六十年代提出“四个现代化”①，到了2013年我国又提出“推进国家治理体系和治理能力现代化”。可以说这是对过去的推陈出新，是一种升华和扬弃的结果（张天笑，2015）。

3.“治理”的现状

国外学者对政府社会治理模式以及未来发展趋势都做了较为系统的研究，并取得了丰硕成果，治理在过去的研究成果中呈现出不同的研究领域与研究路径，因而获得多种多样的定义，但纵观关于治理的各类研究，对治理概念达成一定共识还需要学术界做出更多贡献。

我国学者对于治理理论的研究已经逐步形成了较为完善的理论体系，并对治理理论的基本内涵达成了共识，即“治理”区别于传统统治，对社会的共同治理主体是市场与经济、公共领域与私人领域或国家政府与公民，在一个持续的互动过程中不同主体建立一套科学高效的新社会事务管理范式。结合国内外学者对治理的研究，可以大致将治理概念分为三种（杨开峰、邢小宇等，2021）。

第一种是西方治理概念，Bob Jessop、Rosenau、Ostrom、Rhodes等学者和全球治理委员会等机构，都坚持治理多元、平等的理念。比如作为西方治理理论创始人之一的Rosenau（1995）认为，“治理作为一系列社会统治者活动领域范围内的管理机制总称，即使某些方面未能得到充分明确的正式授权，也会有效地发挥保

① 四个现代化是指工业、农业、国防及科学技术的现代化。

障社会秩序、促进社会进步的正向作用”。

第二种是结合我国治理实践探索，把治理看作“治国理政”，认为其是一个综合复杂的综合概念，应包含政治、经济、文化等多个方面（朱正威、吴佳，2017）。

第三种是把各种概念混合，如把治理、管理和统治等混合，这是传统治理观。

（二）国家治理

1.“国家治理”概念的内涵

首先国家治理属于治理的一种，是对治理理论的实践。由于市场参与主体日益呈现出多元化，要求国家建立一种全面、多元的国家治理体系去服务、协调各市场主体的利益。福山、王匡夫（2018）在对治理进行三种类型的界定时，在第二种“治理”中则更加具有狭义上的国家治理的蕴意，即在公共管理视域下，探究国家（往往以政府为代表）如何塑造治理主体角色、进行治理行为、发挥治理作用、产生治理价值等问题。

其次国家治理是一种公共管理，在国家内部发生的现代国家公共管理。因此，在国家权力作用下，强调国际组织、政府、市场、社会等多种机制的相互作用与协调关系的产生，均属于国家治理概念的范畴（安亚卓，2020）。

我国针对“国家治理应该是什么”，主要有以下几种流派：俞可平等人（2000）从治理主体、过程、方式三个方面看待国家治理，认为国家治理发源于国家统治和国家管理，并实现了升华；王浦劬（2014）认为，国家治理的实质不论在价值观还是政治态度上都不同于西方，而且区别于中国传统统治者；何增科等人（2014）认为，国家发挥主导作用在国家治理上比较重要，同时也应该考虑到治理本应遵循的价值原则。

在西方传统观念下，国家、市场、社会是分立而不可能融合的。纵观西方的国家治理思想的发展史，会发现西方一直保持对“政府局限性的考察，并更多地研究国家权威及其行使的途径”，这多少也影响了学术研究与实践探索（王浦劬、臧雷振，2017）。

2.“国家治理”实践探索

西方的国家治理思想推动国家治理实践的各种探索。从酝酿时期的新自由主义国家治理，到发展时期的后现代主义国家治理，再到反思时期的新国家主义国家治理，西方的国家治理思想实践越来越丰富，思想与实践两者相互促进、相互影响。

自党的十八届三中全会以来，我国学术界对国家治理等相关问题进行了讨论。学者们结合国家治理的一系列政策和改革实践提出很多改革建议。例如，郭月梅、厉晓（2017）基于国家治理视角，从财税角度提出建议：国家治理的目标是实现政治、经济、社会等发展，与各方主体一起治理国家事务。基于国家治理现代化，国家治理视野下的税收职能具有综合性，是包括各种职能在内的有机结合体，其高度相关于国家的经济治理、社会治理和政治治理（刘元生、李建军，2019）。但是，税收在推动国家各方面治理上仍有不少局限。为此，可以突破经济学领域，从国家治理的角度推进税制改革。

另外，我国还有学者在“国家治理”的维度下，研究“国家治理体系和能力”。例如，罗智芸（2020）认为，国家治理能力和治理体系都非常重要，但相比而言，前者更应该受到高度关注，因为无论什么制度都需要去执行。唐兴军和齐卫平（2014）认为，国家治理体系的构建与治理能力的提升有赖于政府职能转变与能力提升，政府致力于构建一个多元化主体参与的治理型政府，包括公民、市场与社会。田坤（2020）通过对保定市的财政收入研究发现，征税能力是国家治理能力现代化不可或缺的一部分，税收特别是直接税的征收体现了一个国家的行政管理能力和努力程度。

因此，在国家治理的相关研究上，更多的是从宏观层面的顶层设计出发，运用微观政策，推动国家治理水平提高。而税收制度建设是国家治理的基础，应该充分发挥税收的职能，从政治、经济、社会等角度稳步推进税制改革。

（三）地方政府治理

虽然治理正在深入公共管理、经济学和政治学等领域中，但将“治理”结合地方层面的“地方治理”却很少见（单鑫，2009）。要想更好地构建国家治理体系、提高治理能力，使其走向现代化，不仅需要中央高屋建瓴、顶层设计，更需要地方政府的落地执行（唐天伟等，2014）。地方政府是国家层面顶层设计体系之下的具体政策执行者，是整个社会基层范围的治理主体。

1.“地方政府治理”概念界定

西方学者对政府的治理能力并没有给予地区针对性的实证分析，更多的是对“治理理论”从宏观角度的规范性论述。

我国“地方治理”的概念是来源于1999年周红云教授翻译的一部著作《从地方政府管理到地方治理》，后来到2004年，孙柏瑛教授（2004）才在其著作《当代地方治理——面向21世纪的挑战》中首次对地方治理进行系统全面的总结，随后关于地方治理的研究便在国内如火如荼地展开。之后也有学者对其概念做了界定，如周伟、练磊（2014）结合治理理论，把地方治理定义为“依托各种组织，包括政府、社会、民间公民组织等，将治理融入地方行政体制改革和公共管理的重要措施”。

2.“地方政府治理”衡量指标

我国学术界对于地方政府治理衡量指标的研究并不充足，如何更好地衡量地方政府治理还存在争议。许多学者参考了西方学者的思路，对如何量化研究地方政府治理进行了思考，但还是局限于国家治理、社会治理或公共管理绩效等的研究上面。

俞可平（2003）提出的中国民主治理的主要评价标准有法治、公民的政治参与、政治透明度、对党和政府的监督、基层民主等15个。这是当时国内一项具有开创性意义的研究，对推进民主化进程带来极强的指引性，但是作者没有对这些具体指标细节做出内在的逻辑联系证明，部分指标中存在内涵交叉等现象。彭国甫（2004）对地方政府公共事业管理绩效评价指标体系的构建做出了贡献，考虑了业绩、成本、内部管理三个重要角度。张笑天（2015）、姜朋亮（2017）从经济、政治、文化建设以及政府自身建设等方面建立了一套地方效能型政府治理绩效评估指标体系，包括经济治理、政治治理、社会治理、文化治理和生态文明治理共5个一级指标、12个二级指标及40个H级指标。汪洋和沈忱（2017）从多维度对政府治理现代化构建了评价体系，这一体系非常全面，考虑了治理机制完善、结构优化、模式变迁、能力提高等方面，可以为相关研究提供一定的理论支撑。郭晟豪和萧鸣政（2017）则认为，在统计方法上，首先需根据指标的内容区别指标是形成型还是反映型来确定，若为反映型指标，则可以采用传统的因子分析法和DEA方法；若为形成型指标，必须首先关注其概念，其次采用偏最小二乘法进行统计计算。储德银和费冒盛（2020）参考了姜扬等学者（2017）的方法，考虑了政府绩效、腐败程度、法治水平和监督管理4个方面，通过主成分回归模型得到一个综合衡量体系。

3.“地方政府治理”实践探索

（1）中国地方治理中地方政府之间的横向关系

我国学者研究不同地方政府治理的横向关系的比较少，所以使地方的治理绩效提高受到了一定程度的抑制。最早林尚立（1998）对这方面有简单的研究；之后陈振明（2003）综合了国内外学者的研究，详细分析了中国乃至世界其他国家之间的政府关系，最后对政府之间网络化发展给出了自己的看法。特别是张紧跟（2006）通过深入探究各种学术资料，用交易费用和组织网络相关理论，规范研究了中国地方政府在横向关系上的治理机制、效果、策略等，非常深入和全面。

（2）地方政府治理能力的影响因素

关于地方政府治理能力的影响因素，储德银和费冒盛（2021）通过实证研究发现，地方政府治理能力会明显受到财政纵向失衡以及转移支付规模的影响。如果转移支付结构不合理、不科学，那么就不利于地方政府治理能力的提升。而且财政纵向失衡不仅能直接影响地方治理，还能通过先影响转移支付规模再间接抑制地方治理水平。

（3）地方治理面临的问题以及模式选择

我国很多学者研究了地方政府治理面临的困难以及模式选择。例如，李文星和蒋瑛（2005）提出我国随着跨区域公共事务的频繁出现，需要在制度层面突破过去的束缚，所以亟须解决我国地方政府在跨区域治理落后上的问题。黄柏玉（2018）研究发现，我国地方治理面临缺乏创新、地方财政困难、地方政府管理体制不健全等问题，建议我国地方政府借鉴参与式治理和整体性治理两种治理模式。李静和蒋丽蕊（2006）、李超和安建增（2005）等研究都认为，在地方政府治理模式中不仅要发挥政府主导的力量，还要鼓励其他利益主体积极参与。

（4）地方政府治理变迁

陈家刚（2004）等学者的观点曾经是地方政府治理理论的主流。他们认为，在地方政府主导下，地方政府创新会帮助地方治理模式升级，因此地方政府治理正逐步地代替地方政府管理。陈钊和徐彤（2011）研究了中央和地方治理模式变迁，证明在经济发展的早期，中央对地方政府采取的治理模式是“为增长而竞争”，这比后来的“为和谐而竞争”的治理形式更能够带来社会福利最大化。但后者也有一定的优点，那就是从制度上保障了我国经济发展方式的转变。

（四）简要评述

国外学者对政府社会治理模式以及未来发展趋势都做了较为系统的研究，我国学者对于治理理论的研究已经逐步形成较为完善的理论体系，并对治理理论的基本内涵达成了共识，即把治理区别于传统的统治。根据国内外学者对治理的研究，可以大致将治理概念分为三种：第一种是西方治理概念；第二种是我国治理实践，把治理看作“治国理政”传统治理观；第三种是将治理与管理、管控、统治等交叉使用。

综合来看，国家治理属于治理的一种，是对治理理论的实践；同时，国家治理是一种公共管理。具体到我国，相关研究思路是从宏观层面的顶层设计出发，运用微观政策，为国家治理体系和治理能力现代化的发展助力。

在地方政府治理相关研究上，西方学者对政府治理并没有给予很多针对地区性的实证分析，更多的是对“治理理论”从宏观角度进行规范性论述。我国将“治理”专门用到地方政府的非常少见，因为“地方政府治理”产生的相关背景和后面衍生的一系列理论不太适用于中国，或者说不能完全匹配。因此，我国如果内化这些相关理论进而有所创新的话，就要花费一定的时间、保持耐心。但当前符合中国实践的理论还需要进一步创新。另外，我国学术界对于地方政府治理衡量指标的探索并不多，如何更好地衡量地方政府治理还存在争议。

综上所述，我国应该借鉴进而升华从西方引入的治理理念，让其更符合我国基本国情和实际情况。一切都要从实践中来，因此理论的内化或升华必须通过实践来总结、验证。

## 三、税制结构相关研究

西方学者对税制结构从不同角度进行过全方面的研究，但是相当一部分是关注税制结构的宏观经济社会效应。而中国学者对税制结构的研究也主要是在经济社会效应方面。

地方政府治理综合了很多因素，且影响因素涉及经济建设、政治建设、文化建设等方面，因此经济发展水平、产业结构、收入分配、政府绩效等因素都会影响地方治理水平。

（一）税制结构界定与量化

1. 税制结构界定

韩彬等（2019）给税制结构分别从宏观、中观和微观总结了三种分类方式：一是税系结构。按其能否转嫁，可将税种分为直接税和间接税。直接税和间接税在税制中所占的比重即为税系结构，这是宏观角度。二是税类结构。按性质不同，可将税种分为流转税类、所得税类、财产税类与行为税类，不同税类在税制中所占的比重即为税类结构，这是中观角度。三是税种结构。税种结构是指税制内部税种之间的搭配，这是微观角度。

平浩希等（2019）认为，税制结构如何分类以及分为哪些类型要看主体税种是什么。

2. 税制结构量化

经过对税制结构相关文献的梳理，其中关于税制结构量化指标的文献详见表1。具体来看，采用税系结构衡量税制结构有三种形式：一是直接税和间接税占税收收入的比重，二是直接税与间接税的比值，三是直接税、间接税占国内生产总值（GDP）的比重。

**表1 税制结构衡量方式**

| 类型 | 衡量方式 | 作者与发表时间 |
|---|---|---|
| 税系结构 | 直接税和间接税占税收收入的比重 | 曹润林、陈海林（2021） |
| | | 肖叶（2019） |
| | | 孙英杰、林春（2018） |
| | | 詹新宇、吴琼（2018） |
| | | 储德银、费冒盛、黄暄（2020） |
| | 直接税与间接税的比值 | 金春雨、董雪（2020） |
| | | 余红艳、沈坤荣（2016） |
| | 直接税、间接税占 GDP 的比重 | 江西财经大学课题组（2018） |
| 税类结构 | 人均所得税、人均商品税、人均其他税 | 储德银、迟淑娴（2017） |
| | 货物劳务税、所得税、财产税的比重 | 牛力（2017） |
| 税种结构 | 增值税、营业税、资源税以及城市维护建设税附加等占总财政收入的比重 | 陆远权、张德钢（2015） |
| | 增值税收入的比重、企业所得税收入的比重和个人所得税收入的比重 | 郭婧（2013） |
| | 不同省不同年份的各种税收收入占全国税收总收入的比重 | 储德银、纪凡（2017） |
| | 各税种收入占 GDP 的比重 | 张胜民（2013） |
| | 各种税收占税收总收入的份额 | ADKISSON R V、MOHAMMED M（2014） |

（二）税制结构的经济效应

"十四五"时期，政府税制结构优化的目标已经集中在"收入筹集、经济发展、社会公平、生态文明"四个维度（李华、樊丽明，2015），因此研究税制结构对这四个方面的影响就显得格外重要。而我国学术界对税制结构变迁的经济效应的研究，也主要是从这些层面来展开的。本文主要选取政府收入、政府绩效、经济增长、收入分配（社会公平）方面的文献进行梳理。

1. 税制结构与政府收入

不管是西方还是我国，学者们都一致认为，一国财政收入的主要来源是税收。没有稳定的税收收入，国家就失去了存在的基础，因此稳定的税收是维护国家安全的需要，税制结构也要服务于这个大局（张书慧，2021）。

在新公共管理运动的影响下，我国不论是政府规模还是财政规模都呈现出一种不断缩小的趋势，这似乎已成必然，但这不意味着财政支出结构走向不合理，恰恰相反，这意味着结构正在逐渐被优化（郝晓薇等，2010）。我国过去以营改增为核心的税制改革，对自 1994 年税改以来的地方财政收入体系造成了较大的冲击，导致其面临一系列困难，如缺失主体税种等（谢京华，2016）。因此，如何优化财政收支结构，并并在保证财政收入稳定增长的同时提高政府治理的效能和质量值得我们思考。由于国家财政收入受税收的影响较大，税制结构的优化就成为一个前提条件。"十四五"时期，我国构建国家治理现代化体系和提升现代化治理能力都需要充足的财政收入做保障。毫无疑问，怎样进行税制改革、如何优化税制结构以保障税收收入的稳定对于国家和政府都是最基本的前提。

2. 税制结构与政府绩效

近年来，治理和新公共治理逐步成为网络治理情境下公共管理的基础范式，并对政府绩效管理产生了影响（王学军，2020）。地方政府绩效管理的途径有创新驱动与路径依赖，其中创新驱动分为治理创新型和管理创新型。治理创新型的驱动本质上是一种绩效管理的治理体系重构，管理创新型的驱动本质上是绩效管理的治理能力提升（包国宪、刘强强，2021）。

而税收与政府绩效有着千丝万缕的联系。因为政府财政收入的主要来源和现代税收制度的构建，对政府预算制度的形成与发展起到了重要的推动作用，而政府预算制度的不断完善，又对税收制度建设提出了更高的要求（陈志勇，2015）。税收在国家治理中的作用机制如下：一是一般利益机制，二是行政管理机制，三是负责和回应机制（谷成，2017）。

因此，税收制度的完善和税制结构的优化无疑会影响政府绩效，进而影响政府治理水平和效能，最终会对国家治理体系和治理能力现代化产生深远的影响。

3. 税制结构与经济增长

近些年来，我国学术界关于税制结构对经济增长的影响研究讨论非常火热，国内外学者对其研究的成果也比较多。表 2 按照上文税制结构的分类方法，以时间序列对文献进行了梳理。

表 2　税制结构与经济增长的相关文献

| 类别 | 序号 | 作者（发表时间） | 数据样本 | 方法 | 中心观点 |
|---|---|---|---|---|---|
| 税系结构 | 1 | 余红艳、沈坤荣（2016） | 省级 1994—2013 | GMM 估计 | 以间接税为主的“效率型”税制结构显著降低了经济增长绩效 |
| | 2 | 孙英杰、林春（2018） | 省级 2000—2015 | 动态面板模型、门槛效应模型 | 提升直接税的比重可以提升我国经济增长质量 |
| | 3 | 詹新宇、吴琼（2018） | 省级 2000—2015 | GMM 估计 | 2005 年以来，我国税制结构变迁的经济增长质量为负 |
| | 4 | 金春雨、董雪（2020） | 全国 2007—2018 | LT-TVP—VAR | 在经济新常态时期，税制结构对产出、消费、金融具有较弱的抑制效应，而对物价具有较强的促进效应 |
| | 5 | 肖叶（2019） | 地级市 2005—2016 | 普通面板模型、面板门槛模型 | 间接税与直接税对创新产出水平的影响是负面的，而且在间接税中这种负面效应更显著 |
| | 6 | 储德银、费冒盛、黄暄（2020） | 省级 2010—2018 | GMM 估计 | 增加间接税的比重不利于提高地方政府治理能力，而增加直接税的比重有利于提高地方政府治理能力 |
| | 7 | 曹润林、陈海林（2021） | 省级 1998—2017 | GMM 估计 | 提高直接税的比重有利于促进地区经济发展 |
| | 8 | 周明明、冯海波（2020） | 省级 2000—2017 | 比较静态的经济学分析方法 | 直接税与间接税的比值对中国区域经济收敛的影响非常明显，区域经济的均衡增长会显著受到直接税占比提高的影响 |
| 税类结构 | 9 | 储德银、迟淑娴（2017） | 省级 1998—2013 | 个体固定效应面板模型、GMM 估计 | 企业所得税比个人所得税更有利于减少城乡居民收入不平等；商品税却增加或者恶化了城乡居民收入不平等，呈现出商品税的特征之一，即累退性 |
| | 10 | 张胜民（2013） | 省级 1997—2006 | 控制时间虚拟变量的个体固定效应模型 | 所得税和财产税比重的上升对东西地区间的差距影响是不同的，前者会扩大差距，后者会缩小差距。因此，税制改革的方向应是所得税的比重稳定，逐步提高财产税份额，有利于我国经济平稳健康增长 |
| | 11 | 牛力（2017） | 省级 2011—2015 | GMM 估计 | 货劳税、所得税的比重太大可能会抑制居民消费的扩大，目前“双主体”的税制结构对我国居民消费有不利影响 |

表2(续)

| 类别 | 序号 | 作者（发表时间） | 数据样本 | 方法 | 中心观点 |
|---|---|---|---|---|---|
| 税种结构 | 12 | Widmalm（2011） | OECD 国家 1965-1990 | 内生经济增长模型 | 个人所得税征收比例与经济增长呈负相关 |
| | 13 | 郭婧（2013） | 省级 1998—2011 | 工具变量法 | 个人所得税对经济增长有显著的正影响；增值税对经济增长影响不显著 |
| | 14 | 陆远权、张德钢（2015） | 省市级 1998—2012 | GMM 估计 | 以间接税为主体的税制结构不利于缩小城乡居民消费差距 |
| | 15 | 储德银、纪凡（2017） | 2007—2014 | GMM 估计 | 在商品税内，增值税与营业税能够极大促进产业结构调整优化，而消费税对其影响相反；在所得税内，个人所得税比企业所得税更能够促进产业结构调整优化 |
| | 16 | Stoilova D（2017） | 欧盟 28 国 1996—2013 | 拉姆齐模型 单位跟检验 | 基于选择性消费税的税制结构，对个人的税收收入和财产对经济增长的支撑作用更大 |

第一，关于税制结构对经济增长效应，多数学者采用 GMM 估计法，选取动态面板模型进行研究。其缺点是面板数据变量之间可能存在自相关性、内生性问题，且面板数据的时间序列具有非平稳性等特点，这可能使得估计结果出现偏差。为解决动态面板数据模型估计中存在的上述问题，可以借鉴 Blundell 和 Bond（1998）提出的对 GMM 法进行实证研究，因为它除了可以提高估计效率外，还能较好地处理内生性问题。

第二，在数据选取方面，国内学者多采用省级层面的面板数据，外国学者多以经济合作与发展组织国家或者欧盟成员国为样本。

第三，在结论方面，国内外学者具有一致性，即通过调整税制结构可以促进经济增长，但直接税和间接税的影响是相反的。其中，前者对经济增长的效应为正，后者对经济增长的影响为负。

另外，经济的增长与科学合理的产业结构密不可分，而产业结构的影响因素之一就是税制结构。过去的粗放型经济增长方式已经走到尽头，在经济新常态下，如何对经济发展方式转型升级、使经济发展更为科学合理，是我们应该关注的重要问题。其中一个角度就是产业结构的优化升级，这有助于中国经济在发展方式上发生集约式改变（储德银、纪凡，2017）。

税收是各个国家宏观调控的手段之一，如果运用得当，就能促使产业结构趋向合理、科学。但国外也有学者认为两者之间存在负相关，如 Arnold 等（2008）发现企业所得税不利于促进企业扩大投资和提高行业生产率，由此得出了“税收的征收会对产业结构升级造成负面影响”的结论。

我国大部分学者是从两个角度展开讨论的。第一，关于税收政策的设计。周波（2012）发现，财政收入机制会约束税收政策对产业结构的影响效果。但是，安体富和任强（2011）等学者支持产业结构能受到税收政策的刺激而变得更加优化和科学。第二，与之相对，在实证检验层面，有的学者如李普亮等（2016）坚持产业结构的优化虽然能保证税收的规模持续扩大，但同时也会减慢税收规模的扩大速度。然而，有的学者如贾莎（2012）和白景明（2015）的观点与之不同，他们认为税收规模扩大会对产业结构产生一个积极正向的影响。曹海娟（2012）以1994—2009年省级数据为样本，通过PVAR模型证明了税制结构的不同能够影响到产业结构的优化，并且有明显的区域效应，对中西部地区影响较大，而对东部沿海地区具有一定的时滞性。储德银和纪凡（2017）基于GMM法，通过实证研究证明，税制结构的差异如间接税和直接税的比重不同对产业结构产生的效应有差异，并且具体到某种税的影响上面，间接税中的商品税和直接税中的所得税对产业结构的调整都是正向的影响。

4. 税制结构与收入分配

国内外学者对这方面都有一定的研究（见表3）。例如，刘成龙和王周飞（2014）通过构建税收累进性模型发现，间接税会恶化收入分配，而直接税能有效地调整收入差距、促进收入分配合理化。储德银和迟淑娴（2017）研究了所得税和商品税对城乡居民收入的影响。刘元生、李建军、王文甫（2020）对此进行了更进一步的研究，发现资本所得税和劳动所得税对收入分配的不同影响。在税制结构与再分配方面，李春根和徐建斌（2015）提出，税制结构和居民再分配有很大的联系。Leigh（2018）提出，从总量上看，更多的再分配州税并没有实质性地影响州际移民，也没有减少人均个人收入。

**表3 税制结构与收入分配的相关文献**

| 序号 | 作者(发表时间) | 中心观点 |
|---|---|---|
| 1 | 刘成龙和王周飞（2014） | 间接税会恶化收入分配，而直接税能有效地调整收入差距、促进收入分配合理化 |
| 2 | 储德银和迟淑娴（2017） | 所得税都可以促进城乡居民公平合理分配收入，其中个人所得税的促进效果没有企税明显；但商品税会恶化收入分配 |
| 3 | 刘元生、李建军、王文甫（2020） | 资本所得税和劳动所得税对收入分配的影响不同，各有利弊。资本所得税促进财富分配合理化，但是会阻碍投资；劳动所得税会促进所得和财产公平合理分配，但会使劳动供给量缩小 |
| 4 | 李春根和徐建斌（2015） | 税制结构和居民再分配有很大的联系，直接税的比重越小而间接税份额越大，会明显增大居民再分配需求 |
| 4 | Leigh A（2018） | 从总量上看，更多的再分配州税并没有实质性地影响州际移民，也没有减少人均个人收入 |

（三）税制结构优化

国外学者对于税制结构优化的相关探索起步很早，并展开了一系列税制结构理论方面的探讨。例如，Atkinson 和 Stiglitz（1976）基于“个体效应函数”，提出合理税制结构下直接税与间接税的职能是效率和公平。Chamley（1986）、Lucas（1990）基于优化完善的静态模型，发现商品税的扭曲程度最小，对生产决策不产生影响，并提出了最优商品税理论。Barro（1990）、Futagami 等（1993）、Greiner 和 Haunch（1998）基于内生增长模型发现，税制结构达到最优均衡时最优资本税率应为零，不同税制结构可以实现不同的最优均衡。而 Fisher 和 Turnovsky（1998）以及 Turnovsky（2000）则认为，政府部门应课征资本税，最优资本税率和公共支出的拥挤程度呈正相关关系。

对于我国来说，税制结构优化是税制改革永远生生不息的话题。“十四五”时期，政府税制结构优化的目标已经集中在“收入筹集、经济发展、社会公平、生态文明”四个维度（李华、樊丽明，2015）。

我国的很多学者也对新常态下我国税制结构优化方向做了较为全面的研究。在当前经济新常态背景下，经济增速减慢，下行压力逐渐增大，税收政策作为我国稳增长、调结构的重要政策调控工具，在推动经济结构转型升级方面发挥着关键作用。2019 年、2020 年中央经济工作会议中相继提出应实施大规模减税降费、结构性减税等积极的财政收入政策。可见，合理优化税制结构对于促进我国宏观经济发展尤为重要。表 4 按时间顺序对这些文献进行了整理。通过对这些文献的梳理可以发现，未来我国税制结构优化在大的方向上要与我国社会主义市场经济体制和“双循环”新发展格局相适应，继续推行结构性的减税措施；在具体税种上，要进一步提升直接税的比重，同时征管制度要不断完善，以适应我国税制结构的调整。

**表 4　我国税制结构优化相关的文献**

| 序号 | 作者及发表时间 | 结论 |
|---|---|---|
| 1 | 胡洪曙、王宝顺（2017） | 进一步推进结构性减税，降低间接税的比重相应提高直接税的占比，提高自然人的纳税份额，改革个人所得税征税模式 |
| 2 | 李文（2017） | 直接税比如个人所得税和房地产税，由于征税规模不大，若增值税等间接税缩减过多，那么很难补充减少的税额。税制结构优化的风险成本是比较大的，即使交易费用不算多 |
| 3 | 江西财经大学课题组（2018） | 税制结构改革应提高直接税的比重 |
| 4 | 卢洪友（2019） | 客观上，不存在长期单边持续性减税的空间，只能采取结构性减税与结构性加税并举方式 |
| 5 | 许徽（2020） | 今后，我国深化税收制度改革应注重发挥增值税和消费税、企业所得税和个人资本所得课税、个人劳动所得课税和社会保险费的协调作用；同时，不断完善环境保护税和房产税制度 |
| 6 | 马珺、杜爽（2021） | 强调以人民为中心，完善现行税收制度；立足于完善和保障社会主义市场经济体制，需要完善现代税收制度；适应以扩大内需为战略基点的“双循环”新发展格局的要求，优化税制结构 |

（四）简要评述

通过对上述国内外文献的梳理归纳，可以发现学术界对税制结构的经济影响研究已颇为深入：

第一，在税制结构概念界定与量化方面，不同的学者依据自己所研究问题的特点采用税系结构、税类结构、税种结构三个方面的指标。其中，采用税系结构的较多，以直接税和间接税在税制结构中的比重或者直接税与间接税的比值来衡量税制结构。

第二，在研究方法上，多数学者选择采用实证研究的方式展开，数据选取上绝大多数文献采用的是省级面板数据，计量方面大多选取面板效应模型进行研究。

第三，在研究内容方面，对税制结构的经济效应的研究占多数，国内外学者从税制结构对经济增长的效应展开研究。大多数文献发现，通过税制结构的调整可以更好地促进经济增长，其中直接税能促进经济增长、间接税会抑制经济增长。

## 四、税制结构与地方政府治理的关系研究

（一）税制结构对政府治理的影响机制

本部分首先梳理了税收与治理的关系以及税收对治理的影响，然后对税制结构与地方政府治理的影响进行了综述。

1. 税收对治理的影响研究

国内外学者对税制结构演进与地方政府治理两者之间联系的研究十分不足，更多的是研究税收治理、税收与治理的关系等。

国家治理的重要表现是税收治理，国家治理体系的关键是税收治理体系。如果目标是完成税收现代化、提高国家治理水平，那么当务之急需要推动税收治理体系建设（白丽雪，2020）。为更好地发挥税收服务和推进国家治理现代化的作用、更好地推进税收治理现代化，很多学者（国家税务总局厦门市税务局课题组、张曙东等，2020）认为，在基本方向上必须坚持“六个坚持和完善”与“六个坚持和推进”。

在税收和治理的关系和相互影响上。西方过去习惯认为，高税收与政府干预主义具有很强的联系，并将其视为“劣治”的指标（Knack & Keefer，1995）。然而，经过学者们不断研究发现，政府和社会公民会因为高税收而紧密相连，这无疑会提升治理水平。但直接证明税收和治理相互影响的文献或者研究很不充分。此外，我国在税收与治理方面的研究较为完善，张景华（2014）通过跨国实证检验发现，税收可以作为国家和社会之间沟通的桥梁，在政治上促进监督、在治理上提升效率和水平、在财政上推动善治，因此致力于使政府更加规范负责的税收建设不可缺少。胡怡建（2019）表明，税收对国家政治、经济、社会的意义各不相同，但相同的是税收在其治理中充当着基础、支柱与保障的角色。王建平（2019）指出，税收通过提升国家运转水平、提高发展能力、促进创新，保持国家稳定。

另外，学者们还对税收如何强化治理提出了建议。例如，胡怡建（2019）建

议税收治理离不开税收制度的健全和税制结构的优化完善；王建平（2019）针对税收如何强化国家治理提出了一系列建议措施，如加快立法、科学征管、提高税收遵从度和完善税制结构等。

2. 税制结构对政府治理的影响研究

若税收职能把推动我国治理能力和体系现代化作为基点，则税收在职能上将具有特殊的意义（胡春、郝晓薇，2014）。税制结构对政府治理的影响是综合的、全面的，如影响政府收入、政府政策、政府规模、政府预算机制、区域经济结构等。

税制结构与政府政策具有高度相关性。例如李华罡（2009）发现，税制结构对政策制定的影响力不容忽视，其能够影响政府政策的制定、发布和下达等一系列传导；此外，如果税基非常窄，那么这种影响作用会更加强烈。

税制结构和政府规模相互之间也有紧密联系。例如孙琳和汤蛟伶（2010）通过实证研究发现，税制结构会间接影响政府规模，中间因素是所谓的"财政幻觉"，这个结论是基于公共选择理论并通过实证研究得出的。

税制结构变化是造成预算软约束的关键因素。例如杨志安和邱国庆（2019）通过实证研究发现，地方政府预算软约束的重要影响因素包括税制的不合理以及在此税制下税收优惠相关政策的不合理等。

另外，税制结构能够影响区域经济的发展。因为税制结构的不同能够影响到产业结构的优化效果，并且有明显的区域效应，对中西部地区影响较大，而对东部沿海地区具有一定的时滞性。

在税制结构内部，税类的不同以及同一税类下的不同税种，对地方政府治理能力的影响也各不相同。例如储德银和费冒盛（2020）通过实证研究发现，直接税的比重提升相较于间接税可以明显促进地方政府治理能力的提高。而且，直接税下的个人所得税比企业所得税更能有效地促进地方政府治理。

（二）税制改革与政府治理的实践探索

1. 宏观财税体制改革

时红秀（2013）指出，财税体制完善应立足于促使国家治理现代化的形成；同时，它也受制于、依赖于国家治理现代化的程度，两者相辅相成。胡春和郝晓薇（2014）着眼于国家治理视角，从多角度对国家治理的需求进行了分析。结合目前税制的不合理问题对新一轮税制改革做了需求分析和路径选择探索，认为目前新一轮税制改革必须考虑三个重要方向：增大直接税占比、减小间接税占比和优化地方税体系。

冯俏彬（2020）认为，只有先梳理清楚各税种之间的联系，构建地方税体系，然后在税收法定的原则上来优化税制结构、推动税收制度改革，进而通过健全财税体制来帮助地方政府突破发展模式的束缚，不再"为增长而竞争"，最终长远地实现地方治理水平显著提升和国家长治久安。

马海涛和王紫薇等人（2020）针对减税降费政策给我国财税制度提出的挑战，

建议优化税制结构，提升直接税的比例并推动间接税改革迈向新台阶；加快“费改税”进程；合理安排财政支出，谨慎规避财政风险；统筹兼顾“四本预算”；处理央地关系，深化财权、事权改革，构建地方主体税种，完善地方税体系。吕炜和邵娇（2020）通过对地市级财税情况的研究发现，加快构建科学规范的政府间财政关系，不仅可以促使国家治理、地方治理实现现代化，还能保障经济持续健康发展，而转移支付与税制结构是协调政府间财政关系与制约经济高质量发展的关键制度安排。

2. 具体税类、税种改革

当下，地方税改革十分紧迫，因为它关系着国家治理这个重要命题。财政是一国之基，如果根基有了松动，国家治理的大楼也会面临坍塌的风险（刘尚希，2015）。因此，构建地方主体税种、完善地方税收体系对政府治理、国家治理具有重大意义。趁着国家治理现代化以及构建现代化财政体制的难得机遇，思考房地产税的推行十分必要；况且，房和房地产税的问题也是一个民生问题，如果处理不好，就会损害广大民众的利益（李梅、李炜光等，2018）。

很多学者探索了房地产税如何提高地方政府治理，并给出建议。例如姚旭和荣红霞等人（2014）以黑龙江省为例，指出地方财政收入很缺乏，应该择机稳步开展房产税改革试点，不仅有利于筹集地方收入，还能推动地方政府治理能力的提升。胡怡建和朱大玮（2019）认为，房地产税改革的意义可以从多角度来看，如基于国家治理的视角，其重要的意义是扩大财源、稳固治理之基；提高直接税的比重从而优化税制结构；健全地方税收体制，增强地方治理能力，为国家治理打下坚实的基础。

除了房地产税外，还有学者研究了个人所得税等直接税对政府治理的影响。比如张志超和高雅君（2005）分析了1994年个人所得税改革与政府治理的相互影响，提出对税收政策需要进行必要的调整，通过财政体制改革和政府治理提升财政支出效率。储德银和费冒盛（2020）认为，优化税制结构不仅应该提高个人所得税在直接税中的比重，还要提高直接税在整个个人所得税收体系中的比重；除此以外，还要辅之以扩大开放、提高政府信息透明度等方式来监督政府行为、规范地方治理。

综上所述，推动地方政府治理和优化税制结构，可以在保证不影响财政收入满足政府支出需要的同时，在税收体系中稳步增大直接税份额、减小间接税份额；同时，建立以房地产税为主的地方税收体系，扩充地方财源、增强地方财政自给能力，进而提高地方政府治理效能。

（三）税制结构与政府治理的实证研究

虽然国内外学术界对治理、税制结构、税制改革以及税收与治理之间关系的研究较为丰富，并取得了丰硕成果，但是具体到税制结构对地方政府治理的研究实属不足。因此，如何更好地衡量地方政府治理以及量化税制结构与地方政府治理的关系还具有很大研究空间。

1. 变量界定

（1）根据“税系结构”选取税制结构变量

关于税制结构量化指标的文献中，考虑“税系结构”区分直接税和间接税进行衡量的文献占多数。具体来看，采用“税系结构”衡量税制结构有三种形式：一是直接税和间接税占税收收入的比重，二是直接税与间接税的比值，三是直接税、间接税占 GDP 的比重。

间接税中商品税占了绝大部分，因此以商品税代替间接税。同时，直接税中所得税占了很大比例，所以以所得税代替直接税（肖叶，2019；曹润林，2020）。其中，增值税、消费税加总占所有税收收入的比重可以作为衡量商品税的量化指标；对企业征收的企业所得税和对个人征收的个人所得税加总占所有税收收入的比重可以作为衡量所得税的量化指标（储德银、费冒盛，2020）。

（2）涵盖多元要素构建地方政府治理指标体系

党的十八届三中全会提出国家治理体系的构建是多维度、多方面的。作为国家治理重要推动力的地方政府治理也是一个融合了多元要素的复杂概念，包含经济、政治、文化等领域的公共事务管理。因此，具体可以构建政治、经济、文化、社会、生态治理 5 个一级指标，每个一级指标下可以采用多个二级指标、三级指标（张笑天，2015）。

另外，由于要构建的是多指标综合评价体系，需要把多个维度且量纲不同的统计指标转化成为综合评价值，从而得出对地方政府治理的整体评价，可以采用主观赋权法和客观赋权法。主观赋权法包括层次分析法、德尔菲法等；客观赋权法包括因子分析法、变异系数法与熵值法。高雪（2018）在测量地方政府的公共服务治理时就采用了熵值法计算的得分代表地方政府的公共服务治理水平。田甜（2019）在测量税收分权对地方政府治理时采用了熵值法计算的得分代表地方政府的公共服务治理水平。油翠英（2013）采用熵值法和 DEA 相结合测算了企业的区域公司绩效。

（3）选取若干控制变量使研究更加客观

比如以下几种但不限于这几种：

①地方政府规模（gov-size）

范子英和张军（2010）认为，地方政府规模可以折射出各个地方政府的财政支出，因此他们选择用各地区政府预算内支出占 GDP 的比重来衡量。一般来说，地方政府规模有一个适度值，不可过大或过小，否则会损害地方政府治理。而且，不同地区适合的地方政府规模是不一致的，对地方政府治理的影响也不同。

②公职人员数量（civ-num）

地方政府治理依靠公职人员，但并非越多越好。公职人员是地方政府治理中投入的人力资源，适度的人力投入会促进地方政府治理水平提高，但过度人力投入则会造成低效率。因此，不同地方政府的公职人员数量也会给地方治理带来不同的影响。

③财政透明度（finan-transp）

根据《中国财政透明度报告》，纳税人履行监督职能的效果会受到其参与社会治理的积极性的影响，而政府财政透明度又会影响纳税人对社会治理的参与程度，因此政府财政透明度这个控制变量指标不可忽视，可以由定性转变为定量，以10为满分计量。

④政府竞争（gov-compe）

政府竞争的影响或效应对政府治理是双面的。它一方面可以提高公共服务供给水平，另一方面可以扭曲地方政府收支行为（缪小林等，2017）。

⑤经济对外开放程度（eco-open）

对我国而言，对外开放程度越高，地方政府发展地方经济的积极性也越高。但我国不同地区的对外开放程度不同，地方政府治理对于对外开放程度的敏感度也会不同，因此我国学术界普遍以各省实际进出口贸易额占各省GDP的比重来衡量经济对外开放程度。

2. 数据来源

学者在实证研究中选取的数据主要来自《中国财政年鉴》《中国区域经济统计年鉴》《中国统计年鉴》《中国科技统计年鉴》《中国税务年鉴》《中国人口与就业年鉴》《中国财政透明度报告》《中国检察年鉴》等；可以选取2000—2019年的最新数据；部分指标异常值采用均值替代。

3. 研究方法

对于税制结构和地方政府治理的量化指标，上文均通过文献综述进行了总结，发现学术界对税制结构与地方政府治理的研究十分有限，但是也有学者通过实证方法研究了税制结构与地方政府治理。例如，储德银、费冒盛（2020）研究了税制结构对地方政府治理的影响，他们以地方政府治理能力指数（gov-abi）为被解释变量，间接税的比重（tax-a）和直接税的比重（tax-b）为核心解释变量，构建了个体固定效应动态面板数据模型，选择系统GMM估计法，并且以变截距表示各个省份地方政府治理能力的区别。

## 五、结论与未来研究展望

### （一）现有研究成果

首先，在关于地方政府治理研究上，学术界逐渐引起关注，已有不少学者对构建政府治理水平的综合评价指标体系进行了初步探索。

其次，学术界对税制结构的宏观经济效应研究已颇为深入，除了理论研究外，更多的是税制结构的经济效应研究，包括财政收入、政府绩效、经济增长、收入分配等，还有一些是探索税制结构对一些微观层面的如企业创新、居民消费等的影响；在税制结构指标构建方面，学者们分别采用税系结构、税类结构、税种结构三个方面不同的指标，其中，采用税系结构的较多。在研究方法上，多数学者选择采用实证研究的方式展开，数据选取上绝大多数文献采用的是省级面板数据，计量模型上大多采用面板效应模型进行分析。

最后，深入探究税制结构变迁与地方政府治理之间的关系和相互影响的文献多偏向于理论与规范分析。

（二）现有研究的不足

首先，在地方政府治理相关研究上，我国把“治理”融入地方层面、探索“地方治理”的文章不够丰富，而且缺乏本土化的理论创新。而西方学者对政府治理并没有给予很多针对地区性的实证分析，更多的是对“治理理论”从宏观角度进行规范性论述。

其次，学术界探索地方政府治理衡量指标的相关研究非常有限，如何更好地衡量地方政府治理还存在争议。在西方学者研究的基础上，我国许多学者对地方治理的量化指标进行了探索，但主要是针对社会治理或公共治理绩效的评价。

最后，国内外也鲜有关于税制结构与地方政府治理关系和影响机制的研究，更多的是从宏观上研究税收与治理的关系，因此无论是在数量上还是在角度上都有一些不全面的地方。

（三）未来研究展望

如何运用税收工具和进行税制改革来增强国家治理能力、提高政府治理效率是我们需要关注的问题。

税收在现代国家治理体系中起着基础性、支柱性与保障性作用，其中税制结构的优化会有效地提升政府治理能力，财税体制改革要立足于国家治理现代化的实现。总之，税收制度的完善与政府治理水平的提高是相辅相成的。

在经济新常态下，税制结构与我国经济社会发展还不匹配，直接税的比例和地位有待提升，因此研究税制结构的优化以及推动地方政府治理水平的提高就显得十分必要。如何更好地衡量地方政府治理以及量化税制结构与地方政府治理关系还具有很大研究空间。

**参考文献：**

安体富，任强. 促进经济结构调整的财税政策研究［J］. 涉外税务，2011（1）.

白景明. 经济增长、产业结构调整与税收增长［J］. 财经问题研究，2015（8）.

曹海娟. 流转税和所得税对产业结构影响的经验分析［J］. 现代财经（天津财经大学学报），2012，32（3）.

曹润林，陈海林. 税收负担、税制结构对经济高质量发展的影响［J］. 税务研究，2021（1）.

陈家刚. 地方政府创新与治理变迁：中国地方政府创新案例的比较研究［J］. 公共管理学报，2004（4）.

陈钊，徐彤. 走向“为和谐而竞争”：晋升锦标赛下的中央和地方治理模式变迁［J］. 世界经济，2011，34（9）.

储德银，迟淑娴. 中国税制结构变迁有利于降低收入不平等吗？［J］. 经济与管理研究，2017，38（10）.

储德银，费冒盛，黄暄. 税制结构优化与地方政府治理［J］. 税务研究，2020（11）.

储德银，费冒盛. 财政纵向失衡、土地财政与经济高质量发展［J］. 财经问题研究，2020（3）.

储德银，费冒盛. 财政纵向失衡、转移支付与地方政府治理［J］. 财贸经济，2021，42（2）.

储德银，纪凡. 税制结构变迁与产业结构调整：理论诠释与中国经验证据［J］. 经济学家，2017（3）.

范子英，张军. 财政分权、转移支付与国内市场整合［J］. 经济研究，2010（45）.

冯俏彬. 发挥好税收政策在稳定宏观经济中的重要作用［J］. 中国税务，2020（7）.

弗朗西斯·福山，王匡夫. 何谓"治理"？如何研究？［J］. 国外理论动态，2018（6）.

高雪. 基于公共服务的地方政府治理评价［D］. 郑州：河北大学，2018.

郭晟豪，萧鸣政. 地方治理量化统计与实践：形成型指标而非反映型指标［J］. 华中科技大学学报（社会科学版），2017，31（4）.

郭婧. 税制结构与经济增长：基于中国省级数据的实证研究［J］. 中国软科学，2013（8）.

郭月梅，厉晓. 从税收管理走向税收治理：基于国家治理视角的思考［J］. 税务研究，2017（9）.

韩彬，吴俊培，李淼焱. 我国税制结构经济增长效应研究［J］. 上海经济研究，2019（1）.

胡春，郝晓薇. 国家治理视角下的新一轮税制改革路径解析［J］. 税收经济研究，2014，19（3）.

胡洪曙，王宝顺. 我国税制结构优化研究：基于间接税与直接税选择的视角［J］. 税务研究，2017（8）.

胡怡建，朱大玮. 从国家治理视角看我国房地产税改革［J］. 税务研究，2015（12）.

胡怡建. 更好发挥税收在国家治理中作用的思考［J］. 税务研究，2019（4）.

黄柏玉. 我国地方政府治理问题探究［J］. 智富时代，2018（4）.

贾莎. 税收超速增长之谜基于产业结构变迁的视角［J］. 财政研究 .2012（3）.

江西财经大学课题组，王乔，席卫群. 法治背景下我国税制结构的优化研究［J］. 税务研究，2018（12）.

金春雨，董雪. 我国不同时期税制结构的宏观经济效应研究［J］. 经济问题探索，2020（8）.

李波. 我国经济开放度与经济增长关系的实证研究：基于东中西部地区的比较［D］. 天津：天津商业大学，2017.

李超，安建增. 论我国地方政府治理的模式选择及其对策［J］. 陕西理工学院学报（社会科学版），2005（1）.

李春根，徐建斌. 税制结构、税收价格与居民的再分配需求［J］. 财贸经济，2015（11）：27-39.

李华罡. 税制结构与政府政策的相关性研究［J］. 中国城市经济，2014，19（3）.

李静，蒋丽蕊. 治理理论与我国地方政府治理模式初探［J］. 辽宁行政学院学报，2006（2）.

李普亮. 产业结构调整与税收增长：抑制还是促进［J］. 税务与经济，2016（1）.

李文. 税制结构优化的限制：实施约束视角的分析［J］. 税务研究，2017（8）.

李文星，蒋瑛. 简论我国地方政府间的跨区域合作治理［J］. 西南民族大学学报（人文社科版），2005（1）.

刘成龙，王周飞．基于收入分配效应视角的税制结构优化研究［J］．税务研究，2014（6）．

刘尚希．地方税改革关乎国家治理［J］．经济体制改革，2015（1）．

刘元生，李建军，王文甫．税制结构、收入分配与总产出［J］．财贸经济，2020，41（9）．

刘元生，李建军．论推动国家治理现代化的税收职能作用［J］．税务研究，2019（4）．

柳华平，张景华，郝晓薇．国家治理现代化视域下的税收制度建设［J］．税收经济研究，2016，21（6）．

卢洪友．结构性减税与结构性加税并举进程中的税制现代化［J］．税收经济研究，2019，24（4）．

陆远权，张德钢．民生财政、税制结构与城乡居民消费差距［J］．经济问题探索，2015（7）．

罗智芸．国家治理能力研究：文献综述与研究进路［J］．社会主义研究，2020（5）．

吕炜，邵娇．转移支付、税制结构与经济高质量发展：基于277个地级市数据的实证分析［J］．经济学家，2020（11）．

马海涛，王紫薇．我国减税降费的政策效果评估：对政府收支的影响及对策分析［J］．经济研究参考，2020（13）．

马珺，杜爽．“十四五”时期的税制结构转型［J］．税务研究，2021（2）．

牛力．税制结构对居民消费的影响：理论与实证分析［J］．税收经济研究，2017，22（4）．

彭国甫．地方政府公共事业的管理绩效评价与治理对策研究［D］．长沙：湖南大学，2004．

时红秀．从国家治理现代化看待财税体制改革［J］．银行家，2013（12）．

孙琳，汤蛟伶．税制结构、“财政幻觉”和政府规模膨胀［J］．中央财经大学学报，2010（11）．

孙英杰，林春．税制结构变迁与中国经济增长质量：对地方政府税收合意性的一个检验［J］．经济科学，2018（5）．

唐天伟，曹清华，郑争文．地方政府治理现代化的内涵、特征及其测度指标体系［J］．中国行政管理，2014（10）．

唐兴军，齐卫平．治理现代化中的政府职能转变：价值取向与现实路径［J］．社会主义研究，2014（4）．

田坤．税收对地市级政府财政收入的影响分析：以保定市为例［J］．统计与管理，2020，35（5）．

田甜．税收分权与地方政府治理研究［D］．成都：西南财经大学，2019．

汪洋，沈忱．基于治理理论的视角构建地方政府治理现代化测度指标［J］．扬州教育学院学报，2016，34（4）．

王建平．强化国家治理能力：税收不负使命［J］．税务研究，2019（3）．

王浦劬，臧雷振．治理理论与实践：经典议题研究新解［M］．北京：中央编译出版社，2017．

王浦劬．国家治理、政府治理和社会治理的含义及其相互关系［J］．国家行政学院学报，2014（3）．

肖叶．税制结构对创新产出的影响：基于286个地级市专利授权数据的实证分析［J］．税务研究，2019（8）．

熊伟. 中国国家治理的进路选择：财税治理及其模式转换 [J]. 现代法学，2015，37 (3).

徐勇. 乡村治理结构改革的走向：强村、精乡、简县 [J]. 战略与管理，2003 (4).

许晖. 税制结构分析：以消费、劳动和资本课税为视角 [J]. 国际税收，2020 (6).

燕继荣，何增科，叶庆丰. 关于国家治理现代化的对话 [J]. 科学社会主义，2014 (1).

杨开峰，邢小宇，刘卿斐，等. 我国治理研究的反思 (2007—2018)：概念、理论与方法 [J]. 行政论坛，2021，28 (1).

杨志安，邱国庆. 税制结构变迁对地方政府预算软约束的影响 [J]. 税务研究，2019 (2).

姚旭，荣红霞. 提升地方政府治理能力的房产税税制改革研究：以黑龙江省为例 [J]. 北方经贸，2014 (1).

油翠英. 基于熵值法-DEA 混合模型的建筑企业区域公司绩效评价研究 [D]. 南京：南京工业大学，2013.

余红艳，沈坤荣. 税制结构的经济增长绩效：基于分税制改革20年实证分析 [J]. 财贸研究，2016，27 (2).

俞可平. 治理与善治 [M]. 北京：社会科学文献出版社，2000.

詹新宇，吴琼. 税制结构变迁的经济增长质量效应研究：基于“五大发展理念”的视角 [J]. 云南财经大学学报，2018，34 (3).

张紧跟. 当代中国地方政府间横向关系协调研究 [M]. 成都：中国社会科学出版社，2006.

张景华. 税收与治理质量：跨国实证检验 [J]. 财贸经济，2014 (11).

张胜民. 我国税收结构变动的经济增长效应分析：兼论税收结构变动与区域经济非均衡增长 [J]. 财贸经济，2013 (9).

张天笑. 地方政府社会治理能力指标体系构建与量化评价研究：以辽宁省为例 [D]. 大连：东北财经大学，2015.

张长东. 国家治理能力现代化研究：基于国家能力理论视角 [J]. 法学评论，2014，32 (3).

张曙东，洪连埔，罗绪富. 关于税收治理体系和治理能力现代化演进、逻辑关系及实现路径的认识 [J]. 税务研究，2020 (9).

张志超，高雅君. 稳健财政政策实施方法的选择：个税改革与政府治理 [J]. 经济学动态，2005 (1).

周波. 促进产业结构战略性调整的税收政策取向 [J]. 税务研究，2020 (2).

周明明，冯海波. 中国税制结构的区域经济协调发展效应研究：经济收敛的视角 [J]. 经济问题探索，2020 (5).

周伟，练磊. 地方治理能力评价的价值取向 [J]. 学术界，2014 (11).

朱正威，吴佳. 面向治国理政的知识生产：中国公共管理学的本土叙事及其未来 [J]. 中国行政管理，2017 (9).

ATKINSON A B, STIGLITZ J E. The design of tax structure: Direct versus indirect taxation [J]. Journal of Public Economics, 1976, 6 (1-2): 55-75.

BARRO R J. Government spending in a simple model of endogenous growth [J]. Journal of Political Economy, 1990, 98 (5): 103-125.

CHAMLEY C. Optimal taxation of capital income in general equilibrium with infinite lives [J]. Econometrica, 1986, 54 (3): 607-622.

DESISLAVA STOILOVA. Tax structure and economic growth: Evidence from the European Union [J]. Contaduría y Administración, 2017, 62 (3).

FISHER W H, TURNOVSKY S J. Public investment, congestion, and private capital accumulation [J]. The Economic Journal, 1998, 108 (447): 399-413.

WIDMALM F. Tax structure and growth: are some taxes better than others? [J]. Public Choice, 2001, 107 (3-4).

FUTAGAMI K, MORITA Y, SHIBATA A. Dynamic analysis of an endogenous growth model with public capital [J]. Scandinavian Journal of Economics, 1993, 95 (4): 606-625.

LEIGH A. Do redistributive state taxes reduce inequality [J]. National Tax Journal, 2008, 61 (1): 81 -104.

LOVETT, KENYATTA K. The diffusion of governance in state economic development [D]. Tennessee State University, UMI Dissertations Publishing, 2014.

LUCAS R E. Supply-side economics: An analytical review [J]. Oxford Economic Papers, 1990, 42 (2): 293-316.

RUHLMAN. MOLLY. Who participates? International organizations and non-state actors in global governance [D]. Philodelphia: Temple University, ProQuest, UMI Dissertations Publishing, 2013.

TURNOVSKY S J. Fiscal policy, elastic labor supply, and endogenous growth [J]. Journal of Monetary Economics, 2000, 45 (1): 185-210.

# 数字经济对传统税收的冲击和中国的应对策略

杨磊

**内容提要**：随着数字经济的高速发展，其对于传统税制的挑战日益明显起来。不同于传统经济的以实物交易和当面交易为主，数字经济环境下的生产经营模式更加多变而复杂，税务部门对税源和税基的监控越来越难，传统的常设机构不再成为必须，非居民可以通过其设在居住国的门户网站或第三方电子商务平台，直接向境外个人客户销售货物或提供劳务。经济数字化改变着传统的经济运行模式，也给传统税收制度和征管模式带来挑战。本文主要以增值税和所得税在数字经济环境下给传统税制和征税所带来的问题进行了分析，并对各国现行的对策予以总结，以期对中国未来的税制和征管工作有所助益。

**关键词**：数字经济；增值税；所得税

近些年来，全球数字经济的发展持续加力。据中国信息通信研究院的《G20国家数字经济发展研究报告（2018）》统计，数字经济规模超过万亿美元的国家有美国、中国、日本、德国、英国、法国等，其中美国数字经济规模达到11.5万亿美元，中国的数字经济规模也达到4.02万亿美元的高水平。数字经济在各国的高速发展，也带来了跨国数字交易规模的极速增长，但传统经济时代建立的跨境增值税和所得税的税收制度与征管机制都已遭遇困境，在诸多方面都需要进行改革。

## 一、数字经济下的跨境交易增值税

### （一）数字经济对跨境交易增值税税制的冲击

数字经济对各种跨境交易的发展带来重大机遇，但随之也给各国带来了比较严重的跨境交易增值税问题。

1. 低价值货物免税政策的漏洞

为促进本国国际贸易产业的发展，各国普遍推出了低价值货物免税政策，但

---

**作者简介**：杨磊，西南民族大学经济学院硕士研究生。

这也带来了潜在的税源流失问题，数字经济发展更是带来了潜在的税务欺诈问题。其一，悬垂效应对增值税正常抵扣链条实现所带来的干扰，即由于进口免税企业无法抵扣进口时所产生的进项税额，遂将此部分税额加记入商品销售价格之中，影响后续购买企业的进项税额抵扣；其二，跨国企业借此进行避税筹划可能带来的税源流失，即跨国企业将进口商品拆解为大量低价值商品来规避增值税税收，相较于国内供应商获得不对等优势，如果国内供应商通过离岸地区进口再销售的模式来免缴增值税，又会刺激国内供应商直接将产能转移至离岸地区，国内税源流失更为严重。

为解决这一税收漏洞问题，欧盟《电子商务增值税改革实施条例》（2019）提出，取消低价值商品（不超过 22 欧元）免征进口增值税政策，所有进口到欧盟的货物都要征收增值税，以减少利用豁免政策所滋生的税收欺诈问题，同时保护欧盟境内供应商的利益。与之类似，澳大利亚 2018 年取消低价值商品（不超过 1 000 澳元）的增值税免税政策，并要求电商平台代征 10%的增值税。

另外，当前多数国家对企业与企业之间（B2B）的数字服务以目的地原则征收增值税，本国企业客户购买进口的数字服务后计算其对应的增值税进项税额，允许在之后的销售活动中抵扣该部分进项税额。但如果本国企业进口了数字服务后提供的是免税服务，其并不需要缴纳增值税，同时该免税服务对应的进项税额也无法进行抵扣，这就导致了提供免税服务的本国企业实际上还是被本国征收了“进项税额”。

2. 跨境增值税征税原则的变动与实现

经济合作与发展组织的《国际增值税/货物劳务税指南》推荐采用消费地原则（目的地原则）来对商品服务和无形资产跨境交易进行征税。消费地原则征收指的是跨境商品和服务的增值税应当由消费实际发生所在国税务部门进行征收，与之对应的税收政策是本国政府对本国出口的商品和服务免征增值税，对进口的商品和服务则要按国内税率征收增值税，以实现税收的公平原则、避免双重征税问题。经济合作与发展组织在《应对数字经济的税收挑战》中针对数字经济中服务和无形资产增值税问题，同样坚持增值税的目的地原则，以确保税收的中性原则。

目前，大多数国家对跨境交易的征税采纳了消费地原则。增值税的消费地原则的理论依据在于增值税最终税负承担者是消费者，采取消费地原则能够体现税收与税源一致的公平原则。但是，采纳消费地原则作为征税原则，必须要能确认消费所在地。但是，不同类型的服务会有不同的难点，如现场型服务和非现场型服务、服务购买地和实际使用地不同。

3. 跨境增值税的税基侵蚀和利润转移（BEPS）问题

跨境增值税采纳消费地原则，依然有潜在的 BEPS 问题，B2B 模式下的跨境数字交易在进行消费地确认时，如果数字商品和服务的购买者与实际使用者并不一致，在当前的税制下税收的管辖权如何分配并没有一个妥善的解决方案。实际上，跨国企业为了实现其规模经济，往往会集中采购大量数字服务，而后在企业内部按照实际使用服务的份额收取费用，但当前各国对这种单一法人实体内各机构间的交易并不征收增值税，通过人为的制度安排完全可以实现跨国企业整体上少缴纳甚至不缴纳增值税。跨国企业可以将购买服务的子机构设置在免征增值税的国家，而后将服务分发给实际需要该服务的各国子机构。这样，通过适当的税收筹划，跨国企业既没有缴纳增值税，还实现了其规模经济效益。

针对增值税的 BEPS 问题，经济合作与发展组织的《国际增值税/货物劳务税指南》（2015）提出，B2B 模式下的跨境数字服务增值税管辖权应交由购买方企业所在国税务部门，如果数字商品和服务销售给买方企业后又被该企业分配给其在各国的子机构使用，那么应将增值税的征税权交由为商业目的而实际使用该数字商品和服务的子机构所在国税务部门。

（二）数字经济下对跨境增值税税收的征管机制

各国在对跨境增值税征收过程中，纳税人的各种逃避税问题会制约税收的足额征纳，为此发展出了反向征收机制、增值税拆分缴税机制、一站式服务、税务信息共享系统等。

1. 新型税务登记制度

税收征管的实现，需要对交易者进行必要的税务登记，以保证税务部门对其的监督。不同的商业模式，对应着不同的纳税义务人和申报要求。对跨境数字交易的 B2B 商业模式，由于各国基本都采用消费地原则进行征税，征税权归属于进口国税务部门，按照传统的增值税征收机制，需要对卖方进行征收，而卖方必须在进口国进行必要的税务登记、申报和缴纳增值税，这会给卖方带来税收遵从成本；对跨境数字交易的企业与消费者（B2C）商业模式，如果改为要求对本国消费者征税，那么由于个人消费者无法抵扣增值税的进项税额，缺乏激励去主动完成税务登记和申报，而且个人消费者规模巨大，税务部门也没有足够能力对其进行监管。

为方便跨境 B2C 模式下卖家的税务登记，欧盟推出了"简易一站式注册系统"（mini- one- stop shop system，MOSS），无论交易金额多少，非居民纳税人都要进行纳税登记，但只需在任意欧盟成员国注册登记、缴纳全部增值税即可，税款会由该成员国按照协定分配给其他相关成员国。但是，由于欧盟并未要求欧盟境外企业必须进行税务登记注册，结果大量境外企业未注册，导致欧盟境内、境外服务供应商间的税负不公平现象十分突出。2019 年，欧盟境内 B2C 模式数字交易增值税开始逐步回归来源地规则，交易金额不超过 1 万欧元，增值税交由来源地予以征收，交易金额超过 1 万欧元，增值税才继续执行消费地原则交由消费者所在国征收。而跨境 B2C 模式，依然执行消费地原则征缴跨境交易增值税。

除了欧盟的"简易一站式注册系统"外，新西兰设立了自主服务门户（MyIR），可使非居民跳过身份查验；挪威设立了电子商务增值税 VOEC（VAT On E-Commerce）机制，登记过程无须证明文件，登记后即被分配一个身份识别码（VOEC 码），这些都使得非居民的申报成本大大降低。

2. 反向征收机制

增值税作为一种流转税，其真正负税人是消费者，但在每一次的流转过程中实际上还是由购买方来承担税收，其典型征纳方式是卖家销售货物后，给买家开出包含实际款项和增值税额的增值税专用发票，卖家代替买家代为缴纳增值税税款，而买家支付的增值税税额可以作为进项税额在之后的交易中进行抵扣。

由于增值税实行多级征税机制，在这种传统的增值税征收机制下，一旦进项税额的抵扣链条断裂，很容易出现税收问题，如欧盟内部 B2B 货物贸易出现的循环式骗税问题，“失踪的贸易商”会将“无辜的贸易者”的进项税额占为已有并拒绝上缴税务部门，税务部门不仅会损失相应的税收，甚至由于要动用自身资金将进项税额退还给“无辜的贸易者”而可能陷入负税收的窘境。

经济合作与发展组织的《国际增值税/货物劳务税指南》指出，B2B 模式的交易，建议采用反向征收机制，即由进口企业（居民企业）而不是销售方来作为纳税人缴纳增值税以减少税务欺诈行为。欧盟、新加坡等国家和地区均已在税收实践中对 B2B 模式的交易实行反向征收制度。

3. 增值税拆分缴税机制

传统的增值税缴税机制是买家将货款和税款全部交由卖家，实际上是由卖家代征代缴增值税，这样便存在着潜在的税款流失风险。增值税拆分缴税机制则针对性地解决了这一问题，供应商向购买方收取货款和增值税税款时，购买方支付的全部款项先行交给银行或者在线支付平台，这些金融机构会将款项拆分为供应商的商品货款和税务部门的增值税税款，并直接转到对应的账户，增值税税款不再需要供应商代为缴纳。这样，税款的缴纳更为及时，也大大减少了税款流失的风险。

（三）数字经济下的中国跨境增值税问题

随着数字经济的快速崛起，各种新型交易模式和规模的变动都给传统的增值税税制和征管带来困境。

1. 低价值货物减免税政策的冲击

为了发展对外贸易，中国同样实行了低价值货物减免税政策，对出口货物实行零税率、对进口货物征收增值税，跨境电子商务贸易水平持续上升，基本达到了预期效果。尽管跨境 B2C 交易规模有所扩大，国外销售商借助网络平台可以绕过现有的常设机构定义，中国税务部门当前尚缺乏足够的制度安排和征税手段来有效应对这类交易征收跨境增值税，这不仅带来了国家税收的无形损失，而且因少缴纳增值税给国外销售商带来的不公平竞争优势同样会严重影响市场秩序，对国内销售商的正常生产经营十分不利。

2. 跨境增值税的征收细则问题

数字经济下的增值税制度和征管还有很多不足之处。对商品服务和无形资产的跨境交易，中国参考经济合作与发展组织《国际增值税/货物劳务税指南》推荐采用的消费地原则进行征税。但对跨境数字商品和服务还没有明确规定，与之对应的增值税应税行为、纳税人定义及范围同样缺乏成熟的制度安排，对出口的数字商品和服务业并未完全实行零税率，这可能导致对跨境数字商品和服务的双重征税与双重不征税，影响到对外贸易和政府税收的稳定性。

3.“数字交易平台视同纳税人”条款的冲击

2019 年 3 月，经济合作与发展组织发布了《数字平台对在线销售征收增值税/货物劳务税的作用》，重点强调了第三方数字平台的责任，要求增加数字交易平台在税收征管中的义务。澳大利亚已经明确规定，如果在澳年销售额超过 7.5 万澳元，跨境数字交易平台就需要在澳进行税务登记和纳税，但对数字交易平台上的跨境商品和服务供应商却并无此要求。澳大利亚利用“数字交易平台视同纳税人”条款来提升本国税收效率的做法，严重影响到中国这种数字经济强国的利益，京东等中国数字巨头为了满足规定，不得不耗巨资来改造系统，从而增加了运营成本。简单地以数字平台作为纳税义务人，固然可以提升税收效率，但却混淆了纳税义务人和代扣代缴义务人的区别，有损税收公平。而且，数字交易平台作为第三方，被要求承担本不属于自身分内职责的纳税义务，会增加其运营成本，甚至有可能出现逆向选择风险，导致出现与该条款背道而驰的后果。

## 二、数字经济下的所得税税收制度

现代信息和通信技术的快速进步，带来了数字经济的蓬勃发展，G20 国家 2017 年数字经济融合部分规模超过 1 万亿美元的有美国、中国、德国、日本和英国五国，其占 GDP 的比重分别为 52.13%、25.42%、55.13%、40.18% 和 53.23%。数字经济已然成为经济发展的关键动力。伴随数字经济的持续发展，经济全球化也迎来了新一轮深化，跨国公司的市场占有率得到质的提升，但是，由于数字经济与传统经济模式和商业环境的巨大差异，原有的所得税税制安排逐渐变得形同虚设，跨境所得税和中国国内所得税的税制与征管都需要有针对性的设计和修改。

### （一）数字经济对传统跨境所得税税制的冲击

跨境营业利润的税制设计核心就是对跨境营业利润的税收征管权的准确界定，即其归属于居住国还是归属于市场国。传统经济环境下，为解决双方对跨境营业利润征管权可能的冲突问题，1927 年的《双重征税与逃税》首次明确提出常设机构原则——只有当居住国居民在市场国设置固定的经营场所，或者授权非独立代理人来开展营业活动时，才会被认定为常设机构，市场国有权对跨境营业利润享有税收征管权。传统经济环境下，常设机构原则大体上可以在居住国和市场国之间实现税收征管利益的分配均衡，且税收征管的执行效果良好。数字经济模式和商业运行逻辑与传统经济环境下的物理经济差异巨大，这给针对传统跨境营业利润分配的常设机构原则造成非常大的冲击。

1. 对常设机构原则的直接冲击

传统经济环境下设计出常设机构原则的根本原因在于，当时的信息和通信技术不够发达，两国居民之间的贸易基本借助于两种模式：一是以传统的商业函电直接成交，两者之间仅仅是简单的贸易关系，而没有在其境内从事任何生产和经营活动；二是在市场国建立常设机构，以扩大和深化市场规模，接触到更多的消费者。

发展到数字经济阶段，信息和通信技术的发展已经十分发达，之前限制传统经济环境下要借助建立常设机构来扩大贸易发展的因素已不再存在，跨国公司完全可以借由网络信息技术工具来直接遥控指导在市场国的销售工作，而不必建立固定的营业机构，跨国甚至可以直接借由网站来完成交易，这就直接绕过了传统经济的常设机构制度安排。如果继续以常设机构作为市场国获得跨境营业利润税收征管权的门槛条件，在不考虑税基侵蚀和利润转移的情况下，会严重损害信息市场国的税收利益，尤其是会严重损害信息技术落后的广大发展中国家的税收权益。另外，在传统经济环境下用于运输、储存商品的场所会被认定为辅助性机构，而不会被认定为常设机构，但在数字经济尤其是电商经济中这些场所在其经营活动中是十分关键的部分，不将其认定为常设机构将导致税源的大量流失。

2. 常设机构原则引发的 BEPS 问题

传统经济中资本处于绝对核心地位，而数字经济发展中无形资产最为关键。世界知识产权组织（WIPO）数据显示，2017 年全球专利申请量排名前三的企业是华为、中兴和英特尔，其都是典型的数字化企业，“无形资产的开发与利用是数字经济的一个重要特征。投资与开发的无形资产为数字经济从业者的价值创造和经济增长做出了核心贡献”。在现行税制下，跨国公司经常人为地将无形资产转移至低税地区的关联企业，再借助转让定价机制为其分配高额利润来规避各国（包括居住国和市场国）对其跨境营业利润的所得课税，形成了事实性的“无国籍收入”。

除了无形资产转移外，跨国公司还会将公司的业务功能分解为诸多功能单一的子公司，这些子公司在市场国里由于只担负有限的职能，其能获取的利润份额很小，其对应的应缴纳的所得税额与跨国公司在市场国实现的巨额经济利润极不相符，严重违背了税收的公平原则。另外，数字经济模式对各种数据和用户参与度十分依赖，数字企业通过收集、整理和分析用户数据信息，可以提供个性化定制的数字产品和服务来为企业创造利润。但这些利润因为缺乏物理存在和数据价值难以评估而无法实现对相关数字企业征税。

3. 数字经济对中国跨境所得税的冲击

当前，我国对常设机构的认定还停留在物理存在层面，即要求企业有固定的营业场所和代理机构，这在跨境数字交易中的实用性十分有限。数字企业在与我国进行跨境数字交易时，可以借助网络和各种数字平台直接与我国消费者对接，而无须在我国设立各种传统意义上的物理常设机构。传统的常设机构豁免条款，即对辅助性机构不予认定为常设机构，这与我国的商业现状不符合，跨境电商通过网站等平台与我国消费者进行交易，而后将商品储存在我国国内的仓库里，以方便进行统一调度，这种情况下仓库之类的辅助性机构已然成为完成交易的核心因素，不能再将其视为传统的辅助性机构豁免其常设机构认定。在对跨境交易所得性质的认定上，由于我国对特许权使用费以列举的方式进行定义，容易在数字经济条件下产生税收争议。另外，一些新型的数字交易模式，究竟是认定为营业利润按常设机构征收所得税，还是认定为特许权使用费征收预提税，我国当前也并没有明确的税收规定。

（二）国际组织和各国的解决方案

1. 经济合作与发展组织方案

针对传统经济常设机构原则在数字经济时代的种种缺陷，经济合作与发展组织提出了以下解决方案：一是在《应对数字经济的税收挑战》（2014）和《应对经济数字化的税收挑战》（2019）中提出“显著经济存在”“用户参与提案”和“营销型无形资产”等提案，坚持“实质大于形式”的原则，以价值创造作为税收管辖权重新分配的基础，这赋予了市场国对跨国数字企业的征税权。二是经济合作与发展组织在《电子商务交易所得的税收条约定性问题》（2001）中提出，基于数字化产品和服务的性质考虑，跨国贸易中的数字化交易所得应归为营业利润，而非特许权使用费收入。在防止税基侵蚀方面，经济合作与发展组织在《应对经济数字化的税收挑战》（2019）中提出“最低税”方案，以所得计入规则保护居住国税收权益，市场国则可以对未以最低税率纳税的企业予以特定税款不得税前扣除和不得享受税收协定的税收优惠条款来保护自身税收利益。

2. 各国家和地区的实践

（1）欧盟的数字税收实践

据统计，在欧洲，传统企业的有效平均税率达 23.2%，但是数字企业的有效平均税率仅为 9.5%。通过采取避税行为，跨国企业甚至能将税率降至零，导致欧盟成员国每年损失 500 亿~700 亿欧元。为适应数字经济时代的变化，2018 年欧盟提出了两项提案：一是实施显著数字存在（significant digital presence，SDP）方案对传统经济的常设机构予以补充，只要数字企业满足数字交易收入额超 700 万欧元、用户数量超 10 万人、数字服务商业合同数量超 3 000 份这三个条件中任意一个，即可认定该数字企业已在市场国构成物理存在，继而满足扩展后的常设机构定义。二是对某些数字服务征收数字服务税，税率定为 3%。欧盟推出的数字服务税本质是一种特殊消费行为税（excise tax），是为了补偿漏征的所得税。欧盟试图建立数字单一市场（digital single market），以提升欧盟在数字经济时代的市场地位，数字服务税就是其建立适应数字经济新税制的过渡性方案。为了保护欧盟内中小企业的利益，欧盟数字服务税的征收条件限定为相关企业全球收入超 7.5 亿欧元、在欧盟收入超 5 000 万欧元，同时满足这两个条件即可被认定为在欧盟有“重大数字足迹（significant digital footprint）”。欧盟的数字服务税并非对利润征税，而是对扣除增值税和其他税费后的收入作为应税所得，因此欧盟建议成员国将数字服务税作为企业成本在征收企业所得税时予以扣除，避免可能发生的双重征税问题。

（2）欧洲国家的数字税收实践

针对跨国数字经济税率过低、跨国所得税税基侵蚀严重，欧洲国家尝试推出了很多解决办法，其中最典型的就是转移利润税方案和数字服务税方案。

转移利润税方案是英国为应对跨国数字企业的税收筹划行为，对在英国年营业收入超2.5亿英镑的大型跨国企业的转移利润自2015年4月1日起征收25%的转移利润税（diverted profits tax），而英国国内的所得税税率只有20%。英国政府希望借此来阻止、惩罚利用复杂税收筹划来规避本国税收的大型跨国数字企业。澳大利亚随后效仿英国，于2017年开始对全球年收入超10亿澳元且在澳收入超2 500万澳元的大型在澳跨国企业的转移利润征收40%的转移利润税。

数字服务税方案在英国、法国都有推行，只是两者之间的具体规划有所不同。英国已于2020年正式施行数字税，这项税收将适用于全球销售额超过5亿英镑且至少有2 500万英镑来自英国用户的企业，税基为英国用户的收入，税率为2%。英国税务海关总署认为，到2025财年结束时，这项税收可能会带来高达5.15亿英镑（约合6.65亿美元）的额外年收入。英国的数字税是对销售额而不是对利润额征税，不能扣除成本，但可以扣除增值税税额。法国的数字服务税方案源于欧盟的提案《数字服务税统一规则》，针对欧盟境内大型数字企业征税，但因为爱尔兰、瑞典和丹麦等低税率国家反对而未能实现。所以从2019年开始法国开始自行征收数字服务税，即GAFA（谷歌Google、苹果Apple、脸书Facebook、亚马逊Amazon）的“数字服务税法案”，具体针对广告服务以及用户数据销售收入，税率为3%，但企业规模要达到全球年收入7.5亿欧元以上且在法国境内年收入2 500万欧元以上。法国的数字服务税是对数字企业的营业收入而非利润课税，但允许扣除已缴纳的增值税。经预估，2019年数字服务税就将给法国带来4亿欧元的税收收入，2020—2022年法国更是每年可以增收6.5亿欧元，这毫无疑问会缓解法国政府的财政赤字压力。但法国的数字服务税主要针对大型跨国互联网企业，尤其是美国的Google、Amazon、Facebook和Apple这四大巨头数字企业，因此引起了美国的强烈反应，并对法国的该法案发起了“301调查”，美法两国随后达成一致，法国归还与经济合作与发展组织框架所征税款的差额。

（3）印度的新常设机构和均衡税方案

印度的数字经济发展速度较快，但本国的数字企业实力较弱，本国数字经济市场大多被跨国数字企业占有，为保护本国数字企业和数字税收利益，印度成为世界上第一个引入均衡税的国家（2013），并对此实行“安全港”规则，主要针对B2B交易，为避免重复征税，对已缴纳均衡税的收入免征企业所得税。但是，均衡税不属于所得税体系，是一种间接税，以非居民企业在印度的营业收入为税基，即对流转额征税。但数字经济企业可能将税负转嫁给消费者，也可能因均衡税不属于所得税而无法获得母国的税收抵免，遭遇双重征税难题。

2016年，印度开始针对在线广告服务营业收入征收均衡税（equalization levy），税率为6%，征纳条件为在印度国内并无物理性常设机构，营业收入高于10万卢比（约为1 700美元）即可征收。印度的数字服务税方案是发展中国家的代表，印度本国的数字经济发展较快，但却缺乏本土数字化企业，市场基本被国外的强势企业（如美国的推特、脸书、谷歌等）占据。但是，印度的均衡税方案并未针对所有的数字经济领域，甚至只是选取市场份额不高的在线广告服务领域，征纳额起点较低，税率较高。2019年，印度政府推行新的常设机构定义，以“重大经济存在”作为判定标准，满足该标准的非居民即被认定为在印度设有常设机构。“重大经济存在”标准主要涉及上一年度的交易总额、用户数量以及在印度开展经济活动的持续性。另外，针对特定数字产品和服务，印度还会对其征收预提税。

## 三、数字经济冲击下中国的对策

### （一）中国应对数字经济下的跨境增值税对策

针对跨境增值税带来的诸多问题，中国可以从税收制度和税收征管两个层面做出积极的应对。

1. 税收制度层面跨境增值税的对策

对于跨境增值税，我国应该明确定义跨境数字商品和服务，积极实行增值税的消费地原则，对出口的数字商品和服务实行彻底的退税政策，避免对本国跨境数字商品和服务的双重征税；对于低价值货物免税政策所带来的税源流失问题，需要提高警惕，适当缩小免税企业范围，既可以保障税收收入，也能维持增值税的正常抵扣链条；对于跨境增值税的BEPS问题，我国要积极参与国际组织的相关方案制定，并提出符合本国利益的主张。

2. 税收征管层面跨境增值税的对策

数字经济下，我国的跨境交易可以大体划分为B2B和B2C两种模式。对于B2B模式的交易，我国也可以参考使用反向征收模式，由国内的买家代为缴纳跨境增值税，以规避潜在的税务流失风险；对于跨境B2C的增值税征管，我国应该明确跨境电商的增值税税务登记和缴纳义务，具体可以参考欧盟的一站式服务，方便其进行税务注册和缴纳操作，降低税收遵从成本。对于当前一些国家采取“数字平台增值税完全责任模式”，我国应采取反对态度。这种要求大型跨境电商平台作为增值税纳税人的做法，会给我国跨境电商平台带来巨大的税收遵从成本，严重影响了其国际竞争力，不符合我国的经济利益。

### （二）中国应对数字经济下跨境所得税的对策

1. 税制层面跨境所得税的对策

（1）修改常设机构原则

对于跨境所得税，我国要突破传统经济的物理存在规则，引入数字存在规则，参考国际上的显著数字存在方案，设置适当的识别条件，如年营业额、消费者数量以及在线签订合同数量等。

（2）反对数字服务税

由于我国的数字经济产业发达，国外的跨国数字企业在华业务规模不大，跨境数字所得税的BEPS问题在我国并不突出，但对当前一些国家征收单方面的数字服务税方案，我国要予以足够重视。数字服务税虽然只是一种临时性的制度安排，但一方面会破坏统一的国际税收秩序的实现，另一方面会严重影响我国数字企业向外拓展业务的步伐。

（3）重视用户价值创造

数字经济时代，跨国数字企业利用用户的数据和信息来形成新的无形资产。我国作为一个互联网大国，网民数量接近十亿级别。对于这部分价值创造，要积极支持用户数据和参与所创造价值在税收管辖中的地位，维护本国作为市场国的正当税收权益。

2. 税收征管层面跨境所得税的对策

（1）强化税收情报获取

要实现跨国所得税的正常征收，跨国税收情报的获取不可或缺。我国应建立跨国纳税人的涉税信息库，在双边贸易条约中推进相互间的税收情报交换条款，力求做到相关非居民企业在彼此国家间的资金交易流动和税源信息共享。

（2）力求税收征管数字化

数字经济时代，要实现税收征管的高效可靠，税收征管的数字化是必经之路。当前，我国已经在金税工程和数字税务局建设方面取得较大成果，但依旧有很多可以改进的地方。比如借鉴美国利用计算机系统来实现对可疑的交易和纳税人进行筛选，这可以极大地提高税务稽查效率。

（3）设置专门的税务机构

数字经济下的所得税涉税交易规模不断扩大，税务部门有限的资源必然会逐渐趋于紧张，这就有必要建立专门的税务机构来对其予以管理。参考法国的税务警察制度，我国也可以建立专门的税务稽查机构来打击偷漏税等违法活动。

**参考文献：**

张馨予. 数字经济对增值税税收遵从的挑战与应对：欧盟增值税改革的最新进展及启示［J］. 西部论坛，2020，30（6）：113-121.

胡天龙. 增值税历史沿革与改革动向：基于国际实践和国内发展的研究［J］. 国际税收，2021（3）：3-10.

薛伟. 数字经济下的增值税：征税机制、避税问题及征收例解［J］. 财会月刊，2021（9）：156-160.

陈勃. 跨境数字交易增值税制度国际实践、共性分析及启示［J］. 财政科学，2021（1）：137-143.

何杨，孟晓雨. 数字化商业模式与所得税解决方案探讨［J］. 国际税收，2019（3）：14-19.

廖益新. 数字经济环境下营业利润课税权的分配［J］. 厦门大学学报（哲学社会科学版），2017（4）：92-101.

白彦锋，湛雨潇. 欧盟税改与国际税收发展新出路：针对互联网巨头跨国避税问题的分析［J］. 公共财政研究，2018（2）：4-15.

王怡璞，王丹. 数字经济税收征管的要素分析与设计［J］. 财政监督，2020（6）：15-21.

李蕊，李水军. 数字经济：中国税收制度何以回应［J］. 税务研究，2020（3）：91-98.

黄健雄，崔军. 数字服务税现状与中国应对［J］. 税务与经济，2020（2）：85-90.

## 财税沙龙

# 延迟退休与基本养老保险基金的关系探究

**主 持 人：**刘元生，西南财经大学财税学院讲师、经济学博士
**本期嘉宾：**曾益，中南财经政法大学公共管理学院副教授、经济学博士
姜先登，西南财经大学财税学院副教授、经济学博士
杨良松，西南财经大学财税学院副教授、经济学博士

**背景材料**

《中华人民共和国国民经济和社会发展第十四个五年规划和2035年远景目标纲要》：

健全养老保险制度体系，促进基本养老保险基金长期平衡。

综合考虑人均预期寿命提高、人口老龄化趋势加快、受教育年限增加、劳动力结构变化等因素，按照小步调整、弹性实施、分类推进、统筹兼顾等原则，逐步延迟法定退休年龄，促进人力资源充分利用。发展银发经济，开发适老化技术和产品，培育智慧养老等新业态。

**主持人：**为什么有必要调整退休年龄？

**曾益：**我国现行退休年龄执行的是1978年的政策，即《国务院关于颁发〈国务院关于安置老弱病残干部的暂行办法〉和〈国务院关于工人退休、退职的暂行办法〉的通知》，男性、女干部和女工人分别于60岁、55岁和50岁退休。然而，1981—2015年我国人口预期寿命从67.77岁增至76.34岁；根据2015年1%人口抽样调查并编制生命表，60岁城镇男性人口和55岁城镇女性人口可分别预期存活至83.84岁和86.78岁。可见，我国人口预期寿命不断延长，已执行40余年的退休年龄政策与现在的人口预期寿命不符，延迟退休年龄势在必行。

延迟退休年龄常与养老保险基金缺口相联系，当出现养老保险基金缺口时，延迟退休年龄能带来“开源节流”的效果，从而成为发达国家首选的政策工具之一。我国于2000年迈入老龄化社会，2019年60岁及以上人口占比达18.1%，随着老龄化程度加深，养老保险基金支付压力沉重。以城镇职工基本养老保险基金为例，截至2015年年底，仅有7个省（自治区、直辖市）的基金征缴收入可应对支出；2018年可获得全省社会保险基金收支决算数据的13个省（自治区、直辖

市）中，仅有3个省（自治区、直辖市）的基金征缴收入可应对支出；如果将统筹层次上升至全国一级，自2014年起基金征缴收入无法应对支出，财政补贴从2014年的3 548亿元增至2019年的10 318.86亿元，5年内财政补贴增加近2倍。可见，延迟退休年龄迫在眉睫。

然而，我国还未公布具体的延迟退休年龄方案。应当以何种速度延迟退休年龄？是“小步前行”（如每年延迟2个月）还是“大步迈进”（如每年延迟6个月）？在男女一起延迟退休年龄或者先延迟女工人再延迟女干部最后延迟男性退休年龄的情况下，应以何种速度延迟退休年龄？这些都是值得回答的问题，是政府在出台延迟退休年龄方案时应重点考虑的问题。

**姜先登：** 我国目前的法定退休年龄是指经第五届全国人民代表大会常务委员会第二次会议批准，《国务院关于颁发〈国务院关于安置老弱病残干部的暂行办法〉和〈国务院关于工人退休、退职的暂行办法〉的通知》所规定的退休年龄。现在我国的人口结构和人均寿命与当时相比都发生了重大变化。首先，近几年，我国大部分地区的出生率出现了明显下滑，长期而言，这将造成我国劳动力市场的供给不足，而延迟退休将是缓解劳动力短缺的有效途径。其次，相较于20世纪70年代末，目前我国的人均寿命与老年人身体健康情况都有了巨大提升，如若继续维持现有的法定退休年龄将是对劳动力的一种浪费，而延迟法定退休年龄将显著提升我国老年人的劳动参与率，这将是对劳动力市场的一种有益补充。最后，综合新增劳动力不断减少与老年人寿命大幅提升的大背景，在目前我国以现收现付为主的养老金模式下，不少地区的养老金账户已经出现不同程度的缺口。延迟退休将间接增加劳动者的养老金缴纳年限，并有效减缓退休人口的增长速度，在一定程度上解决养老金的收支不平衡问题。

**杨良松：** 我国目前的退休年龄为数十年前制定的，随着经济社会发展，人口预期寿命提高，受教育年限增加，劳动力结构也发生了变化，人口老龄化趋势加快，故应当逐步提高退休年龄，如此可实现在老有所养的同时老有所为。

首先，我国老龄化进程加快，65岁以上人口从1982年的4 991万增至2000年的8 821万，再增至2019年的17 603万，占总人口的比重从1982年的4.9%增至2000年的7%，再增至2019年的12.6%，近20年来老龄化趋势明显加快，且这一趋势可能将继续持续，需要有效应对。

其次，我国的社会经济结构和劳动力结构也发生了巨变。国内生产总值中第一、第二、第三产业的占比分别从1978年的27.7%、47.7%和24.6%调整为2019年的7.1%、39.0%和53.9%；产业结构的变化也带来劳动力结构的巨变，三次产业的就业人员占比分别从1978年的70.5%、17.3%、12.2%调整为2019年的25.1%、27.5%和47.4%，第二、第三产业尤其是第三产业就业占比显著增长。以往许多高强度体力劳动的工作已不复存在，继续沿用当时的政策不合时宜。

最后，我国的人口预期寿命和人口受教育年限在过去数十年已经有大幅提高，沿用以往的退休年龄，对于人力资本是极大的浪费。在欧美发达国家和日本等地，

65岁以上甚至70岁以上仍在参加劳动的人并不鲜见，我国老年人群体中多数人也在参加劳动，老龄人口仍可以做出重大贡献。

因此，在上述背景之下，应该在实现老有所养的同时，实现老有所为，而逐步延迟退休年龄是实现老有所为的重要举措。

**主持人：**延迟退休的社会经济财政效应如何？尤其是延迟退休对职工基本养老保险基金有何种影响？

**曾益：**已有较多学者研究了延迟退休年龄对经济增长的影响。鲁元平等人（2016）发现，延迟退休年龄使劳动力、消费和投资增加，进而带来经济增长。景鹏和郑伟（2020）认为，在确定预期寿命的情况下，延迟退休年龄可促进国民经济总产出增加。也有学者的结论相反，Fanti（2014）发现，延迟退休年龄在短期内能促进经济增长，但在长期内会引起经济下降。不过，大多学者认为延迟退休年龄能促进经济增长，这是因为延迟退休年龄使得劳动力数量增加，对人均国内生产总值（GDP）增长率起促进作用。

不仅如此，研究延迟退休年龄对职工基本养老保险基金影响的文献较多。延迟退休年龄增加缴费人数并减少待遇领取人数，从而增加基金收入并减少基金支出，进而增强养老保险基金的可持续性，降低财政压力。然而，延迟退休年龄的政策效果受到延退速度的影响，因为延退速度决定每年缴费人数的增加值和待遇领取人数的减少值。延迟退休年龄的速度越快，每年缴费人数的增速和待遇领取人数的降速越快，基金收入的增速和基金支出的降速越快，对基金可持续性的改善效果越明显，财政责任越发得到减轻。其具体研究状况是：Fehr（2012）、于文广等人（2018）、Zhao等人（2019）、景鹏等人（2020）认为延迟退休年龄能缩小养老保险基金支付缺口。苏春红和李松（2016）得出延迟退休年龄使2050年S省养老金缺口减少86.31%。Blake和Mayhew（2010）、余立人（2012）则认为延迟退休年龄的效果不确定。综上所述，学术界基本认可延迟退休年龄对养老保险基金可持续性和财政责任的积极影响。

**姜先登：**延迟退休的社会经济效益主要体现在以下两个方面：第一，延迟退休将增加我国劳动力的供给总量，有助于保证劳动力总体水平的长期稳定；第二，延迟退休将缓解地方政府所面临的养老金支付压力，并提升劳动者个人及家庭的养老能力。就职工基本养老保险基金而言，延迟退休将通过调节支付养老金的人口数量和领取养老金的人口数量的相对水平的方式，实现养老保险基金的收支平衡，保证职工养老保险基金的平稳运营和可持续发展。

**杨良松：**延迟退休首先可以通过老有所为，帮助老年人实现个人价值；也可以增加劳动力供给，对社会经济发展产生积极影响。还有一个积极影响在于，延迟退休有助于缓解当下基本养老保险基金的收支缺口压力，帮助其实现社会保险精算平衡，提高保险的可持续性。

职工基本养老保险基金的主要问题在于，当下的基金收支缺口较大。表1显示，从 2014 年开始，其保费收入就已经低于保费支出，且收支缺口逐步增大，2019 年支出已经超过收入 7 548 亿元，长此以往，基金的可持续性堪忧。为了弥补这种收支缺口，一般公共预算支出对职工基本养老保险基金进行了大量补贴，2019 年补贴额达到 10 319 亿元。且除了职工基本养老保险外，财政还需对居民养老保险和医疗保险进行大量补贴，2019 年，财政对社会保险基金的补贴总额为 19 103 亿元。但在当前社会经济环境之下，财政收支矛盾突出，如此巨大的财政补贴，对于一般公共预算也形成较大的压力。

**表 1　2012—2019 年全国职工基本养老保险基金收支情况**　　单位：亿元

| | 2012 | 2013 | 2014 | 2015 | 2016 | 2017 | 2018 | 2019 |
|---|---|---|---|---|---|---|---|---|
| 收入 | 18 300 | 20 790 | 23 273 | 26 554 | 28 519 | 33 542 | 50 966 | 52 631 |
| 其中：保费收入 | 15 027 | 17 002 | 18 726 | 21 096 | 22 407 | 26 228 | 38 813 | 39 515 |
| 财政补贴收入 | 2 527 | 2 851 | 3 295 | 3 893 | 4 291 | 4 955 | 9 377 | 10 319 |
| 财政补贴占比 | 13.8% | 13.7% | 14.2% | 14.7% | 15.0% | 14.8% | 18.4% | 19.6% |
| 支出 | 13 948 | 16 699 | 19 797 | 23 092 | 25 782 | 28 567 | 44 248 | 48 747 |
| 其中：保费支出 | 13 458 | 16 090 | 19 045 | 22 227 | 25 445 | 28 179 | 42 855 | 47 063 |
| 保费收入减支出 | 1 569 | 912 | −319 | −1 131 | −3 038 | −1 951 | −4 041 | −7 548 |

注释：数据主要来自全国社会保险基金历年决算报表。其中 2012—2017 年仅有企业职工基本养老保险基金，2018—2019 年包含企业职工和机关事业单位基本养老保险基金，2018 年保费收入、财政补贴收入大增的原因也在于口径变动。2012—2014 年社保基金决算报表未报告财政补贴收入，该数据来自全国财政决算表中的“财政对基本养老保险基金的补助”项。

我国的职工养老保险制度为部分积累制，即现收现付制与完全积累制的混合体。完全积累制下，每个人建立账户存储养老金，并获得利息，退休时提取；现收现付制下，养老金来自现在工作的人的税收。我国多数省份目前的企业职工基本养老保险和机关事业单位养老保险都分为单位缴纳和个人缴纳两部分。其中，个人缴纳 8%，进入个人账户，这一部分按完全积累制运作；单位缴纳 19%~20%，进入统筹账户，即按现收现付制运作。自 2019 年 4 月以后，各地城镇职工基本养老保险单位缴费比例降至 16%。但总体而言，我国的职工养老保险基金可以说是以现收现付制为主体的部分积累制。因此，理解养老金缺口的关键在于现收现付制。

在这一制度之下，抚养比即领取养老金的人数与缴费人数至关重要。在其他条件（如养老保险费率、养老金水平和工资水平的比率）不变的情况下，抚养比越高，收支比越低，收支缺口也越大。我们在图 1 报告了 2019 年我国部分省（自治区、直辖市）的抚养比和收支比，可以发现两者呈现出比较明显的负相关。且需要注意的是，图 1 的收入包含财政补贴收入，若扣除补贴收入，将有更多地区出现收支缺口。例如，四川省2019年职工基本养老保险收支基本平衡，但企业职工和机关事业单位基本养老保险基金保费收入为1 879.9亿元，财政补贴收入达到了727.6亿元。

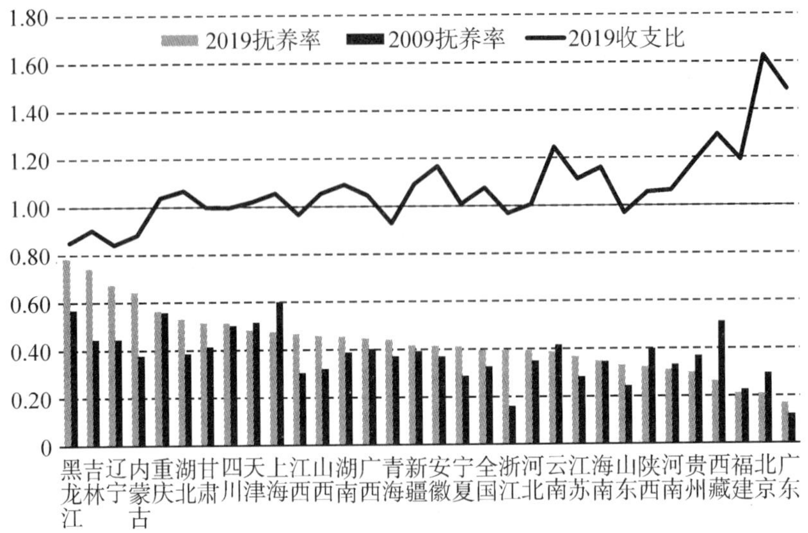


**图1　2019年我国部分省（自治区、直辖市）城镇职工养老保险收支比与抚养率**

注：按2019年抚养率排序；抚养率=离退休人员数/在职职工数；收支比=养老保险收入/支出。

资料来源：《中国统计年鉴》。

延迟退休可对养老保险产生比较直接的有利影响。延迟退休可以同时影响抚养率的分子和分母，一方面直接增加了劳动力人口，另一方面也减少了抚养人口，且与提高生育率相比，延迟退休有助于迅速实现增收减支，增加养老保险盈余，提高保险可持续性。

**主持人：**除延迟退休外，还有什么措施可以提高职工基本养老保险基金的可持续性？

**曾益：**延迟退休年龄是养老保险制度参量改革的一项，在乐观情形下，延迟退休年龄将养老保险基金开始出现累计赤字时点推迟至2057年，为促进养老保险基金可持续运行并减轻财政压力，应推进其他参量改革或政策改革，具体措施如下：

第一，国有股划转充实社保基金。为解决基本养老保险基金收支缺口问题，2000年8月我国设立全国社会保障基金理事会。为拓宽全国社会保障基金的筹资渠道，2001年国务院印发的《减持国有股筹集社会保障资金管理暂行办法》规定，上市公司减持10%的国有股，收益归全国社会保障基金所有；在此基础上，2017年《国务院关于印发划转部分国有资本充实社保基金实施方案的通知》，进一步扩大划转范围，划转部分国有企业国有股份的10%充实全国社会保障基金；2019年五部门印发《关于全面推开划转部分国有资本充实社保基金工作的通知》，标志着划转国有股充实社保基金政策全面推开。然而，国有股划转充实社保基金的比例低于政策规定的10%，根据2013—2019年《全国社会保障基金理事会社保基金年度报告》，2013—2019年国有股减持资金分别为78.97亿元、82.83亿元、179.06亿元、185亿元、79.59亿元、15.32亿元和0.44亿元，共621.21亿元，占国有资产总额的0.032%，因此我国全面落实国有股划转充实社保基金政策。

第二，提高征缴率。我国企业职工基本养老保险征缴率一直停留在60%左右，大多企业逃缴漏缴社会保险费。为提高征缴率，可以考虑推进社会保险费征收体制改革。目前，我国所有省（自治区、直辖市）均由税务部门征收社会保险费，未来需要进一步加大社会保险费的征缴力度，严惩逃费漏费行为，夯实缴费基数。

第三，提高生育意愿。提高生育意愿是解决养老保险基金收支缺口最根本的对策，但是这一政策存在时滞效应，要待新生人口成为养老保险的缴费人口的才能缩小养老保险基金的收支缺口。不仅如此，该项对策的效应还受到生育意愿的影响，如果生育意愿较低，对养老保险基金收支缺口的影响是微乎其微的。现阶段，我国“全面两孩”生育意愿持续走低，应尽快完善配套激励措施，包括增加生育津贴、延长产假、为两孩家庭实施税收减免，以减轻两孩家庭养育压力。

**姜先登：**除延迟退休外，还可以通过以下几种方式提高职工基本养老保险基金的可持续性：第一，扩大养老保险基金的覆盖面，进一步扩大基金的收入规模；第二，推进基金的市场化运营，在风险可控的前提下，实现基金的增值保值；第三，加强中央统筹，建立跨省份的基金调剂制度，以解决养老金收支的地区不平衡问题；第四，划转部分国有资本或国有资本收益充实社保基金，丰富养老基金的收入来源，缩小养老金的收支缺口。

**杨良松：**除延迟退休外，还可以通过以下几个方面的措施来提高职工基本养老保险基金的可持续性。第一，加强养老保险基金制度建设。可以加大养老保险保费征管力度，进一步扩大养老保险的覆盖面，增加养老保险缴费人数，但要将退休金发放额与在职人员工资比率保持在合理范围。第二，要增强生育政策包容性，推动生育政策与经济社会政策配套衔接，减轻家庭生育、养育、教育负担，释放生育政策潜力。通过提高生育率，在中长期内缓解抚养比的快速增长。第三，通过划转国有资本等途径，增加养老金收入来源。

资料来源：《四川财政与会计》2021年第3期“财税沙龙”栏目

# 财税政策如何促进科技创新

**主 持 人：**李建军，西南财经大学财税学院教授、博士生导师
**本期嘉宾：**万 莹，江西财经大学财税与公共管理学院教授、博士生导师
庄佳强，中南财经政法大学财税学院教授、经济学博士
肖育才，西南民族大学经济学院副教授、经济学博士、管理学博士后

**背景材料**

科技是第一生产力，科技是人类发展的正道。一国的科技发展水平，很大程度上决定着一国的经济发展水平。科技兴则民族兴，科技强则国家强。纵观人类发展历史，创新始终是一个国家、一个民族发展的重要力量，也始终是推动人类社会进步的重要力量。建设科技强国，是高质量发展的内在要求和必由之路。

2021 年 5 月 28 日，习近平总书记在两院院士大会和中国科学技术协会第十次全国代表大会上指出，立足新发展阶段、贯彻新发展理念、构建新发展格局、推动高质量发展，必须深入实施科教兴国战略、人才强国战略、创新驱动发展战略，完善国家创新体系，加快建设科技强国，实现高水平科技自立自强。习近平总书记从五个方面部署了加快建设科技强国的重点任务：要加强原创性、引领性科技攻关，坚决打赢关键核心技术攻坚战；要强化国家战略科技力量，提升国家创新体系整体效能；要推进科技体制改革，形成支持全面创新的基础制度；要构建开放创新生态，参与全球科技治理；要激发各类人才创新的活力，建设全球人才高地。

**主持人：**科技是第一生产力，财政税收政策是促进科技创新的重要推动力。在科技创新中，基础研究、应用研究和科技成果转换三个方面都不可或缺，而“基础研究是创新的源头活水”，要实现高水平科技自立自强，离不开强大且充满活力的基础研究。请谈一谈如何充分发挥财税政策在促进基础研究上的作用。

**肖育才：**基础研究具有公共品性质，外溢性较强，社会资本不愿意投入，也很难通过市场进行交易，需要以政府作为主导来推进，财税政策在其中起着重要的支撑作用。从基础研究的资金来源来看，由于基础研究属于公共产品，基础研究的资金来源主要依靠财政资金投入，财政科技支出规模和结构直接影响基础研究。一方面，财政科技支出规模是保障基础研究发展的基础，应该建立针对基础

研究的财政科技支出规模的稳定增长机制，保障基础研究相应的财政资金投入；另一方面，在财政资金有限的情况下，还应该注重财政科技支出的结构和效率问题。财政科技支出结构的优化有利于保障基础研究重大成果的取得，故应根据国家重点的基础研究以及基础研究领域的主要短板，在财政科技支出资金投入上进行结构的优化，区分轻重缓急来保障重点项目、重点领域的资金投入。与此同时，还应该注重财政科技支出的效率，建立财政科技支出在基础研究上的绩效评价体系，这不仅可以防止财政科技资金的低效和无效投入，并且还有利于促进基础研究领域的资金使用效益的提升。在税收政策方面，应该制定针对基础研究的相关激励政策，促进企业和个人加大在基础研究方面的投入力度，保障其在基础研究中的利益。基于基础研究的外溢性问题，应该制定有利于个人和企业在基础研究方面的投入激励政策，如可以通过企业所得税的加计扣除和个人所得税的相关免税政策来补偿企业和个人在基础研究方面的利益。另外，还应该制定促进基础研究领域成果转换的税收激励政策，通过市场的方式来让基础研究成果获得一定的收益保障，从而激励社会在基础研究领域的投入。

**庄佳强：** 财税政策会影响企业对科技创新活动的激励。比如，对投资于初创科技型企业风险资本的税收优惠会引导资本的投入，对特定研发活动的财政补贴会改变科技创新的方向。与应用研究相比，基础研究的投入与产出之间的时间差距更大，失败的概率更大，带来的直接经济利益更低，资金投入额更大。这就意味着财税政策对基础研究的促进作用应着眼于长期性和长远性，而在支持模式上则应该以专项的财政资金和财政补贴为主。

对基础研究财税支持的长期性，应立足对科技人才的培养，主要是对科技人才接受高等教育的财政支持，以形成尽可能大的科技人才群体。对基础研究财税支持的长远性，应立足对基础研究项目的持续性资金支持，但是这更需要制度上的创新和突破。创造性的基础研究成果很少是靠评审选出来的，更多的是科学家长期自由探究的结果。在为这种探究模式提供长期性和持续性支持方面，现行的科研项目评审机制和财政资金管理办法尚待完善和调整，这实际上减弱了财税政策对基础研究的促进作用。

**万莹：** 实现高质量发展，离不开创新。根据《2020 年全球创新指数》报告，我国创新指数为 53.28，而瑞士、美国、英国等高收入经济体的创新指数分别为 66.08、60.56、59.78；尽管我国在中等收入经济体中排名较前，但与世界创新强国相比仍有较大差距，而制约创新能力的瓶颈在于基础研究不足，由此才会出现关键技术领域“卡脖子”的问题。2019 年我国基础研究经费为 1 335.6 亿元，仅占研发经费的 6%。区别于应用型研究，基础型研究注重实验性或理论性研究，与转化、投产、盈利等环节相距较远，且具有更高成本、更大风险、更长周期等特点，因此，应对基础研究给予更大力度的财税扶持。一是加大对企业、高校、科研单位等的基础研究补贴；二是政府牵头基础研究课题基金立项，搭建企业、高校、科研机构共同参与开发的平台，形成产、学、研一体化，加快基础研究成果转化；三是政府提供担保，引导市场资源进入基础研究领域，如转化产品优先采购、形成产业优先合作等。

**主持人：**高新技术企业低税率政策、研发加计扣除政策是我国促进科技创新的重要税收政策。2021年3月，财政部、税务总局联合发布《关于进一步完善研发费用税前加计扣除政策的公告》，将制造业企业所得税研发加计扣除比例提高到100%。企业是科技创新的主体。2019年，全国共投入研究与试验发展（R&D）经费22 143.6亿元，各类企业研究与试验发展（R&D）经费支出16 921.8亿元，占比为76.4%。税收政策在激励科技创新中处于重要位置，那么如何进一步优化税制、充分发掘税收政策在促进企业科技创新的作用。

**万莹：**近年来，我国企业研发费用加计扣除政策在加计扣除比例和适用范围上不断完善，企业受惠面不断扩大。根据国家统计局《中国创新指数研究》的数据，2019年，我国享受加计扣除减免税的企业所占比重指数从133.5增长至476.7，增长比例高达257.08%，平均每年增长29.59%。未来我国可在以下三个方面继续完善加计扣除税收优惠政策：一是进一步提高加计扣除比例。例如，俄罗斯的加计扣除比例为150%，新加坡的加计扣除比例为150%~400%，克罗地亚的加计扣除比例为175%~250%。二是考虑探索多层次、差异化加计扣除比例。加大对小规模企业、高技术制造业企业和西部地区企业的扣除比例。三是考虑引入税收抵免优惠政策。税收抵免能有效消除不同所得税税率对加计扣除优惠力度的影响，且国际上研发费用税收抵免的运用比研发费用加计扣除更为普遍。根据经济合作与发展组织数据，截至2020年，37个经济合作与发展组织国家中有33个使用税收抵免政策，27个欧盟国家中有21个使用税收抵免政策。例如，美国采取增量研发税收抵免政策；日本针对不同规模的企业，引入与研发增长率挂钩的抵免率。与此同时，引入退税机制，对企业抵免额超出所得税额的部分予以退回，进一步降低企业研发的风险。

**肖育才：**税收政策在科技创新中具有重要的激励效应。如何有效利用税收政策促进企业科技创新，是我国推进落实创新驱动发展战略背景下税制优化与改革的旗帜和航标。税制优化与改革必须顺应落实创新驱动发展战略的方向和要求，通过协同发力确保创新源泉充分涌现。优化税制结构是税制改革服务于科技创新的主要方式，通过税制优化为科技创新建立一个良好的税收生态系统，形成税收制度创新与科技创新的“双轮驱动”。鉴于我国当前促进企业科技创新的税收政策中以间接税和直接税优惠为主存在的弊端，应该从以下几个方面对税制进行优化：一是调整税制结构，增加直接税的比重，降低间接税的比重。二是调整具体税种的激励政策。在个人所得税中应该增加针对个人科技创新的税收优惠政策，在股权激励、科技成果转让、科研技术奖金、个人教育培训等方面制定有针对性的优惠政策。在企业所得税中，应放宽对高新技术企业认定条件，将更多中小型企业纳入优惠范围，同时制定降低中小型企业科技创新风险的税收保障政策。三是调整税收激励方式。根据发达国家经验，间接税收优惠在促进企业科技创新方面的效果要明显好于直接税收优惠。为了提高税收优惠激励效果，应该实行税率式优惠和税收减免等直接优惠方式，加大加速折旧、投资抵免、费用扣除等以税基为主的间接优惠方式。

**庄佳强**：与财政科技支出相比，激励创新的税收政策更具市场导向。其适用于所有从事研发活动且符合条件的企业，覆盖面广，企业可以自行决定具体的研发方向。除企业所得税研发加计扣除外，我国目前在企业研发投入和研发产出两个阶段还出台了一系列激励科技创新的税收优惠政策。比如，在研发投入方面，允许符合条件的研发设备加速折旧和一次性税前扣除；将中小企业和高新技术企业的亏损结转年限延长为 10 年；对企业购买的研发设备免征关税和增值税。在研发产出方面，对于经认证的高新技术企业适用 15%的企业所得税低税率，并对企业符合条件的技术转让所得适用减、免征企业所得税政策。此外，创投企业和天使投资等投资于创新型企业的投资额实行递减等。可以说，我国目前基本建成了促进创新的税收支持体系。

当然，这些税收政策对于促进企业科技创新的作用如何，仍然存在一定的争议。比如研发支出的加计扣除政策，作为一种税基式优惠，该政策通过减少企业的税基，降低了企业的应税所得，能够为企业在研发投入阶段提供一定的资金流动性支持，缓解企业的资金压力。这类税收优惠政策在企业所得税法定税率上升时更具吸引力，更有利于企业盈利。税率越高，税基式减免的效应越大；盈利越多，加计扣除的部分越可能在当期全部使用，而无须作为亏损在以后年度结转①。一旦与适用税率和盈利能力相结合，这一税收优惠政策的实施就会在小微企业与大企业、盈利企业和亏损企业间呈现出不对称性。根据经济合作与发展组织 2021 年的统计，2020 年，我国的研发投入型税收优惠政策为营利型大企业从事研发活动提供的隐性税收补贴为 0. 23，高于经济合作与发展组织国家同类型企业的中位数水平（0. 17），但是为营利性中小型企业从事研发活动提供的隐性税收补贴为 0. 08，较经济合作与发展组织国家同类型企业的中位数 0. 2 低了 0. 12 个百分点。税制的优化需要合理地评估研发投入类税收优惠政策对不同类型企业的作用。除了税务机关的实时数据汇总、企业访谈和调查外，还需要学术界展开充分的定性和定量学术研究。受制于我国企业纳税数据的可及性，学术界对这类政策实施效果的实时评价还较为有限，也影响了对税制优化的建议。

又如对于研发产出的税收政策，特别是高新技术企业的低税率政策和技术转让所得的减免税政策，其是否有助于促进创新，在各国的实证研究中都存在争议。我国对这一政策实施效果的讨论也尚未达成一致，实际上也影响了税制的优化。

此外，个人认为更好地推动现有税收政策的落地，使之切实转化为企业的创

① 企业当期有亏损的，仍然可以扣减加计扣除额，并结转至以后年度，但加计扣除额的节税现值会下降。

新动力，对提升我国科技创新能力所起的作用更大。从这一点来看，进一步优化税制的关键是从企业的视角出发来调整税制。我们需要了解企业的创新活动是怎样进行的，不同企业在创新活动中有何差异。税收政策在制定时应该更多地思考企业会如何使用这些政策，而不仅仅是我们希望企业怎样使用这些政策。

**主持人**：财政科学技术支出在支持科技创新中有着重要作用。2019 年，全国财政科学技术支出 10 717.4 亿元，比 2018 年增长 12.6%。其中，地方财政科学技术支出 6 544.2 亿元，增长 13.2%，占比为 61.1%。现在各地方政府，包括省（区、市）和中心城市，越来越重视科技创新，并加大了科技投入。那么，地方政府如何更好地使用财政科技支出，来更好地提升地区科技创新力，实现创新驱动发展。

**庄佳强**：财政科技支出应更注重发挥导向性作用和对特定技术与特定企业的支持。科技创新的类型与企业所处的成长周期有关，不同发展阶段的企业会选择不同的创新策略。比如大企业的科技创新往往更多的集中在增量创新上，初创型企业和小企业更可能从事颠覆性技术研究。因此，财政科技支出可以更偏向于对初创型企业和小企业的支持，更集中于对颠覆性技术研究的支持。

偏向于初创型科技企业的财政资金支持还可以和这类企业享受的税收优惠政策产生互补，初创型企业面临的资金流动性约束往往更强，财政资金可以缓解其当前研发活动中流动资金的不足，从而和研发支出的加计扣除政策产生互补性效应。相对而言，大企业更可能用财政资金从事新的研发活动，从而和税收政策形成替代效应。

现有研究发现，科技人才的集聚能够产生更多更好的创新，使风险资本具有更强的创新推动效应。与集聚效应相比，个人所得税、科技人员补贴等财税直接扶持政策对科技人才的创新激励效果更弱；与风险投资相比，政府部门识别初创企业发展潜力的成本更高，资金支持力度更小，能够承担的投资失败风险也更有限。因此，财政科技支出可以在增强地区创新的集聚效应、增加地区风险资本投资两个方面发挥更大的作用，如加大对有利于创新的基础设施和生活设施条件的财政支出力度；优化对风险资本投资企业的支持，依靠风投企业来更好地获取和甄别企业的组织质量、管理效能等信息，提升初创型企业的创新质效。

但是，也需要认识到，推进区域型创新区、创新港的地方性财税政策可能会转变为以其他地区的人才流出为代价的“零和博弈”。长期来看，财政支出应该在培养更好更多的科技人才上发力。

**万莹**：财政科技支出在支持地区科技创新中起重要作用，运用好财政科技支出具有现实意义。一是通过设立科技创新基金，推进科技创新。地方政府可以按比例从财政科技支出中设置专项资金以委托、招标等形式设立科技创新基金，专款专用，引导高校、科研机构、企业以及其他研发主体参与科技创新。二是提高财政科技支出的效率。在财政科技支出前科学论证、财政科技支出过程中依规考核、财政科技支出后依规验收，并进行成本-收益绩效评估。三是利用政府采购制度，对创新成果转化产品采取首购政策或者优先采购。通过政府购买保障企业或研发机构的自主创新产品能够顺利投放市场，加速企业或研发机构成果转化。

**肖育才**：地方政府是推动科技创新的主导力量，区域的创新驱动发展依赖于地方政府的创新驱动发展战略和具体措施，其中财政科技支出是地方政府促进地区科技创新的重要手段。具体而言，地方政府要有效使用财政科技支出以提升地区科技创新的创新力，要从规模、结构和效益三个方面来进行合理有效的规划和监管。首先，在地方财政支出中应该逐渐加大对科技的政府预算资金分配，财政资金在科技领域的投入规模不断扩大是地区科技创新的基础保障，并且可以通过政府财政资金的投入来引导社会资本不断涌入科技创新领域。其次，要推进地方财政科技支出结构的优化。在基础研究、应用研究和科技成果转换方面应该有针对性地制定财政科技资金的分配方式，确保科技创新在每一个环节都能够有资金保障。最后，要注重财政科技支出的资金使用绩效评价和监管，建立财政科技支出的资金绩效评价机制，进行有效的资金监管，提高财政资金在科技领域的使用效益。

**主持人**：研发是人去做的，科技创新关键在于人，如袁隆平院士、马伟明院士、潘建伟院士等众多杰出科技人才，在各自领域的科技创新中起着关键作用、做出了重大贡献。2021 年 5 月 28 日，习总书记在两院院士大会和中国科学技术协会第十次全国代表大会上指出："要激发各类人才创新活力，建设全球人才高地。世界科技强国必须能够在全球范围内吸引人才、留住人才、用好人才。我国要实现高水平科技自立自强，归根结底要靠高水平创新人才。"那么，如何优化财税政策激励产生更多的科技人才，并助力科技人才进行科技创新。

**万莹**：财政政策上，一是建立和完善科研人才的奖励基金和项目，二是完善引进国内外高端科技人才的落户、社保、住房、子女教育等方面的优惠政策。税收政策上，一是鼓励企业加强对本企业科技人员的培训投入，提高企业用于科技人员深造、培训、学习、进修等教育培训支出在税前扣除的比例；二是对基础研究人员科研成果奖励给予个人所得税优惠；三是对基础研究人员的科技成果转化和股权转让等收入给予优惠，提高研究人员的获得感和积极性。

**庄佳强**：可以从两个方面来看这个问题：一是如何增加科技人才的供给，二是如何增加科技创新的数量。在增加科技人才的供给上，也包括两个层面的含义：增强人们从事科技工作的意愿，培养潜在科技人员从事科技工作的能力。只有科技人才数量的持续增加，才能够在更多地区产生人才集聚，更好地发挥知识的溢出效应。对于后一问题，除前面提到的对科技人才的财税政策外，还可以考虑如何更有效地发挥税收的资源配置效应，引导科技人才流动到更具生产力和创新力的企业。比如，同一行业内的企业应该具有相同的税收环境，通过调整税收成本加速科技人才的再配置。

**肖育才：**一方面，要制定有利于促进科技人才进行科技创新的税收激励政策，其中主要是个人所得税方面，针对科技创新中的科技成果转让、科研技术奖金、个人在科技创新方面的培训等要制定相应的税收优惠政策；另一方面，要制定有利于促进科技人才进行科技创新的财政保障机制，主要包括给予科技人才的科研经费支持、科研奖励以及完善的基本公共服务（包括住房、教育、医疗等）。通过财税政策措施以及其他相关政策，让科技创新人才能够有充裕的科研经费、较高的收入水平和无忧的保障。

资料来源：《四川财政与会计》2021 年第 8 期“财税沙龙”栏目

# 聚焦税收征管改革

**本期主持：**张楠，西南财经大学财税学院副教授
**本期嘉宾：**赵和楠，郑州大学商学院副教授
蒲　云，西南财经大学财税学院副教授
李昊楠，西南财经大学财税学院讲师、经济学博士
刘啟明，南京财经大学财政与税务学院讲师、经济学博士

**背景材料**

近年来，我国税收制度改革不断深化，税收征管体制持续优化，纳税服务和税务执法的规范性、便捷性、精准性不断提升。为贯彻落实中共中央办公厅、国务院办公厅印发的《关于进一步深化税收征管改革的意见》，税务总局聚焦纳税人办税需求，持续深化税收领域“放管服”改革，推出简化办税流程、精简申报表单、智能化改造退税审核功能等一系列出口退税服务举措，并对出口退税信息系统进行整合优化，逐步建设以服务出口企业为中心、以税收大数据为驱动力的智慧退税系统。

《关于进一步深化税收征管改革的意见》要求：到2022年，要在税务执法规范性、税费服务便捷性、税务监管精准性上取得重要进展。到2023年，要基本建成“无风险不打扰、有违法要追究、全过程强智控”的税务执法新体系，实现从经验式执法向科学精确执法的转变；基本建成“线下服务无死角、线上服务不打烊、定制服务广覆盖”的税费服务新体系，实现从无差别服务向精细化、智能化、个性化服务的转变；基本建成以“双随机、一公开”监管和“互联网+监管”为基本手段、以重点监管为补充、以“信用+风险”监管为基础的税务监管新体系，实现从“以票管税”向“以数治税”分类精准监管的转变。到2025年，深化税收征管制度改革要取得显著成效，基本建成功能强大的智慧税务，形成国内一流的智能化行政应用系统，全方位提高税务执法、服务、监管能力。

**主持人：**充分运用大数据、云计算、人工智能、移动互联网等现代信息技术，着力推进内外部涉税数据汇聚联通、线上线下有机贯通，驱动税务执法、服务、监管制度创新和业务变革，进一步优化组织体系和资源配置。那么，如何加快推进智慧税务建设呢？

**赵和楠：**加快推进智慧税务建设是一项系统性工程，是提升税收治理能力的关键举措，至少应涉及如下基本路径：一是以现代信息技术为依托，进一步完善涉税信息数据管理、共享平台，实现数据采集、归类、共享、分析、应用的集成化、一体化；二是以纳税人需求为导向，打造智慧税务服务平台，通过实现全业务智能咨询、优化办税流程、精准推送涉税信息、提供个性化服务等举措，以“网上办”“掌上办”的形式最大程度利企便民，提升纳税人的满意度、遵从度；三是以常态化、专题化培训为抓手，提升税务干部数字化素养及与智慧税务相适应的执法、服务、监管等业务能力，为高质量推进智慧税务建设提供人才队伍保障。

**蒲云：**习近平总书记指出，要建立健全大数据辅助科学决策和社会治理的机制，推进政府管理和社会治理模式创新，实现政府决策科学化、社会治理精准化、公共服务高效化。《关于进一步深化税收征管改革的意见》中提出要建成“五个一”模式：2021 年建成全国统一的电子发票服务平台，24 小时在线免费为纳税人提供电子发票申领、开具、交付、查验等服务。2022 年基本实现法人税费信息“一户式”、自然人税费信息“一人式”智能归集。2023 年基本实现税务机关信息“一局式”、税务人员信息“一员式”智能归集，深入推进对纳税人缴费人行为的自动分析管理、对税务人员履责的全过程自控考核考评、对税务决策信息和任务的自主分类推送。2025 年实现税务执法、服务、监管与大数据智能化应用深度融合、高效联动、全面升级；基本实现发票全领域、全环节、全要素电子化，着力降低制度性交易成本。

**李昊楠：**加快推进智慧税务建设的核心是明确智慧税务建设过程中所面临的问题。其中最核心的问题便是如何提升涉税信息的共享程度和利用程度。一方面，要通过建立高效集约的数据整合平台、打通政府各部门间的信息壁垒以及完善外部第三方信息的交换机制等方式提升信息的共享程度，从而保障涉税信息的来源和整合；另一方面，要充分发挥人工智能等现代信息技术在数据分析方面的优势，对获取的税收大数据进行深度挖掘。这种数据的挖掘不仅要服务于税务执法和监督，如税务风险和信用的评估，还要用于建立高效、精准、个性化的纳税服务，使涉税信息得到多维度、立体化的充分利用。只有这样，才能更好、更快地实现精确执法、精细服务、精准监管、精诚共治。

**刘啟明：**信息技术变革给税务部门的思维习惯、管理制度、技术手段和服务方式等带来了巨大影响，针对纳税人个性化服务需求迫切、事中事后管理任务艰巨与线下管理服务能力不足等问题，应该从以下几个角度入手：积极利用人工智能、大数据、区块链、5G 等新技术，加快推进构建智慧税务生态系统；以纳税人需求为导向，完善智慧办税服务平台；以信息技术为依托，完善智慧税收数据管理平台；以风险与信用管理为抓手，完善智慧税收数据共享平台。

**主持人：**探索区块链技术在社会保险费征收、房地产交易和不动产登记等方面的应用，并持续拓展在促进涉税涉费信息共享等领域的应用；不断完善税收大数据云平台，加强数据资源开发利用，持续推进与国家及有关部门信息系统互联互通。那么，应如何深化税收大数据共享应用呢？

**赵和楠**：税收大数据共享应用是智慧税务建设的重要基础，应通过以下举措予以深化：一是强化主体推动，建立统一的以税收大数据共享应用为主要职能的专司机构，专项从事涉税数据的采集、共享、分析和应用工作；二是注重机制构建，建立健全税务部门与相关部门制度化、常态化的数据共享应用协调机制，实现税务部门内部及与外部相关部门之间的整体规划和高效协作；三是保障数据安全，税收数据关乎国计民生，在深化税收大数据共享应用的同时，应通过大数据管理机制的构建，实现相关涉税数据资源的安全管理。

**蒲云**：深化税收大数据共享应用需要利用税收大数据推动部门间的信息共享、打破“信息孤岛”，继续拓展与不动产登记等部门数据共享的维度、广度和深度，全面实现涉税资料“互通共认”。让税收大数据多跑腿，纳税人、缴费人少跑腿；实现税收“在线一窗受理、一键申报”。另外，税收大数据也将驱动“政策应享快享”，即运用税收大数据智能分析识别纳税人缴费人的实际体验、个性需求等，精准提供线上服务。

**李昊楠**：根据《关于进一步深化税收征管改革的意见》中所提及的内容，深化税收大数据共享应用应当围绕两个方面进行：一是打通政府各部门间的信息壁垒，推进税务部门与其他部门之间的信息系统互联互通。其意义不仅在于提升税务机关的信息获取能力，更重要的是实现政府各部门之间信息数据传递的零障碍，为多部门业务联办、提高政府整体的办事效率打下信息基础。二是强化税收大数据在经济运行研判和社会管理等领域的深层次应用。从这一点可以看出，深化税收大数据共享应用不仅在于信息在各个部门间的共享，而且在于税收应用理念上的共享和拓宽，即实现税收大数据在更大维度上的应用，不再局限于税收本身。

**刘啟明**：加快健全涉税数据共享机制，挖潜税收大数据。按照《关于建立健全政务数据共享协调机制 加快推进数据有序共享的意见》，推动与拓展涉税数据共享，与其他部门、地区建立有效的信息共享与协作机制，确保数据安全有序流动，既使税务机关以较高效率获取真实信息，又使其他部门获得所需的涉税信息，实现政务信息资源的高效转化运用，在更高层次、更广范围形成多方协同治税格局。当前，税务系统的数据治理能力仍须进一步提升。一是要重视运维机制建设，二是要制定数据采集规范，三是要提升涉税数据处理能力，四是要确保涉税数据安全，五是要提升税务干部数字素养。

**主持人**：推进区域间税务执法标准统一，实现执法信息互通、执法结果互认，更好服务国家区域协调发展战略。因此，应该如何加强税务执法区域协同？

**赵和楠**：可通过如下路径加强税务执法区域协同：一是制定税务执法区域协同实施规划，注重各项任务科学分解、时间进度统筹安排并完善相关奖惩机制，实现税务执法区域协同的约束性、计划性推进；二是建立税务执法区域协同的常态协调机制，明确统一协调机构，自上而下推动执法协同，提升各区域税务执法的协同效率；三是注重税务执法区域协同信息平台建设，为执法信息互通结果互认、逐步扩大跨省经营企业全国通办涉税涉费事项范围等提供技术支持。

**蒲云：**《关于进一步深化税收征管改革的意见》中提到，要加强税务执法区域协同，2022 年基本实现资质异地共认，持续扩大跨省经营企业全国通办涉税涉费事项范围，2025 年基本实现全国通办。比如企业跨省迁移改革，目前已实现全程网上办理：浙江省的纳税人迁移到上海，纳税人只需登录当地电子税务局，填入迁入地址，上传营业执照，提交申请即可；如果没有税务未办结事项，系统及时审核通过，上海税务机关会自动接收到该纳税人的税收历史档案，不需要纳税人再次提交材料。

**李昊楠：**税务执法区域协同不仅是国家区域协调发展战略下的必然要求，也是税收治理现代化的必由之路。加强税务执法的区域协同需要多方面的共同努力，首先是明确税务执法区域协同的具体规则和流程，这是区域协同的基础；其次是制定区域税务执法的统一标准，实现“同事同罚”及区域内“执法一把尺子、处罚一个标准、行为一个准绳”，统一标准是税务执法区域协同的核心；最后是实现区域内的信息互通，信息零障碍传递是保障协同执法统一标准具体实施过程的根基。税务执法区域协同在实践中仍然存在许多问题需要磨合，需要不断地根据实践情况进行调整和优化。

**刘啟明：**一是统一执法标准，推进区域内统一税务行政处罚裁量基准。二是规范执法行为，建立税务规范性文件权益性审核机制，规范性文件正式发布前进行权益性审核，确认是否减损纳税人缴费人权益或增加纳税人缴费人负担；加强对税费优惠政策措施落实情况和违规征收“过头税费”问题的分析监控和监督检查。三是推进柔性执法，创新行政执法方式，有效运用说服教育、提示提醒等非强制性执法方式；推进简易处罚事项网上办理，对事实清楚、没有争议的处罚事项，通过“网上办”的方式为纳税人缴费人提供便利，在充分保障纳税人缴费人权利的基础上最大限度降低办税缴费成本。

**主持人：**对逃避税问题多发的行业、地区和人群，根据税收风险适当提高“双随机、一公开”抽查比例。对隐瞒收入、虚列成本、转移利润以及利用“税收洼地”“阴阳合同”和关联交易等逃避税行为，加强预防性制度建设，加大依法防控和监督检查力度。因此，应该如何加强重点领域风险防控和监管？

**赵和楠：**一是要理顺重点领域风险防控和监管工作机制，包括涉险信息采集机制、风险识别评估机制、风险应对处置机制等；二是要健全重点领域风险防控和监管工作制度，实现分工明确、奖惩分明、保障有力；三是要强化各级各部门各岗位的协同配合，围绕重点领域风险防控和监管各环节，实现纵向、横向联动配合，提高风险监管防控效率；四是要建立重点领域风险防控和监管信息系统，为风险监管、评估、应对提供技术支撑；五是要注重风险防控和监管人才队伍建设，通过业务培训、实操演练等形式提升税务干部业务能力。

**蒲云**：通过运用大数据、云计算、人工智能、移动互联网、区块链等技术，可以有效加强重点领域风险防控和监管。其中，通过移动互联网与区块链可以获取到高质量的数据。这些海量数据通过人工智能模型可以有效识别出隐瞒收入、虚列成本、转移利润以及利用“税收洼地”“阴阳合同”和关联交易等逃避税行为，从事后打击向事前、事中精准防范转变。同时，通过云计算，可以降低数据处理成本，并应对突发数据处理需求。

**李昊楠**：对于重点领域的风险防控和监管应当做到既有精度又有温度。一是有精度。依赖税收大数据、区块链、人工智能等现代信息技术的优势，既能够做到对涉税违法犯罪行为的精确打击，又能够做到“无风险不打扰”，尽可能避免对企业正常的生产经营活动造成影响。二是有温度。坚持以人为本，以纳税人的需求为导向，在“智慧税务”的硬件基础上，为纳税人提供高效、精准的纳税服务，实实在在地降低纳税人的纳税成本，让纳税人感受到税收征管中的温度。综合来看，精度和温度相结合，既能够予以威慑，又能够提高纳税人的自愿遵从度，使其减少逃避税的动机，从根源上减少逃避税行为。从理论上看，其效果相较于以往单一地执法和监管会更加有效。

**刘啟明**：以税收大数据系统为支撑，对内深化数据分析应用，对外推进数据共享治理。税务系统内部实施“信用+风险”动态监管，对纳税人缴费人进行信用和风险画像，并据此开展分类分级管理。通过人工智能技术对信息进行关联识别和高级分析，科学精准监管。对信用高、风险低的纳税人精简流程，提供更多的便利和支持；对信用低、风险高的纳税人进行风险预警、提示或阻断，在提高效率的同时避免对纳税人正常生产经营的打扰，进一步促进税法遵从。

资料来源：《四川财政与会计》2021 年第 7 期“财税沙龙”栏目

## 教育教学研究

# 基于“对分课堂+翻转课堂”的混合式教学实践探索
## ——以“国家税收” 课程为例

郝晓薇

**内容提要**：混合式教学即一门课程的教学通过线上教学和面对面教学两种方式相结合进行，在实践中形成了教师主导型、学生主导型、项目依托型等具体类型。对分课堂教学模式与翻转课堂教学模式都具有突出的混合式教学价值。根据“国家税收”课程混合式教学实践经验，在对分与翻转两种教学模式有机融合的视角下开展混合式教学，需要特别注意混合策略、分组策略、讨论策略和评价策略。

**关键词**：对分课堂；翻转课堂；混合式教学；“国家税收”课程；策略经验

### 一、混合式教学模式解析

（一）混合式教学模式概念界定及实践简况

在信息化技术飞速发展并在世界范围内向全领域各行业快速而深度融入的背景下，教育教学信息化发展出了极为丰富的教育技术产品和教学知识内容，尤其是依托互联网的在线视频、音频课程及课程平台的建设，为课堂教学提供了丰富的教学资源，混合式教学由此应运而生，并作为一种教学模式被广泛推广。顾名思义，混合式教学即一门课程的教学通过线上教学和面对面教学两种方式相结合进行。线上教学即利用信息化技术，将教学资源上传至线上教学平台，并通过技术手段在网络教学平台上设置问答、讨论、练习、评阅等互动功能，以支持和促进教学目标的实现和学习者学习过程的开展；面对面教学即师生在同一时空进行教和学，即一般意义上的课堂教学。相对于线上教学而言，面对面教学也被称为线下教学。线上教学突破了时空局限，随时随地可以开展，但存在师生情绪和信息互动效率低等问题；线下教学即时性强，师生在情绪和信息互动上效率高，但

**作者简介**：郝晓薇，西南财经大学财税学院副教授。

受到时空限制；混合式教学模式则融合了线上线下教学的优势，从而体现出强劲的发展势头。

作为一种教学模式，线上线下混合式教学经历了一个发展历程，尤其离不开线上教学的发展，而线上教学是教育信息化的成果①。在信息技术尤其是网络技术飞速发展的背景下，线上教育思路最早由哈佛大学的威尔史密斯教授于 1988 年提出，后来教育信息化在 1993 年被美国克林顿政府作为一项国家政策大力推行，到 20 世纪 90 年代末，远程教育在美国达到一定规模；同期，加拿大也同样大力发展教育信息化，在 1999 年成为世界上第一个所有学校都联网的国家。我国从 1998 年在几所高校进行首批现代远程教育建设试点开始，到 2003 年非典疫情引发网络教学的一个小高潮，再到 2013 年北京大学和清华大学加入大规模开放在线课程平台（eDX）开启了我国大规模开放显现课程建设的序幕，再到 2020 年新冠肺炎疫情引发线上教学大发展，极大促进了疫情在国内得到有效控制后混合式教学在各学段、各科目教学中迅速地覆盖，尤其是在高校，混合式教学在当下可以说已经蔚然成风。根据第 47 次《中国互联网络发展状况统计报告》，截至 2020 年 12 月，我国互联网普及率达 70. 4%，网民规模达 9. 89 亿（为全球网民的 1/5）。这为混合式教学模式的继续拓展提供了切实支持和促进动力。随着线上教学资源爆炸式发展，开展线上线下混合式教学实践已经成为主流要求和大势所趋，教育部也曾发文倡导建设线上线下混合式一流课程。

在这样的背景下，对混合式教学模式进行全面深入分析不仅有利于促进教学效能，具有实践意义，也有利于促进相关教育教学理论的丰富，具有理论意义。

（二）混合式教学模式的类型

根据组织形式安排的不同，混合式教学在实践中呈现出多种类型，大致可以归纳为以下三大类：

第一类，教师主导型混合式教学模式。该模式下，课程一般根据教师提供的明确的、预设的混合式教学实施方案，线上教学资源由教师直接建设提供或划定明确范围，对学生的线上学习有明确的质量或效果要求和进度上的时间段要求，线下教学与之紧密衔接、有机配合。其具体形式如翻转课堂（flipped classroom，线上听课、线下课堂练习）、车站循环（station rotation，预设学习任务站点全部都要完成循环）、实验室循环（lab rotation，基于实验室的线上线下教学活动循环）、个性化循环（individual rotation，不必完成全部任务循环，只需完成个人任务清单循环）。

第二类，学生主导型混合式教学模式。该模式下，课程以学生个人需求或个人能力状况为出发点，没有固定的学习任务要求。其具体形式包括点菜模式（a la

① 教育信息化在实践发展过程中形成了一系列成果，不同的提法包括但不限于远程教育（教学）、广播电视教育（教学）、网络教育（教学）、线上教学（教育）、MOOC、SPOC 等，在不同阶段不同提法各有侧重，但大多本质上都可以归结为线上教学。

carte model，线下规律性教学之外，线上资源为学生提供超过教学大纲的选择）、弹性模式（flex model，学生以线上自主学习为主，教师根据需求灵活配合）、强化虚拟（enriched virtual，近似于全在线学习模式，课堂教学不多或很少）。

第三类，项目依托型混合式教学模式。该模式下，无所谓教师和学生的主导性，学生根据发布的项目任务需求，选择目标课堂教学和线上教学资源，师生同时就学习项目需要开展面对面互动。该模式下，课程一般需要学生组队协作，并且常常需要不同程度的校外实践或调研，最终学习结果一般需要在课堂上进行终结性反馈。

由于我国学历教育制度在教学程序方面的规范性要求严格，在我国混合式教学实践模式中，更加常见的是教师主导型混合式教学模式。

## 二、对分课堂教学模式与翻转课堂教学模式及混合式教学模式的价值

### （一）对分课堂教学模式及混合式教学模式的价值

对分课堂教学模式是非常彻底的本土教学模式，由复旦大学心理学教授张学新于 2014 年提出并在当年春季学期首次成功实践。迄今为止，尽管只有几年时间，但其迅速在实践中覆盖基础教育、高等教育、职业教育等学校的各类专业的各种课程，同时也在高频次地开展全国性、区域性、分学科、分学段、分岗位的研讨交流和对分发展师培训，甚至很多研讨活动都是对分先驱自愿义务组织的，这充分显示了这一本土教学模式的生命力和普适性。

顾名思义，对分课堂即在形式上把教学主导时间对半分给师生，同等重视教师的教和学生的学；实质上是对学生学习权利的明确和尊重，是对教和学权利的重新划分。教学活动是教和学两项活动的有效衔接和有机整合，师生是教学活动中对立统一的两个主体，教不等于学，教师被认为教得好不等于学生学得好，教师的教不能够代替学生的学。基于此，对分课堂本着民主与平等的理念，以科学的方式分配师生对教学活动的掌控权，有利于构建真正的师生共同体，从而促进教学获得最大程度的价值。

基于对分课堂教学模式，教学流程可以分为四大环节①：讲授（presentation）、内化（assimilation）、讨论（discussion）和对话（dialogue）。其中，讲授即传统讲授法，教师针对内容框架和重点难点进行讲解，其基本原则为“精准目标、精选内容、显化逻辑、通俗表达”，涉及对课堂讲解内容的重构；内化是学生独立思考和吸收输入的过程，其以总结收获和记录疑问作为依托为讨论环节做出必要准备，学生有所准备，讨论方有内容和价值；讨论环节是基于同伴学习进行“生生对话”，学生之间就同一段学习内容开展观点和思维的碰撞，各自分享、输出学习心得或提出疑问互助答疑，既有利于强化理解和锻炼思维，也有利于提升表达、合作、互助等综合素养；对话环节以生问师答的教师答疑形式呈现，是生师对话、

① 根据各环节名称的英文首字母，对分课堂教学模式也被称为 PAD 教学模式。

是对“生生对话”的承接，主要解决同伴学习无法解决或不能很好解决的高层次问题。

需要特别强调两个问题：一是对分课堂讨论和传统讨论不同，传统课堂讨论是教师给出明确的讨论题目，而对分课堂的讨论的问题、信息、观点则是学生自己生成的。这一点充分体现了学生作为学习主体对学习权利的把握，学生在某种意义上得以成为学习的主人；而且不同学生的学习程度不同、疑问点不同，相互答疑解惑具有典型的差异性、个性化和开放性特征，因此同伴讨论不仅是帮助他人更是帮助自己。二是对分课堂反对预习强调复习，反对预习的原因是基于“一对多”的集中式教学，实际学情存在不同程度的个体差异，集中讲解无法实现个性化，因此存在自然的效率损失，而预习会拉大学情差异从而加重效率损失；复习则不同，复习的基础是在教师主导的正式学习之后，学情差异已经得到了尽可能的消除，复习主要是为基础差的学生提供查漏补缺的机会。

对分课堂的四个环节分别为教师主导、学生主导、生生对话、生师对话，即将教和学、输入和输出、接收和反馈有机有序融合并逐渐提高互动的层次性，促进教学循环，有利于层层提升教学质效。在课程教学实践中，上述环节可以根据内容和难度在一次课内完成一个循环，也可以在两次课内完成一个循环——前者即当堂对分，后者即隔堂对分；实践中，也可以两者混合运用。

隔堂对分具有非常突出的混合式教学价值。隔堂对分的流程是教师在课堂上讲授逻辑框架、重点难点之后，学生在课后通过阅读教材、作业练习等方式进行内化吸收；下一次回到课堂，进行同伴讨论和生师对话，完成一个对分循环；并再进行下一个知识板块的教师讲授……以此类推，在教学周间形成对分链条。基于此，可将学生课后内化吸收通过线上学习来完成，线上教学视频、阅读材料、习题案例等资源让学生自主学习，允许不同学习能力的学生在规定的时间限度（通常为一周）内按照自己的具体情况开展，为学生的个性化学习提供了有力支持。线下教师讲授答疑与线上学生独学内化相结合，如此就自然达成了对分课堂教学模式与线上线下混合式教学模式的有机融入。

### （二）翻转课堂教学模式及混合式教学价值

翻转课堂本身就是混合式教学，是最为常见也是应用最为广泛的线上线下混合式教学模式的具体类型。翻转课堂在学校的实践始于 2007 年，美国一所高中的老师为了给缺课的学生补课，基于录屏软件录制 PPT 和讲解视频，供学生在家学习课堂内容以节省学校补课时间。而其实践雏形其实可以再往前追溯到 2004 年，萨尔曼·可汗为亲友辅导数学自行录制讲解视频，他把视频放到 Toutube 网站，受到了广泛的正面反馈，并由此在 2007 年成立了非营利性的可汗学院。可汗学院的成功，是线上教学的现象级成果，迅速催生了翻转课堂在学校教学中的广泛实践。

从教和学两个视角来说，传统教学模式下的教以课堂集中授课的形式完成，学则基于作业由学生在家完成。翻转课堂将传统课堂的两项活动场所进行翻转，基于对在线网络上的优质教学资源，知识传授依托教学视频由学生在家完成，内化吸收的作业练习在教室里完成。这种安排不但要求教师对传统课堂教学内容和程序进行重构（由讲授知识点改为指导反馈作业），还要求学生对自己的课后线上学习进行有效规划和更加自主自律。翻转课堂是一场影响深远的教学革命，有利于促进学生由被动式学习转向主动式学习，教师也须将灌输改为支持、将固定改为灵活，最终促进教和学有机衔接和有效融合。

翻转课堂教学模式作为一种典型的线上线下混合式教学模式，需要教师做出相应改变，尤其是对教室活动进行完全重构，在教室里教师的角色不再仅仅是知识传递者，更应该是规则制定者、活动组织者、主持人、答疑者、评价者等角色，小组讨论、班级交流、教师反馈代替知识讲解成为课堂主要活动。从这个角度来说，翻转课堂教学模式与对分课堂教学模式具有很多相同点。两者不同之处在于，对分课堂是教师先在教室讲解逻辑框架和重点难点，翻转课堂的知识讲解则全部在线上；对分课堂的讨论主张由学生提出问题，翻转课堂的讨论大多由教师发布问题；对分课堂可以不受线上资源限制，翻转课堂无法脱离线上教学安排；另外，对分课堂反对预习强调复习，翻转课堂则没有反对预习的要求。

两种模式相互融合，有利于相互取长补短。以最为重要的讨论活动举例分析：翻转课堂的讨论一般是传统讨论，由教师发布讨论题目，学生小组共同完成分析解答。其不足在于，完全没有考虑个性化差异需求，在教学活动的某个时点，如讲解或学生练习之后，常见的实际情况是有人听懂了有人没听懂、有人理解了有人理解得还不够透彻、有人接受某个观点有人反对某个观点，讨论的基础参差不齐，如果问题难度偏高一般很容易导致讨论失败；其优点是能突出重点，教师可以根据自己对知识体系的透彻理解给出重要的思考切入点。对分课堂中，讨论问题由学生充分思考准备后提出，不同的学生根据自己的学习情况提出不同的问题，问题都是有感而发的，组内同伴相互答疑解惑，充分体现了对个性化的包容和支持，从而有利于消除学情差异；但其不足之处在于，讨论的聚焦点很有可能达不到教学目标的要求，或者有学生提出了关键问题但讨论方向上存在很大跑偏的可能性。两者相互比较，利弊正好互补，因此存在有机融合的可行性和必要性。

## 三、“国家税收”课程混合式教学实践

### （一）西南财经大学“国家税收”课程简介

“国家税收”课程在西南财经大学开课历史久远，从 1952 年开始就一直是财政学专业的核心课程之一，也是其他经济、管理专业的专业选修课。随着经济社会及学校学院的发展，该课程在几代专业教学团队的努力下不断成长发展，并编写出版了四五部教材，曾被评定为校级、省级精品课程，课程资源和团队也在不断发展、与时俱进。

课程教学内容在逻辑上可以划分为理论与实务两大部分。其中，理论部分包括税收概论、税制概论、税收原则、税收负担、税收效应、国际税收；实务部分包括增值税制度、消费税制度、诸小税种制度、企业所得税制度、个人所得税制

度、税收征收管理。

在课程教学目标设计方面，通过本课程的学习，希望学生不仅能够奠定宏观视角对税制优化思考的理论基础，而且可以打造微观视角与个人或企业直接相关的具体涉税问题解析的实务基础；同时，本课程还有机融入思政内容[①]，有利于激发学生对财税工作的理解和热情，帮助学生树立正向的税收观念和职业操守；另外，教学模式有利于培养团结友善、互助合作、创新思辨精神，最终塑造个人自信心、社会责任感。

课程内容有一部分是对我国税收制度的具体反映，而税收制度在不断改革优化，同时教学模式教学方法也在不断发展，因此该课程教改要解决的重点问题包括两个方面：一方面是课程内容的与时俱进，另一方面是教学设计的持续优化。在教学内容上，该课程内容的实务部分为我国现行税制，而我国税制正处在高速发展时期，税收政策相关规定更新频繁，为了保证教学内容的时效性，教学视频、教学课件、习题案例等基本教学资源需要与税法税制的改革实践保持同步更新。在教学设计上，教学实践不断发展，新的教学模式、教学方法有所拓展，随着教学经验的积累和教改意识的增强，对教学理念、流程、方法等进行持续优化都越来越必要且可行。

在教学内容和资源建设应用情况方面，“国家税收”课程于2018年建成大型开放式网络课程（MOOC）并通过中国大学MOOC（慕课）平台面向社会公众全面开放。在没有经费的情况下，教学视频、教学课件、教学大纲、在线习题等教学资源基本保证了每年更新一次，当然更新的视频十分简陋，但内容和讲解基本保证都是现行有效税收政策。同时，依托MOOC，“国家税收”近三年也进行了翻转课堂、课程思政及线上线下混合教学模式金课建设等教学改革实践。

“国家税收”MOOC被认定为2018年四川省精品在线开放课程。

（二）“国家税收”课程混合式教学情况

在线上线下混合课程组织实施方面，在实践中已经完成了三次实施，都是基于翻转课堂教学模式进行的线上线下混合，下一次计划将对分课堂教学理念同时进行有机融入。本课程第一次实施线上线下混合教学模式是2018年春季学期，第二次实施是2020年春季学期，第三次实施是2021年春季学期[②]。第一次实施以线下课堂为主，第二次实施以线上课堂为主（受疫情影响）。从既往实施情况来看，教学效果在不断优化。

在课程成绩评定方式上，考虑到混合式课程对于学生线上自学学习工作量的要求，对于学生线上自学给予相应认可和尊重，总体成绩评定比例为：线上学习

---

① 大而言之，财政是国家治理的基础和重要支柱，而税收则是财政的基础和重要内容，所以税收事关国家长治久安；小而言之，税收影响着社会生活的方方面面，衣、食、住、行、用等各类产品及服务的产销用概莫能外，因此税收事关百姓生活。综上，本课程具有非常典型的育人功能和思政价值。

② 2019年本人在美国访问学习，因此空了一年。

30%、线下课堂30%、期末考试40%。其中，期末考试结果是对线上学习和线下课堂学习效果的检测。成绩评定具体比例详见成绩评定构成表（见表1）。

**表1 成绩评定构成**

| 成绩构成 | 考察内容 | 考察方式 | 百分比/% |
|---|---|---|---|
| 期末考试 | 课程教学内容 | 闭卷考试 | 40 |
| 平时考察 | 在线学习效果 | 视频完成度 | 10 |
| | | 单元测验平均 | 20 |
| | 课堂参与表现 | 同伴互评n次平均 | 15 |
| | | 小组展示三次平均 | 15 |

在混合式课程实践着力点上，线上课程实务内容保持了与时俱进，根据税收改革实践变化持续更新；理论内容深入浅出，利用动画视频展现内在逻辑；并密切结合宏观背景，持续优化课程思政阅读材料。线上课程资源体系努力追求思政、理论、实务并重，教学目标同时追求综合立体。整体混合式课程采用“翻转课堂+对分课堂”的教学模式。翻转课堂教学模式天然适合进行线上线下混合式课程实践，学生课下线上自学视频，课上讨论分享、练习强化、解决问题；对分课堂教学模式有利于提高课堂效率，注重学生思维训练，具有开放性、启发性和包容性。两者有机融合，不仅有助于优化教学流程，更有助于实现教学目标，同时还客观上凝练为一种值得推广的线上线下混合式教学模式。

经过一段时间的混合式课程实践，“国家税收”课程被认定为2020年四川省线上线下混合式一流课程。

## 四、混合式教学实施策略经验总结

将对分课堂教学模式与翻转课堂教学模式有机融合，可以为线上线下混合式教学实践提供一些可操作性的策略支持。基于“国家税收”线上线下混合式课程教学建设实践，对混合、分组、讨论及评价方面的策略经验有所总结。

### （一）混合设计策略

线上线下混合式教学，包括线上教学和线下教学两大部分。如何安排这两部分内容，以及如何将这两部分有机结合，是实践中需要解决的首要问题。

就内容安排而言，线上教学内容适合安排知识点的详细解析，对分课堂和翻转课堂在这一点上具有相同之处；线下教学内容（或形式）主要是讨论答疑、总结升华。线上线下在内容上的衔接需要注意一致性，应该都是针对一个知识板块不同形式的详细展开。线上内容包括教学视频、阅读材料、习题案例；线下内容是对线上教学结果的承接和对下一个知识板块教学的开启，承接解决学生的疑问和思考的功能，最终达成教学目标。

就教学设计而言，涉及的组织要点较多，重点部分后续展开。这里仅分析一个基础问题，即在现行教学管理体系下线上线下时间配比问题。混合式课程增加了线上教学部分，在学分不变的前提下，线下课堂教学时间应该在传统教学模式下相应减少。到底减少多少，根据不同课程不同内容的需要来决定，这需要教师发挥主观能动性进行针对性设计，也需要学校、学院提供教学管理方面的制度支持。

（二）科学分组策略

基于教学的教师主导、学生主体视角，小组学习（同伴学习）是高效课堂的核心要素之一。在混合式教学中，线下课堂教学中的小组学习活动是重中之重，而有效分组是关系小组学习成效的一个重要影响因素。

科学分组可把握差异化、变动性要点。就差异化而言，性别方面要男女搭配、学科背景方面要本专业和外专业搭配、学习基础方面要高中低搭配、性格方面要内外向搭配，这样才有利于形成活跃的组内互动氛围。就变动性而言，在一门课整个学期中，不是一个小组用到底，而是在差异化原则下隔一段时间重新分一次组——这样做的弊端是新的小组需要磨合可能会导致损失一点效率、也会增加教师或助教的协调成本，但好处是每个学生都会接触到更多不同思维方式和不同认知特点的交流机会，增多和更多不同的人的合作锻炼，而且涉及同伴评价还有利于减少合谋的可能性，利弊相比利大于弊。

另外，在小组人数上，不管是大班还是小班，小组人数都不宜过多或过少，人数太多无法保证每个学生都充分表达，人数太少讨论氛围容易冷场。根据经验，一般一个小组 4~5 人是合适的规模。

（三）讨论促进策略

小组讨论是小组学习的主要形式，但并不是所有人天生都会或者愿意主动参与深度讨论。为了使小组讨论有效进行，需要教师对小组讨论提供细节支持。

首先是讨论主题来源，基于对分课堂和翻转课堂两种模式相结合的指导，其由两类构成：一类是对分课堂主张的学生自己在学习过程中生成的问题，另一类是基于专业优势和目标要求由教师提出的阶段性、层次性、关键性问题。两类问题根据课堂时间和教学效果灵活有机结合进行，既包容了学生学习的个性化又能突破底层局限触及核心，从而更好地提高教学质效。

在讨论开展过程中，针对缺乏讨论技能或表达主动性差的问题，教师需要从两个方面提供解决方案：一是制定讨论规则，要求每个小组成员都必须发言，顺次发言之后再进入自由发言阶段，同时在评价规则当中也要体现出对讨论价值的认可；二是提供技能支持，教师要专门对全班学生进行小组讨论策略指导。

（四）评价设计策略

混合式教学模式相对于传统教学模式是一种彻底的变革，传统的学习效果评价标准也需要相应变革。

相对而言，传统教学模式下更注重结果性评价，但混合式教学更重视学生在教学过程中的学习主动性，因此过程性评价更加重要。在混合式教学模式下，更适合采用过程性评价和结果性评价相结合但以前者为主的评价体系。结果性评价一般采用期末考试或期末案例、课程论文等方式，不再详细展开。过程性评价有诸多评价方法，结合对分课堂与翻转课堂，对小组讨论的评价最为重要。小组讨论中，教师制定同伴评价规则，要求小组成员对同伴在讨论中的表现进行打分并作为平时成绩的一部分，不但有利于促进小组讨论，而且有利于培养学生主人翁精神和强化客观公允等价值取向。

为了使学生能够有效施行评价权利，教师可以提供明确的可供参考的评价标准。例如，是否以及在多大程度上积极发言、遵守规则、推进讨论进程，是否提出了有启发性的观点，是否愿意下次分组仍旧还在一组，等等。可以先用程度分数来衡量，之后再根据统一的标准量化每个同伴在讨论中的表现并打出分数。

**参考文献：**

冯晓英，郭婉瑢，宋佳欣. 教师混合式教学能力发展模型：原则、准备与策略［J］. 开放教育研究，2021，27（10）：53-62.

李恬田，宋秋前. 我国在线教育研究二十年：基于 CiteSpace 知识图谱的分析［J］. 浙江海洋大学学报（人文科学版），2021，38（3）：71-78.

李政葳. 第 47 次《中国互联网络发展状况统计报告》发布［N］. 光明日报，2021-02-04（009）.

刘玖玲，张学新. 从教育机会公平转向学习机会公平：对分课堂对促进大学课堂学习公平的作用［J］. 深圳信息职业技术学院学报，2021，19（4）：61-65.

张学新. 对分课堂：中国教育的新智慧［M］. 北京：科学出版社，2017.

迪伦·威廉. 融于教学的形成性评价［M］. 南京：江苏凤凰科学技术出版社，2021.

# 参考文献格式指南
## ——写给本科生、硕士研究生的保姆级教程

方圆　余莎　黄诗婷

### 编者寄语

亲爱的同学们，每到毕业季，你们可能都会觉得自己被学位论文折磨得痛苦不堪。其实，你们的论文指导老师和你们一样，也可能会被你们的论文折腾到怀疑人生。且不说论文选题有没有意义、研究思路够不够创新、实证分析是不是正确、文章写作是不是通顺，有时候连最基本的格式与规范都不尽如人意。而格式与规范问题，又常出现在大家的文献引用之中。这样的论文送到评审专家手里，第一印象就不及格了。为了避免这种情况，我们将这些年对自己学生说过无数次的话编写成这份指南，供大家参考。

这份指南主要针对大家的毕业学位论文而编，工作论文以及投稿论文则需根据目标刊物进行调整。建议大家在提交毕业论文给导师或者向期刊投稿之前，仔细阅读这份教程，参照指南修改完善文章。希望这份指南能帮助大家在评审专家面前挣得不错的第一印象分；也愿你们的导师下次读到你们的论文稿件时，不会因为文献引用格式问题而怀疑自己工作的价值。Hope you enjoy it！大家若有疑问，欢迎来信交流：fangyuan@swufe.edu.cn；yusha@swufe.edu.cn；huangst@swufe.edu.cn。

### 一、选择参考文献的基本原则

（1）越新越好。除非是经典理论介绍，否则越新越好。“新”没有统一定义，大概10年之内的都可以接受，越新越好，10年之前的文章也可以引用作为辅助，但是一定要加上新文献。

---

**作者简介**：余莎，西南财经大学财税学院讲师；方圆，西南财经大学财税学院副教授；黄诗婷，西南财经大学财税学院副教授。

（2）期刊要好。请参考《西南财经大学学术期刊目录（2018 年版）》，百度可以查到或可以前往网址 https://graduate.swufe.edu.cn/info/1039/1645.htm 进行查看，中英文 B 级以上的期刊都是好期刊，优先选择。但此列表仅供参考，也有很多好的期刊不在列表里，可以查询 JCR 一区、二区期刊文献列表，经济学期刊列表（网址 https://jcr.clarivate.com/jcr/browse-journals）。注意：不要参考各种本科、硕士学位论文，因为学位论文质量良莠不齐。还可以从某一篇论文的参考文献列表里查找更多相关论文，一般好文章引用的文章也会比较好。不要引用百度百科、维基百科等来源。

（3）尽量选择高被引。高被引也是判断期刊较好的标准。当然，如果期刊很新，那么被引用量就可能较低，仅供参考。

（4）不遗漏、不多引。请再次审查前面三条，确保没有遗漏重要的、经典的文献，没有多引不相关、不重要的文献。注意：参考其他作者的想法、概念、模型都必须在文中加以说明、引用，否则有剽窃的嫌疑。

（5）中英文文献比例大约为 4：6。

（6）参考文献数量没有规定，本科学位论文为 20~30 篇，硕士学位论文为 40~60 篇较合适。

## 二、引用参考文献的注意事项

（1）一一对应原则。凡正文引用的文献都需要列入文末的参考文献列表中，没有引用的文献不能出现在参考文献列表中。注意：仅仅是“阅读过”，但没有在文中被“提及”的文献，请不要列在文献列表之中。引用一般采用“夹注+参考文献列表”形式。正文引用，采用夹注格式①，如图 1 左边画线部分所示，仅标注作者和文章年份，一般中文文章作者写全名，英文文章作者只写姓。参考文献列表，一般在文末，如图 1 右边画线部分标注，提供被引文献的详细信息，包括作者、年份、文章标题、期刊名称、卷（期）、页码等。

① 有些期刊不采用夹注格式，采用“上标+脚注”的形式来标记引文信息，此时就不需要在文末附参考文献列表，如《中国社会科学》《政治学研究》等；也有些期刊会采用“上标+文献列表”形式，如《公共管理学报》。但这两种格式在经济学中较少见，不推荐使用。通常，学位论文也要求有参考文献列表，这里推荐使用本文所介绍的“夹注+文献列表”格式，以避免正文冗余。

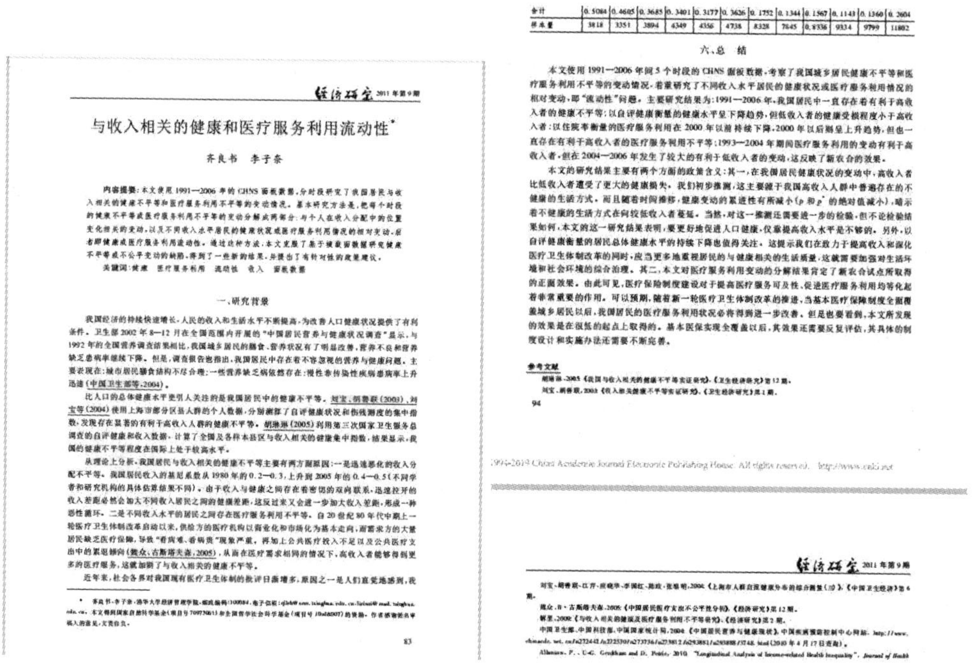

经济研究 2011年第9期

与收入相关的健康和医疗服务利用流动性*

齐良书　李子奈

内容提要：本文使用1991—2006年的CHNS面板数据，分时段研究了我国居民与收入相关的健康不平等和医疗服务利用不平等的变动情况。基本研究方法是，把每个时段的健康不平等或医疗服务利用不平等的变动分解成两部分：与个人在收入分配中的位置变化相关的变动，以及不同收入水平居民的健康状况或医疗服务利用情况的相对变动，后者即健康或医疗服务利用流动性。通过这种方法，本文克服了基于横截面数据研究健康不平等或不公平变动的缺陷，得到了一些新的结果，并提出了有针对性的政策建议。

关键词：健康　医疗服务利用　流动性　收入　面板数据

一、研究背景

六、总　结

本文使用1991—2006年间5个时段的CHNS面板数据，考察了我国城乡居民健康不平等和医疗服务利用不平等的变动情况，着重研究了不同收入水平居民的健康状况或医疗服务利用情况的相对变动，即"流动性"问题。主要研究结果为：1991—2006年，我国居民中一直存在着有利于高收入者的健康不平等；以自评健康衡量的健康水平呈下降趋势，但低收入者的健康受损程度小于高收入者；以住院率衡量的医疗服务利用在2000年以前持续下降，2000年以后则呈上升趋势，但也一直存在有利于高收入者的医疗服务利用不平等；1993—2004年期间医疗服务利用的变动有利于高收入者，但在2004—2006年发生了较大的有利于低收入者的变动，这反映了新农合的效果。

本文的研究结果主要有两个方面的政策含义：其一，在我国居民健康状况的变动中，高收入者比低收入者遭受了更大的健康损失。我们初步推测，这主要源于我国高收入人群中普遍存在的不健康的生活方式。而且随着时间推移，健康变动的累进性有所减小（p和p*的绝对值减小），暗示着不健康的生活方式在向较低收入者蔓延。当然，对这一推测还需要进一步的检验，但不论检验结果如何，本文的这一研究结果表明，要更好地促进人口健康，仅靠提高收入水平是不够的。另外，以自评健康衡量的居民总体健康水平的持续下降也值得关注。这提示我们在致力于提高收入和深化医疗卫生体制改革的同时，应当更多地重视居民的与健康相关的生活质量，这就需要加强对生活环境和社会环境的综合治理。其二，本文对医疗服务利用变动的分解结果肯定了新农合试点所取得的正面效果。由此可见，医疗保险制度建设对于提高医疗服务可及性、促进医疗服务利用均等化起着非常重要的作用。可以预期，随着新一轮医疗卫生体制改革的推进，当基本医疗保障制度全面覆盖城乡居民以后，我国居民的医疗服务利用状况必将得到进一步改善。但是也要看到，本文所发现的效果是在很低的起点上取得的。基本医保实现全覆盖以后，其效果还需要反复评估，其具体的制度设计和实施办法还需要不断完善。

参考文献

胡琳琳，2005：《我国与收入相关的健康不平等实证研究》，《卫生经济研究》第12期。

刘宝、胡善联，2003：《收入相关健康不平等实证研究》，《卫生经济研究》第1期。

1994-2019 China Academic Journal Electronic Publishing House. All rights reserved.　http://www.cnki.net

经济研究 2011年第9期

图 1

（2）引用的时候要改写，不能照抄。引用时，既不能原封不动地抄原始文献的原文，也不能直接复制别人引用这篇文献的文献综述部分。正确的方法是你读一遍，在脑子里回想一下大意，然后用自己的话写出来，这样就不存在高重复率的问题。

（3）文献综述的逻辑严谨、内容完整。关于逻辑，写文献综述的时候，不建议按照国内文献与国外文献的逻辑分类，而应根据实际研究问题的理论发展脉络或者文献对话的主题去写。关于内容，文献综述不仅需要介绍相关研究做了什么，还需要围绕自己的研究问题展开讨论，即通过评述现有研究来突出你的研究的边际贡献。

表1　不推荐和推荐的示范

| 不推荐的示范 1 | 不推荐的示范 2 |
| --- | --- |
| 1. 国内文献综述<br>2. 国外文献综述 | 一篇文章写一行或写一段，只罗列，不评述 |
| **推荐的示范 1** | **推荐的示范 2** |
| "理论交锋"形式：<br>关于某一现象或问题，最初有 A 理论，后来有 B 理论。A 理论说了什么，B 理论批评 A 理论，A 又回应 B，B 又继续批评或者提出自己新的解释。 | 发展领域：并列式<br>本研究与三个领域的文献相关。其一，______。我的研究______。其二，______。我的研究______。其三，______。我的研究______。<br>在最近关于 X/Y 的讨论中，学界主要从 A、B、C 三个方面展开。就 A 而言，有些人提出______。从这一角度讲，______。就 B 而言，______认为______。就 C 而言，______。总体来说，这些研究______，问题是______。我自己的看法是______。我的这一看法之所以重要，是因为______。 |

（4）出现以下词句时：

■“学界普遍认为……”“很多学者认为……”，句末一定要加上多篇代表性文献引用。

■“有研究表明……”，必须要指出是什么研究以及哪篇论文。

■“有数据表明……”“有统计数据表明……”，需标明出处来源（可以用脚注表示）。

## 三、参考文献的正文引用范式

（1）正文引用范式一：表达方式是“××文章说……”“××文章写道……”“××文章利用××方法××模型××数据研究××国家的××事情”等。

（2）正文引用范式二：表达方式是×段话或×观点是×篇文章说的，或者有几篇文章都这么说了，则在这个分句尾加上一个括号，写上文献来源，用分号隔开多篇文章。

（3）正文引用范式三：直接引用，原封不动地引用原句，需要用双引号将句子括起来，一般很少用。

## 四、中文参考文献的正文引用格式

中文参考文献的引用格式，学校暂无统一要求，可以参考《经济研究》的体例，具体可以查阅如下网址：http://www.erj.cn/cn/Info.aspx?m=20100913105301153616，也可以参考其他高水平期刊的格式，如《经济学（季刊）》《世界经济》等。无论你选择参考哪一个期刊，都请做到格式统一，即全文都采用这一个期刊的引文规范（毕业论文指南明确要求的除外）。

■ 举例一、正文引用范式一，摘自齐书良、李子奈（2011）：

> 比人口的总体健康水平更引人关注的是我国居民中的健康不平等。刘宝、胡善联(2003)、刘宝等(2004)使用上海市部分区县人群的个人数据，分别测算了自评健康状况和伤残测度的集中指数，发现存在显著的有利于高收入人群的健康不平等。胡琳琳(2005)利用第三次国家卫生服务总调查的自评健康和收入数据，计算了全国及各样本县区与收入相关的健康集中指数，结果显示，我国的健康不平等程度在国际上处于较高水平。

其中，第一篇文献“刘宝、胡善联（2003）”的作者为两位，中间用顿号隔开；第二篇文献作者“刘宝等（2004）”，因为文献的作者大于或等于三位，所以不罗列作者名字，只写第一作者，后面加上“等”字；两篇文献都说了同一个问题，故之间用顿号衔接。

■ 举例二、正文引用范式一，摘自李明等（2018）：

> 许伟和陈斌开(2016)研究表明，增值税税负每下降1%，企业投资约增加16%；Liu和Lu(2015)评估了减税的出口效应。他们发现，减税通过促使企业加大投资提升了全要素生产率(TFP)，竞争优势的上升进一步推动企业出口增加。

举例二中，两位作者的文章也可以写成“××和××（年份）”的形式，统一即可。

■ 举例三、正文引用范式二，摘自赵扶扬等（2021）：

3. 地方政府的最优化问题

与 Xiong (2019) 、Bai et al. (2020) 一致，①本文假设，地方政府将家庭户行为和产品要素价格视为给定，而将当地企业的最优决策视为内生，这一建模方式更加突出了中国地方政府公司化的行为特征（赵树凯，2010，2012；周黎安，2017）。换言之，由于地方政府在与当地企业的互动中处于博弈领导者的位置，它需要将当地产出对工业用地、基础设施水平的依赖关系考虑在内。

举例三中，“赵树凯，2010，2012”代表同一个作者发表于 2010 年和 2012 年的两篇文章，用逗号隔开。

■ 举例四、正文引用范式二，摘自赵扶扬等（2021）：

资本形成额在 2009—2012 年的贡献率为 57.97%，远高于 2005—2008 年的 43.28%。其中，基建投资的快速上升起到了主导作用，这与地方政府行为密切相关。

伴随着外需的萎缩和经济增速的下滑，中国经济却出现了多重的“异常”现象。一方面，按正

---

① 严成樑（2020a）认为经济增长理论在中国的应用过程中存在不足。一是现代经济增长理论过度聚焦分析经济处于平衡增长路径的情形，而对经济处于转移动态的情形关注不够；二是现代经济增长理论过度强调供给侧对经济增长的决定性作用，需求侧对经济增长的作用被弱化。本文注重分析金融危机前后宏观经济的转型过程，同时强调需求侧冲击（外需冲击）和需求侧因素（基建投资）对中国经济结构转型和经济增长的影响，对现有文献形成了有益补充。

---

住房偏好参数 $\bar{\varphi}$ 由商住用地出让金额占 GDP 比率（4.5%）在稳态系统中反解确定。假设地方政府同等偏好地方产出和基建支出水平，即 $\pi$ 取 1。休闲偏好参数 $\psi$ 由稳态劳动时间 $\bar{N}$(0.25: Liu et al., 2013；严成樑，2020b）反解确定。

举例四中，同一个作者发表于同一年份的文章应标注 a、b 以示区别。

## 五、英文参考文献的正文引用格式

在介绍英文参考文献引用格式之前，同学们首先需要清楚英文名字的写作习惯，即一般是姓在后、名在前，或者是姓在前、名在后，中间用逗号隔开。中文名字一般用汉语拼音来表示，如方圆写为“Yuan Fang”或者“Fang, Yuan”，余莎写成“Sha Yu”或者“Yu, Sha”，姜先登写成“Xiandeng Jiang”或者“Jiang, Xiandeng”。也有用其他拼音拼写的，一般适用于我国香港和台湾地区作者，如黄诗婷写成“Shih-Ting Huang”或者“Huang, Shih-Ting”，何振宇写成“Chun-Yu Ho”或者“Ho, Chun-Yu”。如果是外文名字，一般名在前，姓在后，也可能会有中间名字，如作者为 John Bailey Jones，姓为 Jones，名为 John，中间名为 Bailey。有时中间名和名会缩写成首字母，写成“John B. Jones”或者“Jones, John B.”或者“Jones, J. B.”。引用时，注意作者名字拼写的正确性（包括连词符等），作者名字必须和期刊上的名字完全相同。

英文文献的格式有几种：MLA 格式、APA 格式，或者芝加哥格式。财税领域属于经济学范畴，一般使用 APA 格式。如果同学们意在投稿到期刊，请遵循目标

期刊的引用格式要求。但在写作毕业论文时，英文文献的引用建议采用 APA 格式。具体可以参考：https://owl.purdue.edu/owl/research_and_citation/apa_style/apa_formatting_and_style_guide/general_format.html。

此处，我们简要介绍其中几种常见的引用范式及格式要求。

■ 举例五、正文引用范式一，摘自臧文斌等（2020）：

Stano(1987)通过建立诱导型广告模型证明了医生可能存在改变患者需求的动机，从而产生了诱导需求。Dijk et al.(2013)通过对荷兰社会保险支付方式改革的观察，发现存在诱导需求的现象。鲍震宇(2017)利用 CHARLS 数据分析发现医疗服务供给方的道德风险确实存在。

正文引用英文文献，只写作者的姓，而不是全名，所以名和中间名都不写；后面括号里代表文章发表的年份。因此，如果是 John Bailey Jones 发表于 2022 年的文章，应写作“Jones（2022）”。

此处，需注意中英文输入法下的标点符号使用。写中文论文时，对于英文参考文献的引用没有标准范式，统一即可。例如括号，可以全切换至英文输入法括号，写作“Jones (2022)”，或者全部切换为中文输入法括号，写作“Jones（2022）”。另外，请注意，中文标点之后无须空格，直接写下一句；英文标点和单词之后一般需空格，再写下一个词或下一句。此处，“Jones”和之后的中文括号之间不加空格，若加英文括号则需空格。

上述举例五中引用的“Dijk et al.（2013）”这篇文章。其中“et al.”代表“等”的意思。一般来说，文章的作者有一人、两人、三人及三人以上这三种情况，不同情况引用规范如表 2 所示。

表 2 英文引用格式（一）

| 作者人数 | 作者 | 引用范式 |
|---|---|---|
| 一人 | Elizabeth Bennet | Bennet（2021）通过对…… |
| 两人 | Elizabeth Bennet, Fitzwilliam Darcy | Bennet & Darcy（2021）通过对……<br>注意：写英文文献时，APA 格式应该为“Bennet and Darcy（2021）find that...”，但此处我们是写作中文文章，可以将“and”改为符号“&”；有一些文章也会写作“Bennet 和 Darcy（2021）通过……”，统一即可。推荐使用“Bennet & Darcy（2021）”的形式 |
| 三人及三人以上 | Elizabeth Bennet, Fitzwilliam Darcy, Charles Bingley, William Collins | Bennet et al.（2021）通过对……<br>注意：有些会写成“Bennet 等（2021）通过……”，统一即可。推荐使用“Bennet et al.（2021）”的形式 |

■ 举例六、正文引用范式二，摘自臧文斌等（2020）：

1985 年起，各地开始在医疗机构中试行经济承包责任制和院长负责制。但是，我国医疗机构的管理模式具有较强行政色彩且物价部门长期坚持医疗服务的低价政策，医疗机构无法根据市场规律确定医护人员的聘用和各类医疗服务的价格（封进，2008），加剧了医疗机构片面追求经济效益。

■ 举例七、正文引用范式二，摘自臧文斌等（2020）：

随着医疗保险覆盖面的不断扩大，医疗保险的支付方式也直接导致诱导需求问题越来越严重（封进，2008；Toby，2001；刘小鲁，2014，2015；杜创，2017）。目前，我国医疗保险支付体系中主要根据服务项目付费。2011 年全国医疗保险付费方式调查显示，以城职保的住院服务为例，按项目付费进行医疗保险支付的统筹地区所占比例为 77.1%。在该支付架构下，为了获得更多的经济收入，医院和医生都存在强烈的激励去提供更多不必要的医疗服务（Ellis & McGuire，1986；Garber & Skinner，2008）。

■ 举例八、正文引用范式二，摘自臧文斌等（2020）：

一方面，医疗保险降低医疗服务价格使得需求增加，从而拥有不同医疗保险的居民对医疗需求增加的程度不同，最终导致医疗支出存在较大差距（Manning et al.，1987；Finkelstein，2007；封进等，2015）；另一方面，理论和实证经验表明，如果对医疗服务供给方缺乏有效的监督和控制，医生为实现自身利益最大化，可能会利用自己掌握患者私人信息的优势对患者收

如果一句话只是引用一篇文章的观点，可以在句尾或分句尾写上文献引用，如举例六中的画线部分。请注意这个分句是×篇文章说的，引用要放在分句后面，而不是整句话的句尾。

如果是几篇文章阐述了同一个观点，可以将几篇文章用括号括起来，用分号隔开，放在句末，代表这段话是源于这几篇文章的，参考举例七和举例八。

请注意每个标点、空格、大小写、字体、括号等的格式，严格按照目标期刊或者 APA 格式进行书写。标点符号要注意英文输入法和中文输入法的差异，保持标点符号的输入法统一。

此外，英文引文作者数量不同，格式有所区别，如表 3 所示。

表 3　英文引用范式（二）

| 作者人数 | 作者 | 引用范式 |
|---|---|---|
| 一人 | Elizabeth Bennet | ……即利用外生冲击带来的变化，识别税收政策调整的影响（Bennet，2012） |
| 两人 | Elizabeth Bennet，Fitzwilliam Darcy | ……即利用外生冲击带来的变化，识别税收政策调整的影响（Bennet & Darcy，2012） |
| 三人及三人以上 | Elizabeth Bennet，Fitzwilliam Darcy，Charles Bingley | ……即利用外生冲击带来的变化，识别税收政策调整的影响（Bennet et al.，2012） |
| 如果有好几篇文章都说了同样的观点 | | ……即利用外生冲击带来的变化，识别税收政策调整的影响（Chahrour et al.，2012；Favero & Giavazzi，2012；Perotti，2012）。[摘自李明等（2020）] |

## 六、参考文献的列表格式

参考文献列表，顾名思义，就是将正文引用的文献罗列在此，以方便读者检索与追踪文献。罗列中文文献（包括中译文献）时，请按作者姓氏拼音第一个字母逐条排序；罗列英文文献列表时，请按第一个作者姓氏首字母顺序逐条排列。如无单独说明，毕业及学位论文的参考文献排列建议先中文后英文，起始序号为［1］。

与正文引用格式不同，在参考文献列表中的每一条参考文献都需要注明其详细信息，包括作者、文章题目、文献类型、期刊名称、出版年份、卷号（期数）、起止页码等。不同类型的文献，需要提供的信息稍有区别。另外，不同期刊对参考文献列表的写作格式要求也大不相同。

如果同学们意在投稿到期刊，请遵循目标期刊的参考文献列表要求。对于毕业论文来讲，请首先参考《西南财经大学关于研究生学位论文形式与格式的基本要求》《西南财经大学本科生毕业论文（设计）撰写与印制规范》。关于这两份文件中没有规定的其余细节，中文文献可以参考《经济研究》，英文文献可以采用 APA 格式。这里介绍一个快捷获取英文文献 APA 格式的文献列表方法，供大家参考。其步骤如下：

（1）打开网址 https://sci-hub.org.cn/，此网址是 Google 学术的镜面网站，无须翻墙、无须注册、无须缴费，但可能连接不稳定，如果显示网页错误，多次刷新尝试。

（2）搜索关键词或文章的名字（如搜索 tax incidence）。

（3）跳出图 2 中的搜索结果，会显示被引用的次数，作为参考。

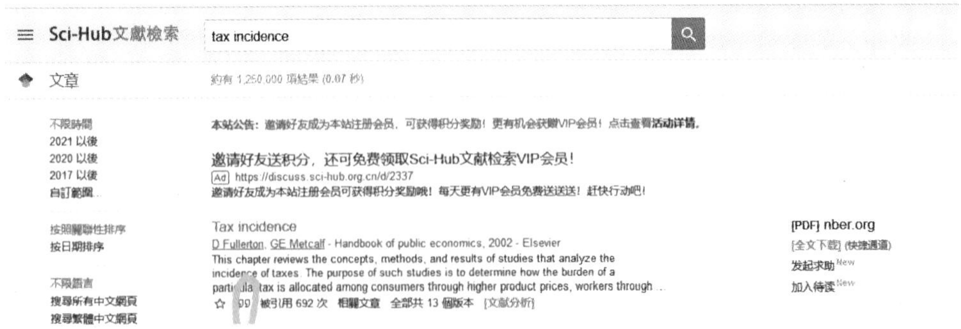


图 2 文献搜索

（4）点开”这个符号，会出现引用格式，如图 3 所示。

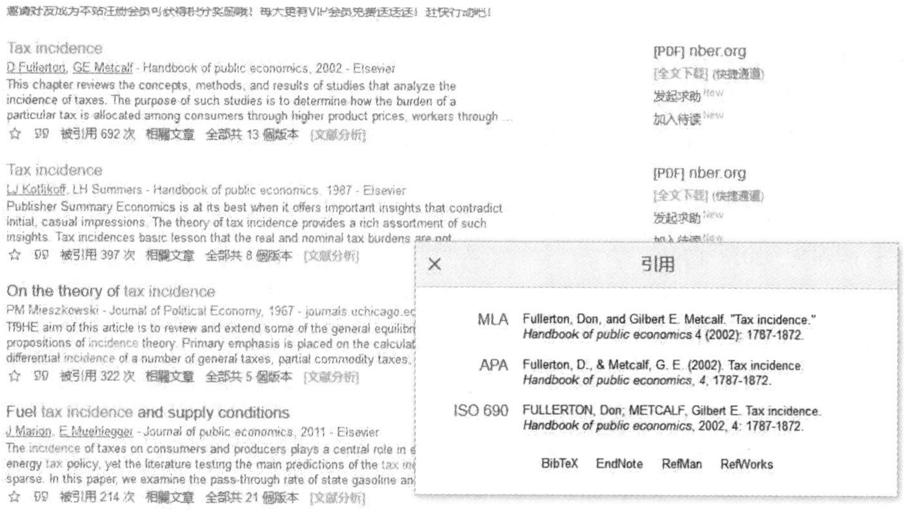


图 3 英文引用格式（三）

（5）选择 APA 格式复制粘贴到文献列表中，每个标点、空格、大小写、字体、括号需一模一样。特别需要注意正体和斜体的区分，要连同文本格式复制，避免粘贴到 Word 的时候斜体就消失了。

（6）APA 格式文献列表书写解释：

• 示例中，Fullerton 是第一个作者的姓，D 是他的名的首字母，因是缩写所以后面加一个点，点之后加逗号；Metcalf 是第二个作者的姓，G 是名的首字母，E 是中间名的首字母，所以 G 和 E 后面都要加个点。

• 作者信息写完之后，写年份加括号，后面写文章名称无须加引号。

• 已出版的文章，期刊名称需要斜体。

• 期刊名之后跟着的数字 4 代表第几期，最后的 1787-1872 代表页码。

若同学们从其他多个网站复制粘贴参考文献列表，需注意其正确性和格式的统一性。

## 七、其他

上述主要针对期刊论文，如引用书籍、新闻报刊等，中文文献可以参考《西南财经大学关于研究生学位论文形式与格式的基本要求》《西南财经大学本科生毕业论文（设计）撰写与印制规范》《经济研究》体例要求，英文文献参考可以参考如下网址：https://owl.purdue.edu/owl/research_and_citation/apa_style/apa_formatting_and_style_guide/general_format.html。

**参考文献：**

齐良书，李子奈. 与收入相关的健康和医疗服务利用流动性［J］. 经济研究，2011（9）.

臧文斌，陈晨，赵绍阳. 社会医疗保险、疾病异质性和医疗费用［J］. 经济研究，2020（12）.

李明，李德刚，冯强. 中国减税的经济效应评估：基于所得税分享改革“准自然试验”［J］. 经济研究，2018（7）.

赵扶扬，陈斌开，刘守英. 宏观调控、地方政府与中国经济发展模式转型：土地供给的视角［J］. 经济研究，2021（7）.